中国の職業教育拡大政策
―背景・実現過程・帰結―

劉文君 著

Expansion of Vocational Education in China
Backgrounds, Policies and Consequences

東信堂

はしがき

　国際的にみれば、中等職業教育は経済発展の始動期において教育政策の中心的な推進課題と位置づけられ、積極的に推進されることが多い。しかし、他方でその実態には、高校生の積極的な進学選択の対象とならない、コストにくらべて社会的な利益が少ないなど、様々な問題が指摘されてきた。経済発展の過程において中等職業教育はどのような役割をはたすことができるのか。また、それはどのようなコンテクストにおいてであるのか。こうした問題については日本においても十分な検討が行われていない。また、国際的にも特に現在の発展途上国の教育政策をめぐる実践的な問題として議論されているものの、十分な分析が行われているとは言いがたい。

　中国は改革・開放政策のはじまった1980年代初期から、中等教育における職業教育の拡大を重要な政策課題としてきた。しかし、そうした政策は単に技術的な経済発展への設計のみを基礎としたのではなく、様々な政治的要因を背景とし、また、この時期の中国の社会や経済状況の制約を受けて実施されたのである。そうした政策の結果、1990年代には中国の職業高校は量的には飛躍的に拡大した。しかし、1990年代の終わりまでには、中央政府と地方政府との政策の齟齬や財政的制約、労働市場の需要とのミスマッチ、国民の高学歴志向による普通高校志望の圧力などにより停滞に転じた。さらにこの停滞に対処するために実施された様々な施策も、実効性をあげていない。本書は中国における職業教育拡大政策の実施過程を、中央政府、省政府、市政府および学校の3つのレベルで、政策文書、関係者へのインタビュー、マクロ統計分析などの方法で実証的に分析し、そうした停滞の要因として、財政的制約、政府

間関係、学校内部の構造的諸要因があることを明らかにしようとするものである。

　これまでの職業教育をめぐる研究は政策の意図を叙述、分析すること、あるいは逆に、全くミクロの視点から卒業生の就職状況の調査分析などに力点をおいていた。これは前述の中等職業教育をめぐるアンビバレンスを反映したものとも言える。これに対して本書は、政策が実際に実施されるときに、地方政府や学校がどのような形でそれを行うのか、またそこにどのような財政的な支持あるいは制約が生じるのか、さらにそうした点が、地域社会の労働力需給状況や大学進学志望などによってどのような結果を最終的にもたらすのか、といった点を構造的に描き出そうとした。このようなマクロ分析とミクロ分析の間に焦点をあて、中等職業教育の拡大というきわめて実践的な課題を分析的に解明し、それがダイナミックな構造に規定されていることを明らかにすることに努力を傾けた。それがどれだけ成功したかは、もとより読者の判断に委ねるよりほかない。

　冒頭に述べたように、発展途上国においては、経済発展における職業教育を積極的にとらえる見方はすくなくないが、それに対する慎重論も国際援助機関などの間には根強く存在しており、重要な論争点になっている。それにもかかわらず、実証的な研究の蓄積が少ないのが現状である。本書が経済発展と中等職業教育をめぐる国際比較研究に一石を投ずるものとなり、日本や中国だけでなく途上国の研究者、教育関係者及びこの分野に関心を持つ読者に職業教育をめぐる問題を考える上で、いささかでもお役にたてば幸いである。

目 次

はしがき …………………………………………………… i
　図表一覧 ……………………………………… viii

序　章 ……………………………………………………… 3

第1節　研究の目的と職業教育の定義・パターン …………… 3
　1．問題関心と研究の目的 ……………………………… 3
　2．職業教育の定義とパターン ………………………… 5
第2節　先行研究と職業教育政策のレビュー ……………… 9
　1．経済発展と職業教育 ………………………………… 10
　2．発展と職業教育の体系的研究 ……………………… 17
　3．中国の職業教育に関する研究 ……………………… 19
第3節　分析枠組みと本書の構成 …………………………… 21
　1．分析の枠組み ………………………………………… 21
　2．本書の構成 …………………………………………… 24
　3．本研究の調査と資料の説明 ………………………… 25
　　注 ………………………………………………………… 26

第1章　中国における職業教育の制度と構造 ……… 29

第1節　経済と教育体制の改革 ……………………………… 29
　1．経済体制の改革 ……………………………………… 29
　2．教育体制の改革 ……………………………………… 33
第2節　中国の職業教育システム …………………………… 39

1.「改革・開放」以前の職業教育 …………………… 39
　　2. 現在の中等職業教育の制度と構造 ……………… 42
　　3. 短期高等職業教育機関 …………………………… 47
　　4. インフォーマルな職業教育・訓練 ……………… 52
　　5. 職業教育のシステム化 …………………………… 55
　　　注 …………………………………………………… 56

第2章　職業教育拡大政策の展開 ……………………… 57

　第1節　文化大革命以降の中等職業教育拡大政策 ……… 57
　　1. 回復・振興期(1970年代末〜1980年代前半) ………… 57
　　2. 拡大期(1980年代後半〜1990年代半ば) ……………… 61
　　3. 調整期(1990年代末〜) ………………………………… 65
　　4. 職業教育拡大のダイナミックス ……………………… 68
　第2節　職業教育に期待された役割 ……………………… 71
　　1. 経済発展のためのマンパワーの養成 ………………… 72
　　2. 若者の失業の対策と雇用の促進 ……………………… 76
　　3. 学生の進路分化と受験競争の緩和 …………………… 78
　第3節　職業教育拡大に関する具体的施策 ……………… 82
　　1. 職業教育の管理・運営 ………………………………… 82
　　2. 職業教育の財政に関する措置 ………………………… 87
　　3. 就職制度・資格制度 …………………………………… 89
　　　注 ………………………………………………………… 91

第3章　職業教育における中央と地方 ………………… 93

　第1節　職業教育発展の省別格差 ………………………… 93

1. 中央と地方の関係構造 ……………………………… 93
　　2. 中等教育における政策目標とその達成度 ………… 102
　　3. 後期中等教育発展の格差 …………………………… 105
　第2節　職業教育拡大の規定要因 ………………………… 112
　　　　──クロスセクション・データによる分析
　　1. 経済発展と職業教育 ………………………………… 112
　　2. 家計負担能力の要因 ………………………………… 115
　　3. 中等教育の「自己増殖」 …………………………… 117
　　4. 高等教育との関連 …………………………………… 118
　　5. 地域の財政的基盤 …………………………………… 120
　第3節　職業教育拡大のジレンマ ………………………… 122
　　1. 量的拡大と質の確保 ………………………………… 122
　　2. 職業教育に対する需要と供給 ……………………… 123
　　3. 技能労働者への需要と供給 ………………………… 132
　第4節　中央レベルの政策の制約 ………………………… 136
　　　注 ………………………………………………………… 138

第4章　山東省における職業教育政策 ……………… 139

　第1節　職業教育拡大の背景 ……………………………… 139
　　1. 経済成長と産業構造の変化 ………………………… 139
　　2. 教育の発展と高等教育への需要 …………………… 142
　第2節　山東省の職業教育政策 …………………………… 145
　　1. 職業教育政策の経緯 ………………………………… 145
　　2. 職業教育の位置づけ ………………………………… 153
　　3. 職業教育拡大の制約と対策措置 …………………… 154
　　4. 職業教育拡大の帰結 ………………………………… 168
　第3節　市(地区)別職業教育発展の格差とその規定要因 … 170

1. 就学率と職業学科構成の格差 …………………………171
　　2. 市別でみた職業教育拡大の規定要因 …………………173
　第4節　省レベルの政策の問題点 ………………………………179
　　注 …………………………………………………………………180

第5章　市・学校レベルでの職業教育拡大政策の具体化と問題点 …………183

　第1節　済南・青島市の職業教育政策 ………………………184
　　1. 経済成長と構造的変化 …………………………………184
　　2. 職業教育の発展 …………………………………………186
　　3. 職業教育発展計画・目標 ………………………………188
　　4. 職業教育拡大の位置づけ ………………………………191
　　5. 職業高校行政 ……………………………………………197
　第2節　職業高校をめぐる問題の構造 ………………………204
　　I　財政的基盤 ………………………………………………205
　　II　労働市場とのリンク ……………………………………215
　　III　教育機会市場での問題 …………………………………228
　第3節　構造的帰結と新しい展開 ……………………………236
　　1. 要因の構造 ………………………………………………236
　　2. 市政府の対応 ……………………………………………240
　　　注 …………………………………………………………244

結　論 …………………………………………………………245

　第1節　職業教育への期待とその結果 ………………………245
　　1. 職業教育への期待 ………………………………………245
　　2. 職業教育拡大の現実 ……………………………………246

第2節　職業教育拡大政策の制約……………………………248
　　1．制度・行政的側面 ……………………………248
　　2．職業教育の問題構造 ……………………………254
第3節　将来への展望と課題 ……………………………255
　　1．後期中等教育のパースペクティブ……………………257
　　2．職業教育における地方政府の役割……………………261
　　3．職業教育の社会的効率性……………………………261
　　　注………………………………………………264

中央政府レベルの主な職業教育政策文書のリスト…………264
主要参考文献 ……………………………………………274
あとがき ……………………………………………279
索　引 ……………………………………………281

図表一覧

【序　章】

- 表０－１　後期中等教育在学者数拡大計画（万人）　4
- 表０－２　職業技能形成のパターンと特質　8
- 表０－３　世界銀行の教育援助の投資分布──教育カテゴリー別(％)　16
- 図０－１　職業教育拡大政策の実現過程に関する分析の枠組み　23

【第１章】

- 表１－１　改革・開放以降の主な経済政策・計画における教育の位置づけ　34
- 表１－２　教育費の財源別の構成(％)　39
- 表１－３　中等職業教育の構造　46
- 表１－４　職業大学の発展の状況　51
- 表１－５　各レベルでの主な類型の職業教育機関の状況(1998)　55
- 図１－１　国の財政収入・支出における地方財政の割合　33
- 図１－２　中国の教育行政システム　36
- 図１－３　教育支出の変化(1980〜1995)　38
- 図１－４　中国の職業教育の在学者数の時系列変化(1949〜1977)　41
- 図１－５　中国の教育システム　42
- 図１－６　本科大学と専科大学在学者数の時系列変化(1949〜2001)　49

【第２章】

- 表２－１　1980年代以来の職業教育拡大政策に関する主要年表　58
- 表２－２　「九五」期教育発展目標の実現状況　71
- 表２－３　国民経済と社会発展五カ年計画における職業教育発展の目標　72
- 表２－４　職業教育に関する主な政策・法制とその内容　73
- 表２－５　都市部における失業者数と失業率　76
- 表２－６　職業教育の管理・運営体制に関する措置　83
- 表２－７　職業教育の財政に関する措置　88
- 表２－８　職業高校卒業生の就職に関する措置　90
- 図２－１　後期中等教育各種類の学校の在学者数の推移(1980〜2002)　68
- 図２－２　各類型職業学校の学科構成比の時系列変化　69
- 図２－３　進路の三級分化図　79
- 図２－４　普通高校の在学者数と高等教育への進学率の変遷(1978〜2000)　81

図表一覧　ix

【第3章】

表3－1　『職業教育法』公表後の各省・市における職業教育法規に関する動き　97
表3－2　中央・地方財政的教育事業費支出の割合(%)　98
表3－3　普通高校・中等職業学校の公的支出及び教育支出総額に占める割合　99
表3－4　地方所属中等学校学生1人当たり教育事業費支出(元)　100
表3－5　中国職業教育経費の構造の変化(%)　100
表3－6　1995年前後の各省後期中等教育発展の目標と実際の達成状況　103
表3－7　省別普通高校在学者数の成長　104
表3－8　2000年前後における各省の後期中等教育と高等教育発展の目標　106
表3－9　1997年省・直轄市別各類型の後期中等教育粗就学率(%)(降順)　108
表3－10　1999年省別普通高校、職業学校学生の一人当たり予算内教育事業費とその格差(元・降順)　110
表3－11　職業教育拡大の規定要因に関する回帰分析の変数とその定義　113
表3－12　経済発展と職業教育との関連に関する回帰分析の結果　114
表3－13　家計負担能力の要因に関する回帰分析の結果　116
表3－14　中等教育の「自己増殖」に関する回帰分析の結果　118
表3－15　高等教育との関連に関する回帰分析の結果　119
表3－16　地方政策の要因に関する回帰分析の結果　121
表3－17　教育条件基準の達成率の比較(%)　123
図3－1　職業高校と普通高校学生の一人当たり予算内教育事業費の散布図　109
図3－2　省別職業高校の在学者数に占める各学科の割合の標準偏差(1995～2000)　111

【第4章】

表4－1　国民経済における山東省の位置づけ(1998)　141
表4－2　全国と山東省の「全国大学統一試験」の合格率(万人、%)　144
表4－3　山東省における職業教育政策に関する主要年表　148
表4－4　中央政府と山東省政府の1990年、2000年職業教育発展の目標　150
表4－5　中等職業学校在校者数の規模変化(人／校)　152
表4－6　山東省政府工作報告の中での職業教育　153
表4－7　山東省高校段階の学校類型別在学者数・入学者数の変化(人、%)　154
表4－8　教員養成・配置のための主要施策　156
表4－9　普通高校と職業高校の専任教員学歴合格率の変化(%)　159
表4－10　山東省政府の職業教育拡大のための財政的措置　161
表4－11　職業教育に対する検査・認定措置　165
表4－12　1997年山東省市(地区)別各類型の後期中等教育の進学率(%)　171
表4－13　変数名とその定義　173
表4－14　経済発展と職業教育に関する回帰分析の結果　174
表4－15　家計収入と職業教育に関する回帰分析の結果　176
表4－16　高等教育との関連に関する回帰分析の結果　177
表4－17　財政的基盤と政策的要因に関する回帰分析の結果　178
図4－1　中国における山東省の位置　140
図4－2　山東省の産業別GDP構成の推移(1980～2001)　141
図4－3　山東省財政的文教・科学・衛生事業支出の状況(1976～1998)　143
図4－4　山東省における後期中等教育の在学者数の構造的変化(1978～2000)　167

図4－5 山東省前期中等教育と後期中等教育の変化(1985～2000) 169
図4－6 山東省職業教育の拡大と高卒進学率の変化(1978～2000) 170
図4－7 市別の職業学校学生入学者に占める各学科の割合の標準偏差の変化 172

【第5章】

表5－1 1997年済南、青島市経営形態別都市就業人口の構成(万人) 187
表5－2 1990年代済南市の教育発展の目標 189
表5－3 青島市の教育発展の目標(1998～2002) 190
表5－4 1990年代後半に各レベルの政府が制定した職業教育発展の目標の比較 192
表5－5 1997年青島市(区)高校入学定員計画 201
表5－6 インタビュー調査対象校 204
表5－7 2000年済南、青島市教育部門所属の普通高校と職業高校の学生一人当たり予算内教育事業支出 207
表5－8 済南E校の2001年の支出 212
表5－9 職業教育拡大初期における済南市職業高校の志願状況 233
表5－10 1985年済南市後期中等学校学校類型別の志願状況 233
表5－11 2001年済南市職業学校の志願状況(人) 234
表5－12 2001年済南市部分重点普通高校学生募集状況 234
表5－13 済南、青島市の職業高校と普通高校の在学者のドロップアウト率(%) 236
図5－1 済南、青島市GNPの成長(1980～1998) 184
図5－2 青島、済南市の国民経済、工業生産に占める国有企業の割合の変化 185
図5－3 済南市と青島市の所轄する職業高校の在学者数の比率 187
図5－4 職業教育の問題の構造的要因 237

【結　論】

表6－1 職業教育拡大政策に設定された目標と結果 248
表6－2 各レベル政府の職業教育政策の目的・措置・制約 249

中国の職業教育拡大政策——背景・実現過程・帰結——

序章

　この章では、まず本研究の問題関心と目的を提示し、職業教育の定義とそのパターンを整理する(第1節)。さらに、経済発展における職業教育の社会的機能に関する国際的な議論と先行研究及び政策的動向をレビューする(第2節)。その上で、本研究の分析の枠組みと本書の構成を提示する(第3節)。

第1節　研究の目的と職業教育の定義・パターン

1. 問題関心と研究の目的

　中国では、経済成長を目指して、技能労働者を養成するために、1980年代から職業高校を中心に中等レベルでの職業教育を発展させてきた。1980年代から90年代にかけて、中央政府の教育政策は中等職業教育の重要性を強調し、中学卒業者の5～7割を中等職業学校に入学させるという目標を設定した。これに基づいて、一連の強力な政策が推進され、中等職業学校が急速に拡大してきた。後期中等教育に占める職業学校の在学者数の割合は、1976年の1.2％から1995年にそれまでの最高割合の56.8％に達した[1]。

　中等職業教育の拡大政策は大きく見れば、経済的と社会的の二つの要因を背景としている。

　第一に経済的にみれば、中国では1970年代末に文化大革命が終焉し、経済成長が軌道へ乗り始めた。急速な経済発展につれて、都市部の第三次産業の発展と農村の郷鎮企業の振興のために、即戦力となる技術労働者が大量に必要とされるようになった。そうした背景から専門的人材と技術労働者の養成が重視され、職業教育の拡大は一連の教育改革政策の

一つの焦点となっていた。

　第二は社会的な要因である。経済発展とともに大学進学への需要は拡大したが、大学の収容能力はまだ低く、大学進学率は1980年代初期にはわずか3、4％であった。1990年代に大きく拡大してきたが、まだ15％に及ばず、トロウのいう「エリート段階」(Martin Trow, 訳書, 1976)[2]にとどまっている。ドーアがいう「後発効果」(R. P. Dore, 訳書, 1978)[3]、すなわち経済発展の遅れた国ほど学歴取得への熱意が高まり、過度の進学競争を引き起こす現象は中国においても起っており、大学受験競争の激しさは「千軍万馬が独木橋を渡る」とたとえられている。同時に、普通高校を卒業後、進学も就職もできない若者(待業青年)が大量に発生すれば社会的不安定がもたらされることは言うまでもない。こうした背景から普通高校より職業高校を拡大することによって、中学卒業者をあらかじめ高卒で就職するコースに「分流」させることが図られたのである。職業高校の拡大には失業対策としての役割も期待された。

　こうしたコンテクストの下で、後期中等職業教育は1970年代末から約20年にわたって急速に拡大してきた。職業高校の在校生が後期中等教育のそれに占める割合は目標として3割から5割、さらに7割までに引き上げられた。さらに2000年まで後期中等教育段階での職業教育を高い増加率で拡大させることが計画されていた(表0－1)。

　しかし、職業教育の急速な拡大につれて多くの問題も浮かび上がってきた。1996年の職業高校・技工学校の拡大の実勢は計画と大きくずれ、1970年代の職業教育拡大以来、初めてのマイナス成長を示した。2000年

表0－1　後期中等教育在学者数拡大計画(万人)

	1995	2000	1990～1995増加率(％)	1995～2000増加率(％)
職業系学校計	775.0	1089.5	4.96	6.63
中等専門学校	254.3	302.7	2.54	3.54
技工学校	170.7	239.8	5.09	7.03
職業高校	350.0	547.0	7.24	9.32
普通高校	750.0	800.0	0.90	1.30

出所：「全国教育事業"八五"計画と十年発展企画の草案」(1991年)　によって作成。

に高校段階に占める職業学校の在学者数の割合は46.9%に落ち[4]、1995年より約10ポイント減少した。こうした状況の中で、中等職業教育の拡大政策、具体的には、目標としての職業高校と普通高校教育の比率の妥当性そのものにも疑問がなげかけられた。

中国だけでなく、中等段階での職業教育を拡大して、経済発展を達成しようとする志向は多くの発展途上国に見られた。1960年代の日本の高度経済成長期においても、職業高校を大量に設置する政策がとられた。しかし、経済発展の中で、職業高校がどのような機能を実際に果たすかについては、いくつかの問題が指摘され、国際的に議論がなされてきた。にもかかわらず、発展途上国の政府には、職業教育特に中等教育段階での職業課程に大きな期待をかけ、教育政策の一つの根幹にしている国が少なくない。

これは経済発展過程において職業教育の果たす役割に関して理論的に決着がついていないことも一つの原因である。中等職業教育について、途上国の現実の政策では極めて関心が高いにもかかわらず、研究の側ではその価値について否定的な見方が多く、実証的な分析も活発に行われているとは言えない、という大きなギャップがある。途上国における中等段階での職業教育の問題は、社会科学的な分析の問題、教育政策、援助政策の問題として、議論するべきことが極めて多岐にわたっており、そうした分析的・実践的な問題を位置づける枠組み自体が設定されていないのが現状である(金子、2001)[5]。こういう意味で、途上国の職業教育についての実証的な研究は、中国を含め、発展途上国にとってクリティカルな含意を持つものである。

このような観点から、本書は中国における職業教育政策の実現過程に焦点を合わせて、職業教育の拡大のメカニズムを分析し、職業教育の実際と政策的期待との間のズレ、及びこれをもたらす構造的問題点を明らかにすることを目的とする。

2. 職業教育の定義とパターン

ここでまず分析の基礎作業として、職業教育の定義を確認し、職業教

育の歴史的展開とその主なパターンを整理する。

本研究で分析の対象とする職業教育とは、一口で言えば、職業活動に必要な知識・技能・態度などを育成するための教育である。

中世ヨーロッパのギルド以来、ヨーロッパでは、職業教育は徒弟制度の形で行われてきた。徒弟は親方と生活や仕事を共にしながら、職人としての知識、技能を身につけた。しかし、産業革命以後は、組織的な職業学校が興起してきた。例えば、産業革命の発生地であるイギリスにおいて一部の篤志家あるいは労働者組合が設立した「機械工講習所」、日本の近代化を始めた明治期での同業者の組合が設置した実業学校はこれに当たる。しかし、これも伝統的な学校体系とは、制度、教育内容、入学者の社会階層とも全く別のものであった。

また、現在、各国の学校体系をなす基本的な形式は初等・中等・高等の三段階であるが、中世のヨーロッパにおいては、学校体系はエリートのための高等教育と民衆教育の二元構造をなしていた。中等教育は独自の一つの段階として存在しないか、もしくは曖昧な存在にとどまっていた。中等教育は二十世紀的・現代的な産物である[6]。まず登場したのは大学進学準備教育としての中等教育であった。イギリスのパブリック・スクール、ドイツのギムナジウム、フランスのリセはこのようなエリート中等学校であった。職業教育が学校体系の中に組み入れられたのは中等教育が大衆化し統一学校制度が成立した過程においてである。日本では職業教育が学校体系の中にはっきり位置づけられたのは実業学校令(1899)以後のことである。アメリカで職業教育が学校教育に本格的に導入されたのは、スミス・ヒューズ法(Smith-Hughes Act, 1917)が成立してからである。イギリスではバトラー法(Batler Act, 1944)によって、初めてテクニカルスクールが中等学校として位置づけられた。中国では職業教育を学校体系に組み入れたのは日本の学制に範をとって制定された「壬子癸学制」(1913)である。

このように各国は、職業教育を学校教育体系の中で、主に中等教育段階に位置づけた。中等教育段階での学校教育は、職業教育と普通教育は別々の学校で行うという複線型あるいはフォーク型と、職業教育を中心

に普通教育も含めた混合型の二類型となった。中等教育がまだ普及していない段階では、普通教育の内容は学問中心のアカデミックな、あるいは上流社会の教養的なものであった。普通教育は高等教育への進学準備教育、あるいは職業に就かない、主として女性のための完成教育とされる場合が多い。これに対して職業教育は職業に就くために必要な知識と技術を獲得するための教育、すなわち就職準備の教育として扱われてきた。しかもこのような職業教育は高等教育への進学機会は閉ざされていた。

しかし、第二次大戦後、技術革新の進展に伴って、労働力の質が変化した他方で、中等教育は拡大し続けた。これらによって、普通教育と職業教育の内容とその役割も変わってきた。普通教育は、一方では国民として必要な基礎的能力や教養を育成することを目指し、他方では、専門教育・職業教育に幅広い基礎を提供するものとなりつつある。職業教育に関しては、技術変化に対応できる幅広い柔軟な職業教育が求められた。同時に中等教育の大衆化につれて、職業教育を受けた者に進学機会を広げるために、職業教育は進学準備の役割も持つようになっている。従って、従来の隔離された複線型は成り立たなくなっている。

このように職業教育は中等教育の段階で変容してきただけではなく、技術の発展と教育の拡大によって、後期中等段階での職業教育はより上の教育段階に延長され、中等以後の教育段階で従来の伝統的な高等教育と特質が異なった教育機関も発展してきた。アメリカのコミュニティ・カレッジ、イギリスのポリテクニク(Polytechnics)、ドイツの高等専門学校(Fachhochschulen)、フランスのIUT(Instituts Universitaires de Technologie：大学付置技術訓練部)、日本の短期大学・高等専門学校・専修学校、中国の短期職業大学・高等専科学校は、このような実用的職業準備教育に重点を置いた高等教育機関である。

他方、職業教育の発展は学校体系の中にとどまらず、学校外の企業内訓練、社会訓練施設での技術職業教育訓練も拡充してきた。それは、職業教育の実施機関と実施場所(ロケーション)という二つの次元で、多様な職業教育形態となり得る。各国はこれらの各種の職業教育を組み合わせ、独自の職業教育システムを形成した。国際的に見れば、職業教育は

主に三つのパターンに分けられる。すなわち、

①学校中心の職業教育(school-based training)：職業教育は主に学校体系の中で行う。特に後期中等教育段階に重点を置き、学生が就職前に、ある種の職業に就くための技術・技能を獲得させることが意図されている。発展途上国では企業内訓練、社会における技術訓練施設が未整備のために、学校の職業教育を中心とする例がよく見られる。

②企業内訓練を中心とする職業教育(on-the-job training)：学校体系の教育では学習者は主に基礎的な知識、技能を身につけるが、就職後企業の中で、徒弟制度・OJT制度によって、企業のニーズに応じ、特定の職業教育を行う。現代日本の職業教育はその役割が大きいといわれる。

③職業訓練センターを中心とする職業教育(center-based training)：職業教育訓練は主に社会職業教育訓練センターで行う。この訓練システムの成立には、整備された職業資格制度等が必要とされる。リカレント教育、生涯教育の観点から、個々人のニーズに応じて、必要な時に必要な専門知識・技能を獲得するために役立つ訓練制度である。

学校教育体系・企業内教育訓練・社会職業訓練施設という三つの技能形成のパターンは単に職業訓練の場(ロケーション)が異なるだけではなく、提供された訓練・教育内容が異なり、またこれらが政府あるいは民

表０－２　職業技能形成のパターンと特質

	教育内容		プロバイダの主体	
	←理論性・体系性	実践性・技能性→	政府	民間
学校教育体系	普通課程　　　　職業課程		公立学校	私立学校
企業	企業内学校　　企業内訓練プログラム　OJT		公営企業	私営企業
職業訓練施設		職業教育・訓練	公立施設	民間施設

注：金子、2001「発展と職業教育―問題点の整理―」に加筆したものである。

間という異なるプロバイダの主体により提供されることもあり得る。それぞれの特質は図式にまとめると、**表0－2**のようになる。

　さらに、これらのパターンの確立は、各国固有の技能形成の歴史的経緯と、職業体系が社会契約の重要な一部をなしていることと関わっている。例えば、ドイツにおいて公教育・企業内訓練のデュアルシステム（Dual System）が成功を収め、国際的にも高く評価された。1990年代初期から中国ではこの制度を移植する試みが見られたけれども、期待した成果をあげなかった。ドイツのデュアルシステムが実行できるためには一定の条件が必要とされている。すなわち、これは、企業内に高い技能が蓄積されていること、企業が職業訓練を行うことが義務づけられること、職業資格体制が社会的合意として設立していること、などの条件によって成立した制度である。そうした条件を満たしていない社会に容易に適応できるものではない（金子、2001）[7]。

　また、一つの社会の中で、異なるパターンが組み合わされ、併存する場合が多く見られる。どのようなパターンを中心として選択するかは、それぞれの社会の具体的な状況によって異なる。

　職業教育の歴史的展開と多様なパターンの形成に伴って、職業教育を人生のどの段階で、どこで、どのくらいの期間で行うべきか、職業教育訓練の費用と効果、さらに費用を政府・社会・訓練を受ける個人のいずれが負担すべきかが、重要な研究課題となっている。経済発展における中等教育段階の学校職業教育の機能に関しては様々な見方が示されてきた。これらについて、次に検討する。

第2節　先行研究と職業教育政策のレビュー

　本節では、職業教育に関する先行研究と職業教育政策の動向をあとづけ、本研究に対するインプリケーションを導き出す。まず、マクロレベルで経済発展と職業教育をめぐる議論、及び職業教育の機能に関するミクロレベルの実証研究をレビューし、こうした研究の成果と職業教育の経験に基づく職業教育政策の転換を整理する。さらに、上述のような研

究と政策動向を体系的に分析した研究から、本研究へのインプリケーションを導き出す。その上で、中国の職業教育に関する研究の現状とその限界を明らかにする。

1. 経済発展と職業教育

中等段階での職業教育を拡大して経済発展を達成しようとする志向は、多くの発展途上国に見られる。しかし、経済発展の中で職業高校がどのような機能を実際に果たすかについては、いくつかの問題が指摘され、国際的に議論がなされてきた。中国の中等職業教育に大きな影響を与えた1960年代から1980年代の従来の研究の流れを大きく分ければ三つに整理される。

(1)マンパワー需要論と人的資本論

「マンパワー」は、一定の技能をもった労働力と定義される。経済発展にクリティカルな役割を果たすのは技能をもった労働力であり、その不足が経済発展のボトルネックとなるから、発展を保証するためには、このマンパワーを十分に供給しなければならない。これが発展途上国の経済発展にとって、非常にクリティカルな問題である、というのがマンパワー需要論の基本的な考え方である。戦後各国の労働力の職業別あるいは学歴別の構成が分析的な問題とされ、これらの国際的な比較、一人当たりGNPと経済発展の段階との相関を見つける等の作業が行われた。

この代表としてはハービソンとマイヤーズの研究(F. Harbison, and C. A. Myers, 1964)[8]がある。彼らは世界各国の労働力の構成と経済発展水準との関係を統計的に比較した上で、経済発展水準と最も相関の高いのは、中級レベルの技術者の数であることを示した。ここから経済発展の達成に中等レベルの職業教育が必要となるという結論を導いた。マンパワー・アプローチは教育と経済発展との関係を論じる際に、より実践的で、政策に最も直接に結びつきやすいものである。ゆえに、この研究は国際的に大きな影響力を与えた。このアプローチをさらに体系化し、経済発展に必要な教育の種類と量を導こうとしたものとしてOECDがある(OECD,

1970)⁹⁾。この理論は日本にも強い影響を与えた。特に1960年代日本の高度成長をデザインした「国民所得倍増計画」にはマンパワー計画の発想が取り入れられた（金子、1996）¹⁰⁾。1960年代前後世界各国でも、このような人材予測・養成計画が立てられた例は少なくない。国際的に見れば1960年以降の教育計画は、「職業技術教育を重視し、学校システムと仕事との関連を強調」してきた（George Psacharopoulos, 1986）¹¹⁾。これらの計画では中等教育に関して中級技術者の養成を重視した多様化政策が一つの中心的な部分となっていた。日本も例外ではなかった。「未来の技術者及び技能者の労働力不足の予測に基づいた、理工系重視の大学教育政策及び高校の職業教育多様化政策が、教育計画の柱になった」（矢野、1992）¹²⁾。とりわけこの時期から発展途上国での教育計画に「中等教育のカリキュラムの職業化」が組み込まれた（Mark Blaug, 1979）¹³⁾。

　他方では、人的資本論に基づいて、発展途上国では中等レベルの職業学校教育が開発の重要な手段であるという主張があった。大量の教育投資によって、近代的な意識と行為が培われ、経済発展と近代化が実現できるとされた。人的資本論は生産性と人的資源すなわち国民の技術、能力、教育の水準が関連していると考える。人的資本の量的な拡大の推進に失敗した国は、低い生産性と経済的な停滞におちる（M. J. Bowman, 1966）¹⁴⁾。ゆえに、1960年代において途上国の開発政策に関して、途上国の政府は教育投入の拡大、高等教育と中等教育の職業化を通じて、直接経済発展計画に必要な専門人材のストックを蓄えるべきである、という主張が生まれた。

　この代表者としてはイギリスの経済学者のトーマス・バロー（Thomas Balogh）がある。トーマス・バローは当時植民地から独立して開発を目指していたアフリカ諸国の、経済発展を促進するための教育戦略を分析し、「アフリカの教育問題」（1962）¹⁵⁾、「アフリカのカタストロフィー」（1962）¹⁶⁾、「アフリカのための学校」（1962）¹⁷⁾等の論文の中で次のような観点を示した。アフリカの現行のフォーマルな学校教育はアカデミックな教育を中心にし、農業実践を軽視している。結果として学生は農村を離れて都市で職に就き、学校教育はアフリカの農村の発展を阻害してい

る。80〜95％の人口が農業に関わっているアフリカでは、各レベルの学校に大規模な技術教育と農業教育計画が必要である。フォーマルな職業学校教育を重点的に発展させ、普通教育に職業教育の内容を浸透させるべきである、と主張した。またハク (M. S. Huq, 1965)[18]は発展途上国の政策、教育計画の問題の解決を、「発展途上国はより多くの若者に農業・技術など各タイプの職業教育を受けさせ、因襲的な手工労働が嫌われることを克服する必要がある」という点に求めた。

1960、70年代には国際機関であるユネスコと世界銀行も発展途上国の現行の中等教育を批判し、その職業化、多様化を推進した。ユネスコは「……中等レベルで、工業技術と農業教育に重点を置くべきである。この二領域のマンパワーはアフリカの経済発展に欠かせない」とし (UNESCO, 1961)[19]、中等教育カリキュラムの目的は知識の伝達より一般的訓練とすべきであり、多様化された教育内容は学生の学習の意欲を高めることができること、一般教育と職業教育共に、理論と実践をリンクすべきであることを主張した。世界銀行は、現行の中等教育の内容は抽象的・理論的で、実践性が足りず、「社会発展に必要な役割を果たすための障害となっている」[20]と批判した (World Bank, 1974)。これを受けて1960年代から、多くの発展途上国の教育の優先課題は、中等教育の内容を仕事の需要に適応させる試みとしての、中等教育の職業化・多様化におかれた (World Bank, 1980)[21]。

(2) 職業教育に対する「懐疑論」

上述したように1960年代には、フォーマルな職業学校教育と普通教育の職業化を促進するという主張が教育界で支配的であった。この主流となっていた論点に疑問を投げかけたのはフォスター (Philip J. Foster, 1965) である。彼の論文「発展計画における職業学校の誤謬」[22]の発表は「ハトの群に猫を入れた」ように学術界の中で大きな論争を引き起こした (Mark Blaug, 1974)[23]。

フォスターはアフリカのガーナについてのケース・スタディによって、職業学校教育の実際の結果と期待された役割とのギャップを示し、職業

教育をフォーマルな学校制度の中で行うことに疑問を提起した。彼は植民地の遺制が引き続き残っているガーナでは、産業が未発達な状況の中で職業教育を受けても、ホワイトカラーの仕事に就くことができない、あるいはまったく就職できないことに注目して、次のことを指摘した。

①職業技術教育は労働市場の需要に応じなければならない。労働市場が職業教育を受けた卒業者を吸収できないこと、卒業生をエリート化して政府機関に就職させること、あるいは労働市場に需要があっても、報償の高い、受けた訓練とは別の職業に就くこと、すなわち人材をうまく使わないことは「技能の浪費」（Wastage of skill）をもたらしている。発展途上国は資源が限られているために、「技能の浪費」はより重視されるべきである。「技能の浪費」は職業教育計画の評価の重要な項目である。
②職業化された学校教育課程は実際に学生の職業希望を農村工業技能者に導くことができず、また失業の問題を解決することもできない。学校の農業教育・技術教育によって、若者を農村に引き留めることができると考えることは「誤謬」である。
③マンパワー予測は確実性に欠けるために、職業教育発展の根拠にならない。専門人材の養成は雇用機会を創出することができず、経済の需要に依存する。

フォスターはさらに次のように主張した。学校形態の職業教育は労働市場の需要に敏感に反応できず、インフォーマルな職業訓練こそが職業教育の重点であり、職業教育と普通教育は代替的な関係ではなく、補完的な関係である。普通教育の職業化は期待された機能を果たせず、農村の職業教育の対象は学生ではなく農民にあるべきだ。

フォスターの研究は、その後の経済発展と職業教育をめぐる研究に極めて強い影響をもった。また途上国の中等職業教育について社会学的なアプローチの研究が行われたが、フォスターの研究の結論を覆すものではない（金子、2001）[24]。

(3)費用・効果分析アプローチ

しかし、フォスターの社会学的な分析は、職業教育の問題点を指摘したにとどまるのであって、経済発展における職業教育の機能について実証的に評価したものとは言い難い。1970年代から職業教育のコストとその経済的な効果を比較し実証的な分析を行う、いわゆる費用・効果分析アプローチを用いた研究が見られた。

教育経済学者のブローグ(Mark Blaug, 1974)はこれらの研究者の一人である。彼は学校職業教育設備の投資コストの高いことに注目し、訓練設備は現実的な仕事の要求に達せず、企業内の仕事のリズムと雰囲気を生むことができないし、良い教育を受け、しかも豊富な職業経験を持つ教員が欠如している、と指摘した[25]。さらに、中長期のマンパワー計画は2、3年後、経済発展が特殊な技術に対してどの程度の需要をもたらすかさえ確実に予測するのは不可能である、職業学校は一般的な職業的技能しか教えないために、職業学校はある特定の職業のための準備教育になることは不可能である、と論じた。

1980年代、教育経済学者であるサカロポラス(George Psacharopoulos)は職業教育の効果についてさらに計量的・実証的な研究を行った。彼は「コロンビアにおけるケース・スタディ」(1984)[26]において、中等職業学校と普通学校の卒業生の初期キャリア・収入の比較分析を行った。次にコロンビアとタンザニアの職業教育効果を考察し(1985)[27]、さらに初等・中等・高等教育段階の職業教育と普通教育、そして純粋な学校職業教育機関と企業職業訓練の比較を行った(1987)[28]。

このような一連の職業教育の効果に関する費用効果の数量的な分析によって、彼はフォーマルな職業学校の収益率と普通教育あるいは他の形態の職業教育と比べた上で、次のようなことを指摘した。すなわち職業教育は卒業生に優位な経済的な利益を与えず、しかも施設・設備の配置・更新及び教員の養成などによって、多様化された中等教育は、コストが高く、実際には実施が難しい。これらの研究は「職業学校の誤謬説」を裏づけたとみることができる。

1980年代後半から1990年代に、さらに多くの研究が職業教育の問題を分析した。例えば、ザイターマン（Adrian Ziderman, 1989）[29]はイスラエルでの事例研究を通して、職業学校はコストに比べて効果が低いために、慎重に扱うべきであり、これに対してむしろ職場訓練を勧めるとした。ポール（Jean-Jacques Paul, 1990）の研究はトーゴとカメルーンでは中等職業学校の卒業生は受けた訓練を生かせる仕事を見つけられず、給料の低いインフォーマルセクターに就職せざるを得ないことを指摘した[30]。ペルーでは職業学校がリアルな技術を提供せず、卒業生の収入と職業プロフィールは普通高校とほとんど同じであるという研究結果がある（Rosemary Bellew and Peter Moock, 1990）[31]。発展途上国だけではなく、アメリカの職業高校の卒業生は半数以下しか訓練内容と関連する職につけず効率性が低いと、ビショップ（John Bishop, 1989）[32]の論文は指摘している。さらに、費用・効果の視点から、発展途上国の職業訓練システムに関して、学校教育機関での職業準備教育の効率が低いので、学校教育は基礎的な技術と職業訓練の側面に限定し、雇用主は実際的な訓練を与える側面で責任を負うべきである、と主張したのはドファティー（Christopher Dougherty, 1989）である[33]。

(4)国際援助機関の政策転換

発展途上国に対する最大の開発援助機関である世界銀行は、途上国の教育政策とくに職業教育に大きな役割を果たしてきた。ここでは本研究と関連する世銀の職業教育政策の転換を概観する。

1960〜1970年代、世銀は途上国の教育援助に関して、経済発展に直接寄与する分野に集中するという観点から、発展途上国での職業教育を勧めた。特に1970年代では職業学校あるいは中等教育の職業化・多様化を援助することが重点政策とされた。これは直接援助資金構成の比率を反映している。1963〜1976年、世銀の教育貸費の40％は中等と後期中等職業技術教育に、20％以上は中等学校教育の職業化・多様化に向けられた。1970年代末期から、世銀は職業学校教育に対する評価を行った。職業学校とくに職業化・多様化学校はコストが高いこと、設備の利用率が低い

表0-3 世界銀行の教育援助の投資分布――教育カテゴリー別(%)

	1963-76年	1977-86年
普通教育	31.4	46.1
初等教育	(5.9)	(21.9)
職業教育訓練(広義)	61.8	50.8
中等教育	(10.8)	(5.2)
後期中等教育	(8.7)	(6.9)
ノン・フォーマル	(10.9)	(13.5)
教師訓練(職業訓練)	(1.0)	(1.0)
小計、狭義	(31.4)	(26.6)
分岐中学校	(11.7)	(0.8)
大学	(7.6)	(17.0)
教師訓練(一般)	(11.1)	(6.3)
その他	6.7	3.1
プロジェクトの総コスト	100.0	100.0
総貸金($USmillion)	1,580.1	5,868.5

原注：資料源、Schwatz (forthcoming)
出所：John Middleton, 1988, "Changing Patterns in World Bank Investments in Vocational Education and Training: Implications for Secondary Vocational Schools," *Educational Dvelopment*, Vol. 8, No. 3.

こと、卒業生の供給過剰、技術需要予測の不確実等の問題があるために、職業学校教育のコスト効果に疑問が生じたことを明らかにした。このため1977～88年の間に、世銀の教育プロジェクトは、職業教育に対するサポートを30％引き下げた[34]。

　このような援助施策のシフトとともに、世銀の職業政策は基礎学力との統合を求める方向に向かった。1980年代中期からの世銀の教育政策の変化には幾つかの特徴が見られる。すなわち、従来の国民経済に必要な技能に寄与するアウトプットという教育システムの外部効率から、外部関係を重視すると同時に、教育制度の内部機能を大きく強調する方向に変化した。さらに経済発展に直接寄与できる工学・農業等の職業能力から一般能力の重視へ・公平から効率へ・公的資金から私的資金へ・予測の困難性により、「マンパワー需要」技法から経済的効率性へ・職業と教育のリンクの強調から労働市場メカニズム重視へ・絶対的な技術的需要か

らコストの検討へ[35]、のシフトが見られた。このような変化の傾向は1990年代の政策に具体化された。

1991年の世銀のポリシーペーパー『職業技術・教育訓練』(1991)[36]は、職業高校などのフォーマルな職業教育機関をつくるより、フォーマルな普通中等教育機関教育とインフォーマルな職業訓練とを組み合わせたほうがよい、という見解を示した。技術発展によって技能的職務に必要とされる認知的・理論的な知識が高度化しているので、労働者を再訓練する必要性が高まっている。そのとき、技能訓練がより効果的になるような基礎的知識が重要だと言うのである。労働力の生産性と適応性を促進するのに最も効率的なのは、普通教育への投資であると言う。世銀は就職前職業教育コースよりアカデミック中等教育へシフトし、教育の質を強化しようという援助施策を示した。職業教育は、私的セクター、すなわち雇用主や私的訓練施設で行う方が労働市場での変化に対応しやすいので、労働者の技術発展に最も効果的であると主張している。初等・中等教育を強化し、私的セクターによる訓練を促進し、公的訓練の効果と効率を上げることが世銀の主張である。さらに、『教育のための優先順位と戦略』(1995)[37]は、経済成長のために速く新しい技術を習得し得る、しかも適応性がある労働者の需要を満たすこと、及び絶えず知識の拡大を支えることが、教育にとって最も優先されるべき二つの課題である、と述べ、社会的収益率が高く、将来の教育と訓練の土台になり得る基礎教育の重要性を強調している。

2. 発展と職業教育の体系的研究

上述の研究は職業教育の機能を認識する上で貴重な貢献とは言え、ケース・スタディや特定のアプローチによる断片的な研究にすぎない。特に発展途上国における職業教育はなぜ期待された役割を果たせないのか、その原因は何なのか、という根本的な疑問を答えるために求められる、制度的原因、及び職業教育そのもの問題構造について体系的な分析に至っていない。発展途上国における職業教育の問題は、社会科学的な分析の問題、教育政策の問題として、議論するべきことが極めて多岐に

わたっている。そうした分析的・実践的な問題点について体系に整理し、分析の視座を構築したのは、金子の「発展と職業教育―問題点の整理―」(2001)である。

この論文の中で、途上国の発展と職業教育の問題点は、「技能形成の社会的メカニズム」、「職業教育についての政策形成と実施」、「職業能力と職業選択」という三つの問題群に整理された。以下この研究を要約し、本研究へのインプリケーションを示す。

第一に、これまでの社会科学研究・助政策・教育政策に見られた職業教育の機能に関する過度の一般化傾向に対して、職業教育の役割を評価する際に、技能形成の社会的メカニズムに注目する必要がある。経済発展の異なる段階において、職業知識・技能形成の社会的メカニズムは、公教育システムの拡大と企業の労働力需要との間の相関関係の中でダイナミックに変化するのであって、このコンテクストにおいて、職業教育の役割は位置づけられている。異なる経済、教育発展段階において、中等職業教育に期待された役割、社会的な評価も常に変化するだけではなく、同じ社会の中でも、産業構造あるいは経済発展のパターン、職種、職業教育を受ける個人の資質などによって異なる。すなわち、金子の研究は職業教育の役割を分析する際にこれが置かれた社会的・経済的・制度的なコンテクストとの関わりを分析することの重要性を示唆している。

第二に、発展途上国において、クリティカルとなるのは、職業教育政策決定過程と、その実現のプロセスである。一般的に、政府は様々な法的規制、補助金あるいは職業資格制度などを通じて教育機会市場を規制・統制するマクロ的統制機能と、自ら直接に公立の職業学校及び職業訓練機関を設置するという直接供給機能を持つ。発展途上国、特に社会主義国では職業的技能の形成の上で、後者の直接供給によって、政府が大きな役割を果たしてきた。中等教育が量的な拡大する段階では、財政的な負担は一般に地方政府に負わされ、地方政府は職業教育のプロバイダとなる。しかし、中央政府がマクロ的な効率性によって設定した政策目標と、地方政府の直面する住民の需要、労働市場の需要の間に矛盾が生じやすい。しかも、地方政府の政策形成能力と、これに対応する財政的基

盤の欠如によって、中央政府あるいは地方政府の政策と個々の学校における具体的な実施過程との一貫性が必ず保持できるとは限らない。金子の研究はこの一貫性が失われたことが職業教育の現実と期待された機能とのズレをもたらす重要な原因となることを示唆している。

　第三に、職業教育が果たした役割を明らかにするために、ミクロの観点から職業教育は職業能力と職業選択能力の形成における機能を分析することがもう一つ重要な側面である。この点については、金子は次のような観点を示している。まず、現実の企業の生産活動は多様であり、必要とされる能力も多様である。また生産技術は急速に進歩しているために、必要とされる特定の知識・技能のセットを構成することは難しい。生産現場をシミュレートして、直接生産現場に必要な職業能力を身につけさせようとする職業教育は、現実の仕事とは大きなズレを生じやすい。また、職業教育は生徒の仕事の「かまえ」の形成、職業志向の確立に一定の役割を果たす機能を持っているとしても、この効果は職業教育を取り巻く社会的なコンテクストに規定される。そのため、学生の職業志向や職業選択と現実とのズレを生じさせやすいことを金子の研究は示唆している。

　この研究が提示した分析の枠組みとインプリケーションに基づく実証的な研究が必要とされている。本研究はその一端を担うことを目指している。

3. 中国の職業教育に関する研究

　前述のように1970年代末から中国では、中等教育の壮大な改革が行われたが、その実態あるいは効果に関する実証的・体系的な研究はまだ不十分である。ここでは中国の職業教育に関する二つの研究を取り上げる。

　閔維方と曾満超(Wei-fang Min and Mun-chiu Tsan, 1990)[38]の研究は、北京自動車製造会社でのケース・スタディによって、職場で職業技術学校と普通高校の卒業生のパフォーマンスを比較した。職業技術学校の卒業生は仕事に関してよりよい準備をしており、学校での職業期待及び受けた訓練が仕事の特性と一致しているために、従事している仕事と学校で受けた訓練に関連があり、普通高校卒業生より仕事に対する満足度が高い。

仕事に対する満足度は生産性に重要な影響を与え、職業技術学校の卒業生の生産性はより高い。しかし、この研究は特定の職業技術学校（企業と連携する学校）の卒業生を対象としており、職業高校と普通高校の卒業生の生産性を比較するためにはよりケースを増やしたり、長期的に考察する必要がある。二種類の学校についての比較は狭義の経済的効果に限定しているため、普通教育より職業教育のほうが人材養成のよりよい方法であることを必ずしも意味しない。これらを著者自身が指摘している。

中国の職業技術教育のユニット・コストと規模の経済性について分析したのはドファティー（Christopher Dougherty, 1990）の研究である[39]。この研究は世銀が上海の105校を対象にして、1981～1985年に行った調査のデータを用いて、コスト項目別に、規模の経済性の重要性を評価した。サンプルは職業学校・技工学校だけではなく、比較するために普通高校をも含めている。主な研究の結果としては、経常支出費に限定した統計的な分析によって規模の経済性が存在し、相対的に適度な在学者数があることが規模の経済性を実現できること、また規模の経済性は学校の物的設備の利用率とスタッフの効率性及び雇用の構造に関わり、ユニット・コストと規模の経済性という角度で職業教育の効果を分析することが非常に重要であることを示した。中国の職業教育は政策的に拡大されてきたが、職業教育の費用効果の点での規模の効率性は問題にされてこなかった。この意味で、この研究は中国の職業教育の発展に重要な示唆を与えたと言えよう。

さらに、1990年代後半から、「経済特区職業教育研究報告」（深圳市教育科学研究所課題研究チーム、1996）[40]、「職業教育改革の基本状況に関するアンケート調査報告」（国家教育委員会職業教育司・職業技術教育中心研究所共同調査チーム、1998）[41]、「安徽省農村職業教育調査報告」（安徽省中華職業教育社調査チーム、2001）[42]など、職業教育の状況を実証的に把握する試みが行われはじめた。

これらの研究は中国の職業教育研究の貴重な蓄積となっているものの、ミクロ的な視点からの限定された実証的な研究であり、特に政策そのものの妥当性にかかわるマクロ的、体系的な分析・研究が求められている。

第3節　分析枠組みと本書の構成

　前述したように、職業教育をめぐる国際的な研究は、中等職業学校に対して社会的に強い期待があるのと同時に、他方ではその実際の機能については強い疑念もあることを示唆している。こうした観点から見れば現代の中国における職業教育の問題は必ずしも中国固有のものではない。1960年代から職業教育に対する国際的な議論がなされてきている。にもかかわらず、多くの発展途上国は職業高校を拡大して、工業化を実現しようとする志向が見られる。果たして職業高校は政策通りに機能しているのか、そして、政策意図通りにならないとすれば、原因は何なのか。これまでの先行研究は職業高校卒業生の進路の考察、職業教育の費用と効果、効果の分析等、いわゆる「職業教育の効果」に着目している。言いかえれば、職業教育政策に関する研究は、インプット・アウトプットとの側面に関心を寄せている。しかし、以上の疑問に十分に答えるためには、より拡張されたモデルが必要とされる。本研究は職業教育の機能を分析するために、職業教育政策を実施する各行政レベルの職業教育拡大の実態に焦点を当て、職業教育政策の実現化の過程に注目し、中国の職業教育展開のメカニズムを実証的に分析する。

1．分析の枠組み

　中国における職業高校の急速な発展につれて、様々な問題が明らかになりつつある。まず、一般的に設備・資金が不十分であり、その問題は農村地域において特に顕著である。第二に、労働市場の需要に関する情報が不十分なために、新しい職種に対応する科目が少ないのに対して、逆に過去に人気があった専攻が重複して設置されるなどの問題も見られる。第三に、カリキュラムの構成・実施にも問題があることも指摘されている。特に、1990年代後半から、職業学校の「入学者募集難」・「卒業生の就職難」という問題がますます深刻になり、職業教育の拡大は行き詰まり、在学者数が激減した。

そうした問題は実は上述の職業高校拡大政策の背景と大きく関わっている。すなわち、職業高校拡大はマクロ・レベルでの経済的社会的な必要をもとに、中央政府の視点から策定されたものである。拡大政策の意図に応じて、高校段階教育に占める職業高校の割合及びカリキュラムの構成などの目標が設定されている。しかも、これらの目標を実現させるための財政的な裏づけがないままに、拡大政策が強力に推進された。しかし、それが実施されるのは地域においてであって、一方で財政的な裏づけ、他方で地方労働市場の構造などは、地域によって大きく異なっている。このため、政策的な意図と学校レベルで実行する職業教育は必ずしも一致するとは限らず、むしろ大きなギャップが生じざるを得ない。それは前述の世界各国の場合にも指摘されているが、計画経済から市場経済へ移行過程にある中国では特に著しい問題となると考えられる。

これを中国の制度的・行財政的な側面からより具体的に考えると、一方では、教育体制改革によって、高校段階の教育の財政的支出と行政的な管理は市レベルの政府が担うようになった。他方では、中央政府の職業教育拡大の目標を達成するために、省、市レベルの政府はこれに応じて一定の目標を設定、実現しなけれならない。しかし、省レベルの政府は高校段階の教育に対する直接の財政支出の責任を持たず、地方の労働市場と教育の需給にもストレートに関わることもない。市レベルの政府はマクロ的な政策形成主体であるのと同時に、職業教育について自ら実質的なプロバイダとなっている。市レベルの政府は、一方では、中央政府と省政府の政策に従う立場にある。他方では、地域経済の発展に一定の視野をもつと同時に、実際の労働需要をも身近に、かつ具体的に把握し、市民からの中等教育機会への需要に接する立場にある。しかも、経済発展の中で、インフラストラクチャーの整備など多部門への投資が必要とされ、教育部門においても九年義務教育の普及、高等教育への膨大な進学需要を満たすために、高等教育への投資も必要とされる。ゆえに市政府が職業教育を拡大させるために必要とされる財政的な資源には、大きな制約がある。

激動する社会的・経済的コンテクストと上述の行政制度構造との間で

制度的・行政的構造

```
         ┌─────────────┐
    ┌───→│  中央レベル   │───→┐
    │    └──────┬──────┘    │
 マ  │           ↓            │ 財
 ン  │    ┌─────────────┐    │ 政
 パ ←┼───→│   省レベル   │←──→│ 的
 ワ  │    └──────┬──────┘    │ 制
 ー  │           ↓            │ 限
 需  │    ┌─────────────┐    │
 要 ←┼───→│   市レベル   │───→│
    └────└─────────────┘────┘
                   ↓
```

職業教育の実際

```
              ┌─────────────────┐
         ┌───→│  財政・制度的制限  │←───┐
         │    └─────────────────┘    │
  ┌─────────────┐            ┌─────────────┐
  │  教育機会市場  │←─────────→│   労働市場   │
  └─────────────┘            └─────────────┘
```

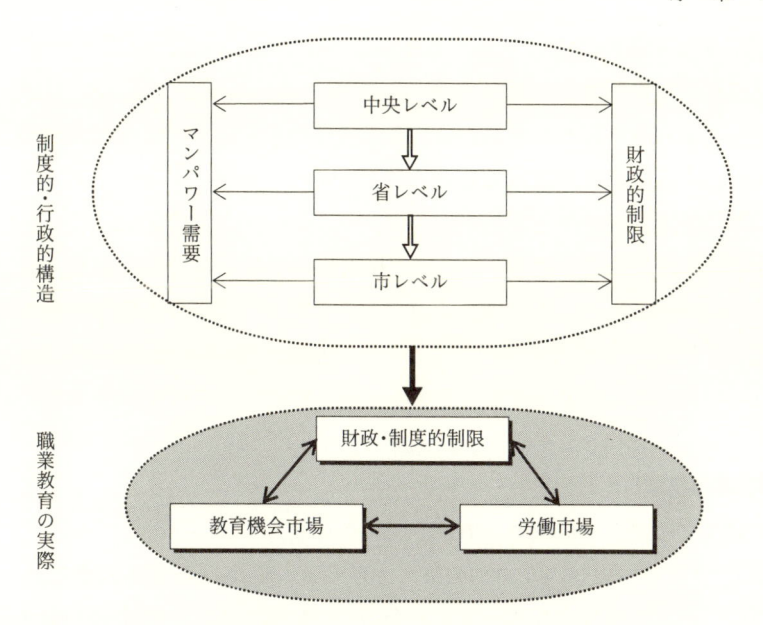

図０−１　職業教育拡大政策の実現過程に関する分析の枠組み

職業教育に次のような構造的な問題が生じている。すなわち、財政的な基盤が欠如しているために、必要な施設の整備、専門教員の養成が困難である。また、基本的な条件の不備により役に立つ職業教育を行いがたいことが、卒業生の質を低下させる。これに加え、激しい社会的、経済的な外的要因による労働需要予測の不確実性が、卒業生の就職問題をもたらすと推測される。さらに、労働市場での卒業生の「就職難」は職業学校の「学生募集難」を引き起こし、特に高等教育が急速に拡大する状況の中で、普通高校への進学ブームを一層加熱し、職業高校と普通高校、そして職業学校間の入学者の獲得をめぐる競合を招き、教育機会市場での問題をもたらす、と推測される。これらの構造的な問題に対して、政府が対応策をとることによって、ある程度の緩和は可能だが、根本的に解決するのは難しい。職業教育の構造的な問題は職業教育拡大政策とその実際の効果とのギャップをもたらす原因と思われる。

　こうした観点から本研究では特に職業教育が中央政府の政策の策定から下位の政府レベル（省・市）、さらに学校レベルにおいて政策が具体的

に実現される過程に注目する。すなわち、激動している社会的・経済的コンテクストを取り巻く職業教育拡大の実現過程の中で、制度的・行政的側面からみれば各レベルの政府は職業教育の拡大にどのような目的を設定し、そしてそれを達成するためにどのような措置をとり、どのような制約に直面したのかを明らかにする。

さらに、このような制度的・行政的な制約の下で、1. 財政・制度的制限、2. 労働市場、3. 教育機会市場　という三つの視点から職業教育の問題とその問題の構造的要因を分析する。具体的な分析は図0-1に示された分析枠組みに沿って進めていく。

2. 本書の構成

本書は次のように構成されている。

第1、2章は中央レベルでの政策に注目する。すなわち、**第1章**では、中国における職業教育を取り巻く社会的、制度的なコンテクストを明らかにするために、1980年代からの経済体制、教育体制改革のダイナミクスと現代中国の職業教育発展の経緯および職業教育の構造を描く。**第2章**では、まず中央レベルでの職業教育拡大の政策的な展開、それに期待された役割を分析し、職業教育拡大を実現するための施策を整理する。

第3、4章は省レベルに光を当てる。具体的には、**第3章**では、職業教育における中央と地方の関係を分析し、このような関係構造の下で生じた省別の職業教育発展の格差に着目し、省別のクロスセクション・データによる職業教育拡大の規定要因と、職業教育拡大のジレンマを明らかにする。**第4章**では、山東省を例にとって、省レベルでの職業教育拡大のメカニズムを分析する。職業教育拡大の背景・モチベーション、及び策定した政策・措置とそれらの制約と問題点を検討する。

第5章では、市・学校レベルに焦点をあてる。すなわち、山東省済南市・青島市の実例を通じて、市・学校レベルでの職業教育拡大政策の具体化と問題点を分析する。両市の経済成長と職業教育の発展を概観した上で、市政府の職業教育発展の目標、具体施策とその制約を明らかにし、職業教育の現実に抱えている葛藤、及び問題の構造を分析する。

上述のように制度・行政的側面と職業教育の実際という二つの次元で、中国における職業教育の実現過程を実証的に分析した上で、**結論**では、以上各章の分析結果を踏まえて、職業教育に期待された役割とその実際とのズレ、及びその原因を論じる。さらに、職業教育拡大政策における地方政府の役割を考える。最後に、中等教育の発展を展望し、政策的インプリケーションと残された課題を述べる。

3. 本研究の調査と資料の説明

(1)現地調査の概要

現地調査を三回にわたって行った。第一次調査は1997年の5月末から6月上旬までに、中国の山東省済南市・青島市で行った。山東省教育委員会、青島市教育委員会の職業教育の行政関係者・教育研究者、および青島市の五校の職業高校校長・教務主任に対するインタビュー調査を行った。また、この五つの職業高校で、卒業直前の生徒に対してアンケート調査を実施した。第二次調査は、二年後の1999年9月に北京市・山東省済南市・青島市で実施した。中華人民共和国教育部・山東省教育庁・青島市教育局の職業教育の行政関係者・研究者にインタビュー調査を行った。第三次調査は2001年4月、9月北京市・上海市・済南市で行った。教育部職業教育教育研究センター・華東師範大学職業教育研究所・上海教育科学研究院智力開発研究所・上海職業教育研究所の研究者、山東省教育庁行政責任者・職業教育研究者、済南市教育局の行政責任者・職業教育研究者、済南市の五つの職業学校の校長・責任者を対象として、インタビュー調査を実施した。

(2)文献・統計資料の説明

①中国の職業教育政策を分析するに当たって、中央・省・市政府の各年度の政策文書を用いる。このうち中央政府レベルの政策文書のリストを巻末に附した。省・市政府の政策文書については、主なもののみ、参考文献リストに掲げた。

②教育・経済統計については、主に中国の各種の出版物及びインター

ネット上で収集したデータを用いる。
③各省の新たな実情を確実に把握し分析するために、新聞・雑誌の記事をひとつの重要な素材とする。

注

1) 教育部「1995年全国教育発展統計公報」。
2) Trow,M.,1974, "Problems in the Transition from Elite to Mass Higher Education," In OECD(ed.), *Policy for Higher Education*, Paris, OECD(マーチン・トロウ、1976年、天野郁夫・喜多村和之訳『高学歴社会の大学』東京大学出版会).
3) Dore, R.P., 1976,*The Diploma Disease*, Barkeley, University of California Press(松居弘道訳、1978年『学歴社会 新しい文明病』岩波書店).
4) 教育部「高級中等職業学校学生数構成」中国教育と科研計算機網(http://www.edu.cn)。
5) 金子元久、2001年「発展と職業教育―問題点の整理―」米村明夫編『開発と教育』日本貿易振興会 アジア経済研究所。
6) 吉田昇他編、1986年『中等教育原理』有斐閣。
7) 金子前掲論文。
8) Harbison, Frederick, and Charles A.Myers, 1964, *Education, Manpower and Economic Growth: Strategies of Human Resource Development*, New York, McGraw-Hill Book Co.(F.ハービソン・C.A.マイヤーズ、川田寿/桑田宗彦訳、1964年『経済成長と人間能力の開発』ダイヤモンド社).
9) OECD, 1970, *Occupational and Educational Structure of the Labor Force and Levels of Economic Development*, Paris, OECD.
10) 金子元久、1996年「経済現象としての教育(2)――社会的投資としての教育」金子元久・小林雅乃『教育・経済・社会』放送大学教育振興会、p.68。
11) Psacharopoulos, G., 1986, "The Planning of Education," *Comparative Education Review*, Vol.30, No.4.
12) 矢野眞和、1992年「教育計画」日本教育社会学会編『教育社会学研究』第50集、東洋館出版社。
13) Blaug, Mark, 1979, "The Economics of Education in Developing Countries: Current Trend and New Priorities," in *The Economics of Education and the Education of an Economist*, p347. England, Edward Elgar Publishing Limited.
14) Bowman, M.J., 1966, "The Human Investment Revolution in Economic Thought," *Sociology of Education*, Vol.39, pp.111-137.
15) Balogh, Thomas, 1962, "The Problem of Education in Africa," *The Centennial Review of Arts and Science*, Vol.6, No.4.
16) Balogh, Thomas, 1962, "Catastrophe in Africa", *Times Educational Supplement*,

Jan.5 1962.
17) Balogh, Thomas, 1962, " What School for Africa? " *New Statesman and Nation* March 23.
18) Huq, M.S.,1965, *Education and Development Strategy in South and Southeast Asia*, Honolulu, East-West Center Press. p.100.
19) UNESCO, 1961, " Outline of a Plan for African Educational Development, " *Conference of African States on the Development of Education in Africa*, Addis Ababa, pp.15-25.
20) World Bank, 1974, *Education Sector Working Paper*, Washington DC, World Bank, p.21.
21) World Bank, 1980, *Education Sector Policy Paper*, Washington DC, World Bank, p.44.
22) Foster, Philip J., 1965,"The Vocational School Fallacy in Development Planning," In C.Arnold Anderson and Mary Jean Bowman (eds.) , *Education and Economic Development*, Chicago, Aldine Publishing Company.
23) Blaug, M., 1974, " Educational Policy and Economics of Education: Some Practical Lessons for Educational Planners in Developing Countries, " In Ward F. Champion (ed.) , *Education and Development Reconsidered*, New York, Praeger Publishers, p.26.
24) 金子前掲論文。
25) Blaug, *op. cit.*, pp.26-27.
26) Psacharopoulos, George, and Antonio Zabala, 1984, " The Destination and Early Career Performance of Secondary School Graduates in Columbia: Finding from the 1978 Cohort," Washington, DC, *World Bank Staff Working Paper 653.*
27) Psacharopoulos, George, and William A.Loxley, 1986, *Diversified Secondary Education and Development: Evidence from Columbia and Tanzania*, Baltimore, Maryland, Johns Hopkins University Press.
28) Psacharopoulos, George,1987,"To Vocationalize or Not to Vocationalize? : That Is the Curriculum Question, " *International Review of Education* Vol.33, pp.187-211.
29) Ziderman, Adrian, 1989, " Training Alternatives for Youth: Results from Longitudinal Data," *Comparative Education Review*, Vol.33, No.2, pp.243-55.
30) Paul, Jean-Jacques, 1990, " Technical Secondary Education in Togo and Cameroon: Research Note, " *Economics of Education Review*, Vol.9, No.4, pp.405-409.
31) Bellew, Rosemary and Peter Moock, 1990,"Vocational and Technical Education in Peru," *Economics of Education Review*, Vol.9, No.4, pp.365-375.
32) Bishop, John, 1989, " Occupational Training in High School: When Does It Pay Off?" *Economics of Education Review*, Vol.8, No.1, pp.1-15.
33) Dougherty, C.R.S., 1989, *The Cost-Effectiveness of National Training Systems in Developing Countries*, The World Bank.

34) World Bank, 1991, "The Vocational and Technical Education and Training," *World Bank Review*, pp.64-65.
35) Psacharopoulos, George, 1981, "The World Bank in the World of Education: Some Policy Changes and Some Remnants," *Comparative Education Review*, Vol.7, No. 2, pp.141-146.
36) World Bank, 1991, *op.cit.*
37) World Bank, 1995, "Priorities and Strategies for Education," *World Bank Review*.
38) Min, Wei-Fang and Mun Chiu Tsang, 1990, "Vocational Education and Productivity: A Case Study of the Beijing General Auto Industry Company," *Economics of Education Review*, Vol.9, No.4, pp.351-364.
39) Dougherty, C.R.S., 1990, "Unit Costs and Economies of Scale in Vocational and Technical Education :Evidence from the People's Republic of China," *Economics of Education Review*, Vol.9, No.4, pp.389-394.
40) 深圳市教育科学研究所課題研究チーム、1996年「経済特区職業教育研究報告」『教育研究』10期。
41) 国家教育委員会職業教育局・職業技術教育研究センター共同調査チーム、1998年「職業教育改革の基本状況に関するアンケート調査報告」国家教育委員会職業教育局職業技術教育中心研究所『21世紀に向かう職業教育改革』高等教育出版社。
42) 安徽省中華職業教育社調査チーム、2001年『安徽省農村職業教育調査報告』中国教育と科研計算機網(http://www.edu.cn)。

第1章　中国における職業教育の制度と構造

　この章では、中国における職業教育拡大政策の経済・社会的コンテクストを概観し（第1節）、現在の中国の職業教育発展の経緯と職業教育システムを描く（第2節）。

第1節　経済と教育体制の改革

1. 経済体制の改革

　中国では1970年代末まで中央集権的計画経済体制をとってきた。この体制は1950年代に旧ソ連の工業化時代の計画経済体制をモデルにして形成された。その特徴は経済管理権限が中央に集中され、経済活動は策定された計画的・行政的指令に基づいて実行されることにある。このような経済体制は、建国直後の経済復興期においては資金・物資・技術力を集中的に動員し、国民経済の復興を図る上で積極的な役割を果たしたが、後には硬直したモデルとなり、中国経済の発展を阻害する重大な要因となった。

　1979年から市場志向の改革が始まった。最初の段階では国民経済の中で計画経済が主要な部分で市場経済は補完的なものとされ、いわゆる「計画主、市場従」の方針をとった。それが1984年には「計画的商品経済」という表現に変化し、1992年春には鄧小平の南方視察を契機に、本格的に市場化に踏み切った。その直後に開かれた中国共産党第14次大会は、「社会主義市場経済」の目標を打ち出した。

　こうした中国の経済改革は大きく三つの段階に区切ることができる。すなわち、第一段階は、1978年末から1984年まで、人民公社を解体させ、所有権と経営権の分離を原則とする請負生産責任制が導入された。と共

に都市部では、企業自主権の拡大改革が実行された。1984年10月から1991年末までが第二の段階で、中国共産党中央委員会(以下「中共中央」に略称)の『経済体制改革に関する決定』の採択を契機に改革の重点が農村から都市部に移され、都市部の改革は、権限の下部移譲・企業と流通の活性化・中央と地方との配分関係の調整などを中心に、全国規模で本格的に展開された。第三の段階は1993年11月に中共中央の『社会主義市場経済体制確立の若干の問題に関する決定』が採択されたことに始まる。「社会主義市場経済体制」を確立するという明確な目標の下に、職業教育と関係の深い多方面にわたる体系的な改革が行われた。以下では、所有制・労働市場・財政の分野での変化を整理する。

(1) 所有制・経営形態の変化

改革・開放以前の長い間、中国では全民所有(国有)を公有制の最高形式とし、国有企業の拡大と私有企業を制限・追放してきた。1950年代半ばから中国経済における国有企業の地位が急上昇し、工業生産総額に占める国有企業の割合は、建国直後の約30％から1960年代半ばの90％以上へと急拡大し、集団所有を含めるとほぼ100％が公有化された。このような所有制構造が、中央集権的計画経済体制の存立の基礎となっていた。しかし、改革・開放政策によって、経済活性化の一環として企業の経営形態の多様化が進められ、集団企業・私営企業・郷鎮企業・個人企業・外資系企業などの非国有・非公有経済は1980年代から大きく発展する一方で、国有企業の工業生産総額・新規雇用に占める比重は急減した。

(2) 労働市場の形成

経済体制の改革に伴って労働市場の確立も迫られた。

計画経済時期の雇用制度は、効率の低い「全民就職」と終身雇用が特徴とされた。国有企業の終身雇用制を打破するために、1983年から労働契約制が導入された。1988年「全員労働契約制」が施行され、1994年公布された『中華人民共和国労働法』は労働契約制を法的に承認した。1997年末時点で、全国の都市企業で労働契約制を実施している従業員は都市企業

の従業員総数の98.1％に達した[1]。

　さらに、企業間の労働力の移動とそれを制限する諸制度の見直しをする雇用制度改革が進められた。就職斡旋を業務とする労働服務公司と職業訓練の実施がその改革のスタートであった。国有企業にリストラされた余剰人員の再就職を促進するために、1995年から「再就職促進プロジェクト」（失業・停職者の再就職を促進するための一連の政策を指す）が実施された。労働力の職業選択・労働力の流動性・雇用側の採用・賃金決定の自由度を指標とする労働市場の市場化程度は1979年の3.2％から1997年には約70％になった[2]。

　経済体制の改革は必然的に新規学卒者の就職にも影響が及ぶ。従来、大卒・中等専門学校卒・技工学校卒は、中央政府の国家経済計画に基づく「学生の統一募集・統一職場配置」の制度の下にあった。これは国家的な人材の需要・供給のシステムと表裏一体をなすものであった。しかし前述のように市場経済の導入により、国営・公営企業を中心としていた中国経済はいまや種々の経済主体によって担われることになり、経済における政府や公的セクターの比重が低下してきた。多様化した経済活動における新たな人材需要は、政府の計画経済外で飛躍的に増大している。こうした事態のもとで、伝統的な統一計画による人材配置制度は、経済発展の要請に応えて充分に機能し得なくなってきたと言える。市場経済化の浸透とともに、流動的な人材需要に対して自由な労働市場を通じての人材供給システムの整備が迫られてきた。

　中共中央は1985年公表の『教育体制改革に関する決定』で、高等教育機関の学生募集と卒業生の配置制度を改革することを提案した。それに則り、1988年国家教育委員会は『高等教育機関の卒業生の職場配置制度に関する改革案』を公表し、「卒業生の計画的職場配置・就職制度を社会による選択的就職制度に次第に改めていく」方針を示した。翌年の1989年に国務院により制定された『高等教育機関卒業生の職場配置制度改革に関する報告』では、大学卒業生の統一的職場配置制度を改革していく方向をさらに明確に打ち出した。1994年国家教育委員会は『普通高等教育機関の学生募集と卒業生就職制度のさらなる改革に関する試行意見』を

通達し、大学卒業生が自主的に職業を選択する施策を進めた。1997年の『普通高等教育機関卒業生の就職に関する暫定規則』(国家教育委員会)は、大卒就職の全面的な市場化の実施策を示した。

中等専門学校と技工学校の卒業生の就職に関しては、1994年に『普通中等専門学校の学生募集と就職制度の改革に関する意見』(国家教育委員会)が通達された。中等専門学校の卒業生の就職は労働市場を通して自主的に職業を選択することができるようになった。1989年に労働部は『技工学校改革の深化に関する意見』を通達し、卒業生が該当地域の労働市場を通して雇用側と卒業生側の相互的な選択(双向選択)により就職する方向を示した。

このように集中的、統一的な計画経済をモデルとする経済体制と適応した雇用制度と学卒の就職制度の抜本的な改革が行われ、労働市場が形成されつつある。

(3) 財政の地方分権

改革・開放以前の長い期間には中央集権的計画経済に対応して、「統収統支」(統一的に収入、統一的に支出)という中央集権的な財政体制がとられていた。このような財政体制は地方の積極性が発揮されず、国民経済における「悪平等」が助長される弊害があった。

1978年の中国共産党第三回大会(「中共三中全会」)は、経済管理体制における権力の過度の集中を是正するため、「権限を地方と企業に移譲し、地方と企業の管理自主権を拡大させる」方針を決定し、中国の経済体制改革は「放権譲利」(権力と利益の下部移譲)を中心に進められることになった。1981年には、1993年までに地方財政の自主権を大幅に認める「地方財政請負制」が導入された。この改革によって地方政府の財政面の権限や財政源が大きく拡大され、地域の経済発展に大きな役割を果たしたが、他方で地域間の市場分断、地域間の所得格差の拡大、中央財政の弱体化などの歪みをもたらしたのである。中央の財政基盤を拡大し、政府のマクロ・コントロール能力を強化するために、1994年から「分税制」[3]が実施された。

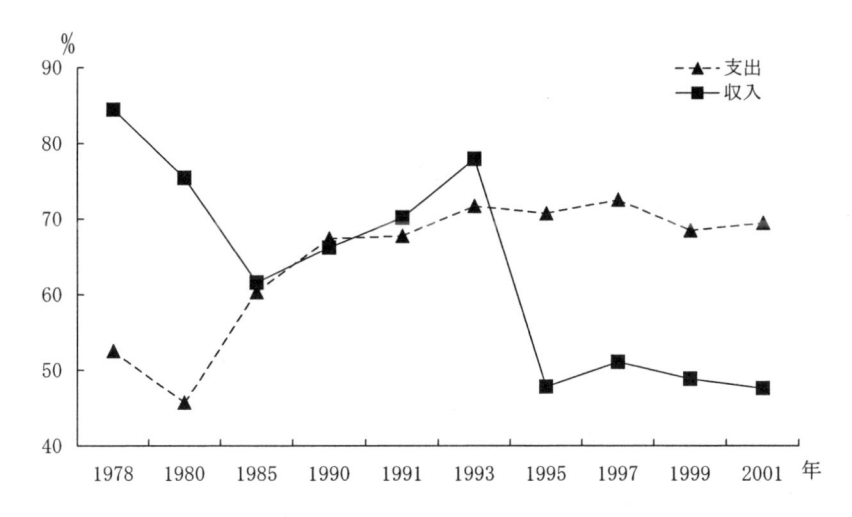

図1−1　国の財政収入・支出における地方財政の割合

注：中国統計局『中国統計年鑑 2002年』中国統計出版社、2002年によって作成。

　しかし、図1−1に示すように、改革・開放以来、国の財政収入全体に占める地方政府の割合は、1970年代末から1980年初めの間に急速に減少し、1990年代半ばに入ってさらに激減した。これに対して、財政支出に占める地方政府の割合は1980年代半ばから大きく拡大した。これは中央政府の財政的裁量権が縮小し、地方の自主権が拡大していることを意味する。したがって、地域の経済開発・教育投資などの政策の決定における地方政府の役割の重要性がますます強くなっている。

2. 教育体制の改革

　1984年に中国は経済体制改革を強く打ち出したが、その促進のための戦略として、科学技術体制改革、教育体制改革が取り上げられた。1984年12月29日に公表された『経済体制改革に関する決定』(中共中央)第九項は経済発展における人材開発の重要性、「教育体制の改革」の必要性を強調している。その後一連の経済政策・計画においては一貫して教育に重要な位置づけが与えられた(表1−1)。

表1－1 改革・開放以降の主な経済政策・計画における教育の位置づけ

政策・計画名／公表年	主な目的	教育の位置づけと措置
『中国共産党11回3中全会の決議』 1978	経済建設を中心とする路線への転換、農業・工業・国防・科学技術の四つの近代化を目指す	
『経済体制改革に関する中共中央の決定』1984	社会主義市場経済体制の構築と社会主義商品経済の発展 社会生産力の発展	新世代の人材の起用と社会主義経済管理幹部の強大な隊列の育成 科学技術と教育が国民経済の発展に対して極めて重要な機能
『社会主義市場経済体制確立の若干の問題に関する決定』1993	社会主義市場経済体制の確立	科学技術体制と教育体制のさらなる改革
『中華人民共和国第6次国民経済・社会発展5カ年計画(1981～1985)』	国民経済を安定成長の健全な軌道に乗せ、現代化建設を一段と押し進め、人民の生活を改善	科学研究・教育発展計画
『中華人民共和国国民経済・社会発展第7次5カ年計画(1986～1990)』	経済持続的安定成長、経済効率の向上、人民生活をひきつづき改善 中国特有の新しいタイプの社会主義経済体制の基礎を基本的に確立	教育の発展とその政策
『国民経済・社会発展10カ年計画と八五計画の策定に関する中国共産党中央委員会の提案(1990)』 *八五計画(1991～1995)	計画経済と市場経済調節の結合を実施、国民経済を持続・安定・調和的に発展。人民生活水準を高める	科学技術・教育・文化事業振興の任務と政策
『第9次国民経済・社会発展5カ年計画と2010年長期目標の設定に関する中共中央委員会の提案(1995)』 *九五年計画(1996～2000)	経済成長、生活水準向上、社会主義市場経済体制を初歩的に確立	科学・技術と教育による国家振興戦略を実現し、科学技術・教育と経済の緊密な結合を図る

注：5カ年計画：新中国建国後1953年から5年間を単位に策定・実施してきた国民経済・社会発展計画である。通称「5カ年計画」。改革・開放以降策定されたのは、第6次(六五)、第7次(七五)、第8次(八五)、第9次五カ年(九五)計画、第10次五カ年(十五)計画である。

翌年の1985年5月には『教育体制改革に関する決定』(中共中央)(以下、『決定』と略記)が公表された。これは改革開放体制における中国の教育改革の基本方向を示す綱領的文書として位置づけられる。

『決定』の主な内容は、①教育投資の割合を高めていく、②基礎教育を

発展させるため段階をおって9年制義務教育を実施する、③基礎教育の権限を地方に移す、④中等教育の構造を調整し、職業技術教育を大いに発展させる、⑤企業・個人その他民間が学校を設立・運営することを奨励する、⑥大学の学生募集計画と卒業生の配属制度を改革し、大学運営の自主権を拡大する、などであった。

『決定』を出発点として、1980年代以後の中国教育の改革は、ほぼ『決定』に示された方向に沿って進められてきた。

さらに、1990年代に入り市場経済への移行が鮮明にされ、改革・開放が加速され、教育についても1993年2月、中共中央・国務院が『決定』を踏まえて新たな改革の方針を示す『中国教育改革と発展要綱』（以下、『要綱』と略記）を公布した。『要綱』は中国教育改革の方向を示す重要な文書である。全文は六つの大項目からなっている。すなわち、①教育が直面している情勢と任務、②教育事業発展の目標・戦略・指導方針、③教育体制の改革、④教育方針の全面的貫徹と教育の質の全面的向上、⑤教師陣の充実、⑥教育経費である。

『要綱』に沿って中国の教育は私立学校の設置や卒業生の就職自由化などさらに市場原理を取り入れた広範な改革が推進された。

次にこれらの『決定』・『要綱』の骨子を踏まえ、いくつかの側面から中国の教育政策の潮流を概観する。

(1) 教育管理権の下部移譲

前述のように、1985年の『決定』は従来の教育管理体制を改革する方向を示した。これは「簡政放権」（行政機構を簡素化し、権限の一部を下級機関に委譲する）を実行し、基礎教育（初等教育・中等普通教育・中等職業教育を含む）発展の責任を地方に移し、学校管理運営の自主権を拡大するという内容を含む。

大学については、『要綱』に沿って、中央と省（自治区・直轄市）は「分級管理、分級負責」（レベルごとに管理し、責任を負う）の高等教育管理体制を明確化し、中央政府はさらに「簡政放権」、省の教育政策の策定権及び中央所轄大学に対しての統一計画権を拡大する。従来国家教育部と他の中央部局に所轄されていた大学・中等専門学校・技工学校を立地されている

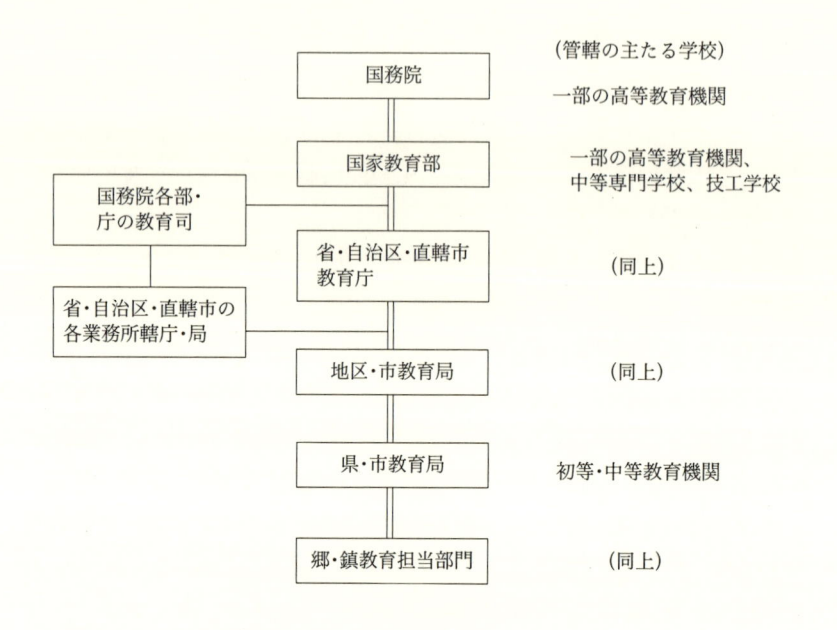

```
                                         （管轄の主たる学校）
                    ┌─────────┐
                    │  国務院  │       一部の高等教育機関
                    └────┬────┘
                         │
                    ┌─────────┐
                    │ 国家教育部 │      一部の高等教育機関、
                    └────┬────┘       中等専門学校、技工学校
┌─────────┐              │
│国務院各部・│──────────┤
│庁の教育司 │              │
└─────────┘         ┌─────────┐
                    │省・自治区・直轄市│  （同上）
┌─────────┐         │  教育庁  │
│省・自治区・直轄市の│──┤         │
│各業務所轄庁・局   │  └────┬────┘
└─────────┘              │
                    ┌─────────┐
                    │地区・市教育局│  （同上）
                    └────┬────┘
                         │
                    ┌─────────┐
                    │ 県・市教育局 │   初等・中等教育機関
                    └────┬────┘
                         │
                    ┌─────────┐
                    │郷・鎮教育担当部門│ （同上）
                    └─────────┘
```

図1－2 中国の教育行政システム

注：1989年に、国家教育部、省・自治区・直轄市教育庁、地区・市教育局は各レベルの教育委員会と名称が変わった。1998年、また従来の名称に戻った。

地方に移譲しつつあった。地方所轄の大学特に専科大学の在学者数、中等専門学校の在学者数と学校数は大幅に伸びた。

　教育管理の地方分権化の目的は、教育の発展を地域の経済発展に密接に関連させ、地方や民間の資金を最大限に活用して教育を発展させることにある。しかし中国では地域格差が著しく、経済発展の遅れた中・西部地域では、地方政府の教育予算や企業などが納める教育附加税・民間からの寄付などが限られている。しかも、改革開放政策下の20年余りの間、地域・業界等による格差がさらに拡がってきた。都市部より農村住民の経済的格差がより大きく、近五年の全国住民のジニ係数は国際的な警戒線と考えられている0.4に近づいている[4]。さらに、地域の経済の格差による教育投資の格差も拡大している。

　経済発展と地域所得の関係については、S.クズネッツの「逆U字」曲線説がある。すなわち、経済発展の初期段階において格差は小さく、経済

発展が始まると格差は拡大し始め、一定の段階に達すると格差は再び縮小の方向に向かう。ここから格差は経済発展段階において「必要悪」であるという議論もある。しかし、地域の経済発展の格差は経済成長の保障、さらに社会的・政治的安定と関わっている。しかも経済発展と教育との間に強い相関関係があることは既に実証されており、経済発展の遅れと教育水準の滞りは悪循環になる恐れが大きい。したがって経済発展の格差を縮小するために、貧困地域の教育を重視しなければならない。地方分権化が進むにつれて、補助金制度の整備をはじめ、地域的教育経費、教育水準の格差の縮小を図り、教育機会の均等を保障することが重要な政策的な課題となっている。

(2)教育費調達のルートの多様化

　中国の人口は世界中で一番多く、教育規模も膨大である。1994年には全国各レベルの学校の在学者数をあわせると2.8億人に達し、教職員も1,300万人いる。しかも、長期的に教育投入が不足しているため、教育の物質的な基盤が非常に弱い。また教育投資に対する需要は膨大である。改革以前は政府が直接教育を運営し、教育費は政府の財政支出によるものであった。教育の発展はこのような教育体制に制限されてきた。『決定』は政府の教育投資を拡大する一方、社会のあらゆる資源を動員して経済と社会の発展に積極的に対応できるような教育体制を築いていくことを提案した。

　これを受け継ぎ、『要綱』では多くの具体的施策が示された。教育機関の設置運営主体として、中央・地方政府のみならず、社会の諸団体や個人による設置を認め、それを積極的に奨励し、政府によって独占的に学校を経営する体制から、国・政府と民間の双方の力で経営する体制へと転換する。教育費については、政府の財政支出を主としながら、多様なルートで教育費を調達する。

　提示された具体的な措置をまとめれば次のようである。すなわち、①国家財政支出教育費とGNP比を今世紀末までに4％にする。②国と地方の各政府総支出に対する公財政支出教育費の平均比率が15％を下回らな

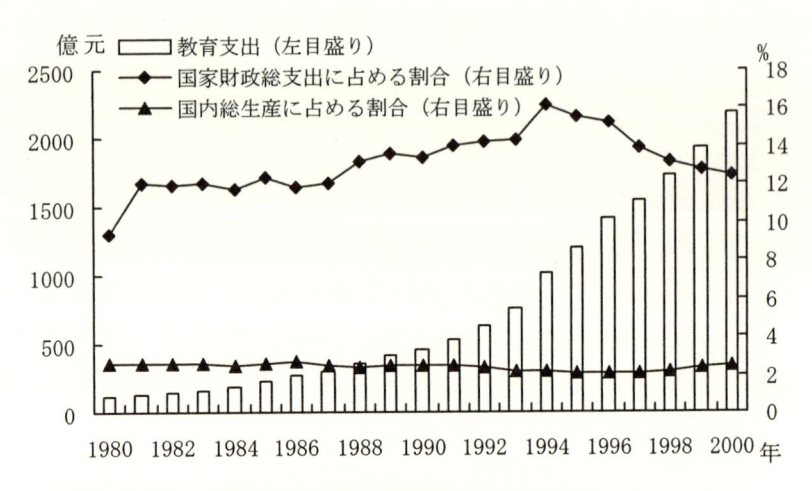

図1-3　教育支出の変化(1980～1995)

注：『中国財政年鑑』編集委員会、『中国財政年鑑』中国財政雑誌社、1998年、から算出、作成。

いようにする。③「教育附加費」[5]の税率を都市では2ないし3％に引き上げ、農村の税率は各省ごとに決める。④非義務教育段階で授業料などを徴収し、その基準を引き上げる。⑤学校が運営する各種産業からの収入を増やす。⑥社会からの寄付を集め、教育基金を設ける。

図1-3に示すように、国家財政支出に占める教育支出の割合は増加してきたが、国内総生産に占める教育支出の割合については増加が見えず、むしろ減っている。国家財政からの支出の他に多様な財源から教育費を増加することが一層重要であることを示している。

公的教育財政が限られている状況の中で、民間・個人の教育への投入を強化することが重要視された。1990年代に急成長してきた私立大学、及び私立初等・中等教育機関、そして国立学校の非義務教育段階での授業料の徴収はこのような背景から生じた動きである。表1-2に示したように、1990年代から教育費支出に占める政府負担の割合は縮小し、他の財源特に授業料と雑費の割合が大きく増えた。

1980年代以来中国の教育改革は基本的に『決定』、『要綱』に示された方向に沿って進められてきた。改革の進展に伴い、『義務教育法』・『教師

表1－2 教育費の財源別の構成(％)

	政府負担		社会団体と個人の経費	社会寄付と集金	授業料と雑費	その他
		予算内経費				
1991	84.5	62.9		8.6	4.4	2.5
1992	84.1	62.1		8.0	5.1	2.9
1993	81.9	60.8	0.3	6.6	8.2	3.0
1994	78.9	59.4	0.7	6.6	9.9	4.0
1995	75.2	54.8	1.1	8.7	10.7	4.3
1996	73.9	53.6	1.2	8.3	11.5	5.1
1997	73.6	53.6	1.2	6.7	12.9	5.6
1998	68.9	53.1	1.6	4.8	12.5	12.1
1999	68.3	54.2	1.9	3.8	13.8	12.2

注：教育部発展規劃司『中国教育統計年鑑』1992～2000年各年版から算出、作成。

法』・『職業教育法』・『高等教育法』・『成人教育法』等の一連の法規が急ピッチで整備された。教育改革を法律に依拠させ、より円滑に進めようとしているのである。

　以上述べたように、中国の教育体制改革は、9年制義務教育の実施、専門人材を養成するための職業教育・成人教育の拡大、経済に直接貢献する高等教育体制の確立といった広範な分野に及ぶものである。教育体制の一連の改革の基本的性格として指摘できるのは、経済発展という国家政策の中に教育の発展が明確に位置づけられていることである。中国における経済体制改革は市場経済の導入・定着、発展を目指して展開されており、教育の改革も当然、その一環として同じ方向を目指して進められている。また市場経済・競争原理の導入に即応して、教育の分野の効率化が目指されている。

第2節　中国の職業教育システム

1.「改革・開放」以前の職業教育

　中国の職業教育は中国の近代工業化の発展とともに始まった。しかし、不安定な国内情勢と産業資本の未発達等の原因によって、中華人民共和

国成立以前の中国では、職業教育は基本的に極めて遅れた分野であった。1949年の時点では、高級職業学校(高校レベルの職業学校)と中等師範学校を合わせて1,171カ所、在学生はわずか22.9万人であった。設備も貧弱であり、しかも、それら少数の学校はほとんど大都市に集中していた。

中華人民共和国建国直後の1949年12月に、第一次全国教育工作会議が開かれた。会議は、「今後の若干年の内に重点的に中等技術教育を発展させる」という方針を定めた。これは歴史的・現実的な、二つの背景による決断であった。まず、中国が長期的に先進諸国からの搾取をうけた大きな原因は国内の産業の遅れにあるのであり、それは教養的な知識よりむしろ技術的な知識の不足にある。したがって技術的な知識の形成こそが自立的経済発展の極めて重要なキーであることを新中国の指導者は認識していた。他方で、現実的な要因として、経済回復・発展の大規模な経済建設のために、大量の技術労働者の養成が必要とされていた。職業教育の振興を教育政策に組み込む出発点となったのが1950年の『学制』で、旧教育制度を改革する過程で、旧ソ連の教育制度をモデルにして、中等専門教育・技術教育の発展が図られた。1957年、中等専門学校・技術学校の在学生は高校段階在学生数の48.5％を占めた。

1958年には「大いに意気込み、より高い目標を目指し、多く速く立派に無駄なく社会主義を建設する」ことをスローガンとする「大躍進運動」が始まった。1958年8月中共中央・国務院は『教育事業管理権の問題に関する規定』を発布し、中等専門学校等の設置と発展については地方に決定権があると定めた。さらに同年9月、『教育工作に関する中共中央の指示』が制定され、「学校が工場と農場を運営し、工場と農業合作社が学校を運営する」、教育と労働との結合が提唱された。「半工半読」(全日制の教育制度に対して、半日で仕事、半日で学習すること)制度が主に農村地域で実施され、農業中学・職業中学校等の発展が推進された。都市部では一部の工場の「半工半読」学校、農村で農民を対象とする技術学校などを設立し、成人教育を行った。特に中等職業教育は急速に拡大した。1960年各種の中等職業学校の在学者数は1957年の11倍、学校数は20倍となった。

しかし、このような急速な拡大は教育の質の低下を招いたため、1960

年～1963年には職業教育は急拡大から急縮減に転換し、各種中等職業学校の在学者数は83.4％、学校数は81％減少した。1963年から国民経済は恢復・発展し始めた。1964年『初等・中等教育と職業教育七年（1964～1970）規画要点』が制定され、大中都市での職業学校の拡大政策に転じ、1965年には、これらの三種類の職業学校の在学生は高校段階の在学生数の52.3％に達した。

1966年には文化大革命が始まり、「二種類の教育制度」は「ブルジョア階級の複線型」教育制度として批判され、職業系の学校の発展は再び抑制された。1960年代末の10年間に中等職業学校の規模は縮小し、普通高校の在学生が激増した。文化大革命終了直後の1977年では、職業技術学校の在学生は高校段階の在学生のわずか5％を占めるにすぎなかった。この結果、中等教育はほとんど普通高校のみになった。

1978年末に、中国は経済発展を優先させる「改革開放」の時代に入り、現代化を目指す政策が全面的に展開されるに伴って、初級・中級の技術者・管理者が大量に必要となり、このような職業教育の空白の状況が深刻な問題となった。中等教育の改革は1980年代から行われた中国の教育

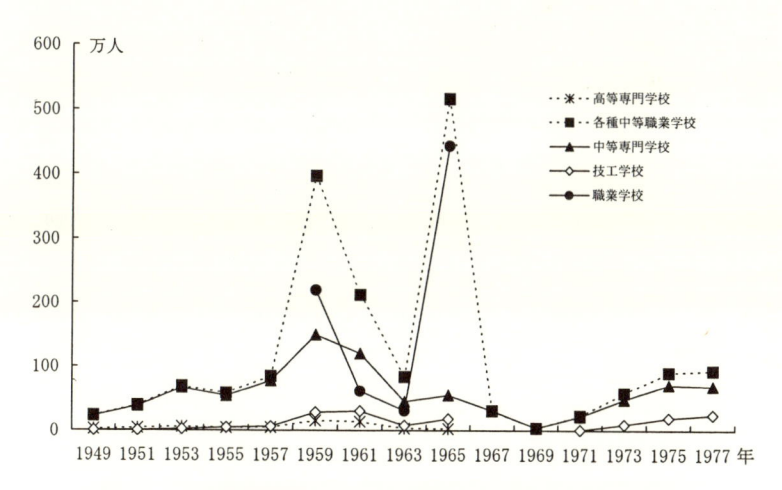

図1－4　中国の職業教育の在学者数の時系列変化（1949～1977）

注：中華人民共和国『中国教育成就1949-1983』人民教育出版社、『中国労働人事年鑑（1949.10～1987）』中国労働出版社により作成。

改革の一つの焦点となり、中等職業教育は急速に拡大してきたのである。

2. 現在の中等職業教育の制度と構造

中国の中等職業教育機関は、中等専門学校（中等専業学校）・技術労働

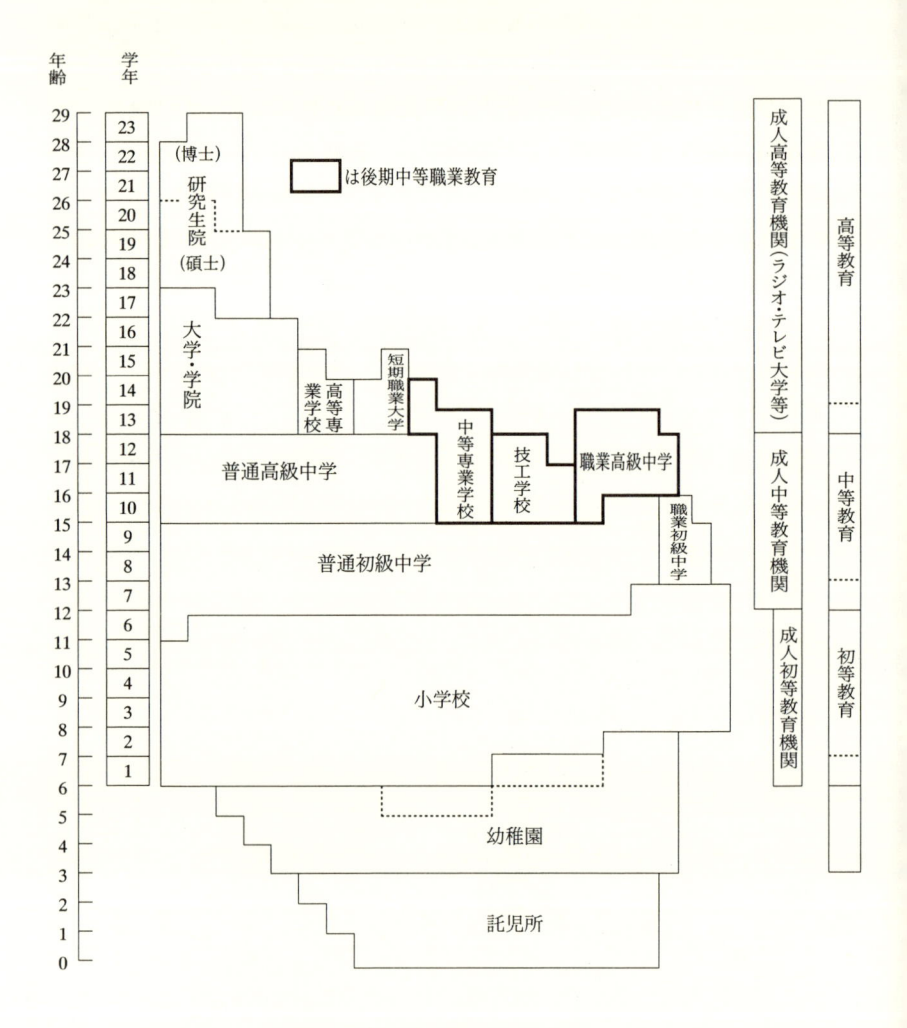

図1-5　中国の教育システム

原注：成人教育機関への段階は左の年齢層とは一致しない。
注：『中国教育地図集』をもとに作成。

者学校(技工学校)・職業高校(職業高級中学)の三つのタイプの学校から成り立っている。

(1) 中等専門学校(中等専業学校)

　初級・中級の技術労働者・管理者・中級専門人材養成にあたる中等専門学校は、1952年、当時の政務院より公布された『中等技術教育の整理・発展に関する指示』のもとで、旧高級職業学校の改編によって創設された。1954年、ソビエト連邦の教育制度をモデルにして、入学条件・修業年間・養成目標を規定した。それによって、中国の中等専門教育の基本パターンが確立された。その後中等専門学校は中国の中等職業教育の中軸として位置づけられてきた。

　中等専門学校の教育目標は、1979年の教育部『全日制中等専門学校工作条例』によれば、高校(普通高級中学)に相当する学力を備え、これを基礎とする上で当該専攻の現代化された生産に必要な基礎理論・専門能力及び実際技能を習得し、問題を分析し解決する能力を身につけること、となっている。1980年の教育部『中等専門教育会議紀要』によれば、中等専門学校の任務は、「徳・智・体が全面的に発達し、紅(思想的に優れた)でもあり専(専門能力に優れた)でもある中等専門人材を養成する」とされる。中等専門学校の工科系の学校については、中国の工業技術者の職階である「高級工程師」・「工程師」・「助理工程師」・「技術員」の4ランクの中で最下級の「技術員」を養成する教育機関である。

　中学卒業生後の修業年限は3～4年で、高校卒業者の場合は一般に2年、医科・工科などの一部科目は高卒後2年半ないし3年である。専攻は工科・農科・林科・医科・師範・財政・体育・芸術の8種であり、科目は約400ある。1996年に中等専門学校は4,099校あり、在校生は422.8万人となっている。

　設置・管理は、中央・省・市の各行政レベルごとに分担して行われるとともに、学校の専門分野と内容的に一致した行政区分に対応して、例えば、工業学校は中央の工業部や省の工業部所管というように、分担して行われることになっていた。国家・省教育委員会は中等専門学校に対し

て、教育面での指導を行った。

　卒業生の就職は、国家計画に基づき管轄の行政部門が配置先を決定し、「国家幹部」という身分が保障された。しかし、1994年に卒業生の就職は労働市場を通して自主的に職業を選択する方法に変わった。

(2)技術労働者学校(技工学校)

　技工学校は、生産実習を重視し、生産現場で独立して作業にあたることの可能な中級技術労働者を養成するとされている。技工学校は建国初期に、400万人の都市失業労働者に対し職業訓練を施す訓練クラスが創設されたことにその起源が求められる。1953年から新規工業化プロジェクトが次々に投入されることに伴い、熟練労働者の不足が深刻化し始め、その中で技工学校は失業者対策から技能労働力の養成を目的とするものへと転換した。第一次五カ年計画期には、ソ連の職業学校をモデルとして、次々と技工学校が開校され、即戦力を大量に養成する役割を担った。1950年代には技工学校は全て中央各産業部門により所轄され、労働部が総合的に管理業務を司った。1958年からの大躍進期には、技工学校は地方に移管され、各地で技工学校が新設されたが、1960年代末から1970年代末までの文革期には縮小された。経済改革が始まると、技術労働者の養成が再び重視され、1979年労働部は「技工学校工作条例」を出し、技工学校の標準化を図った。1980年代から技工学校は再び拡大し、1996年現在、技工学校は4,467校であり、在校生は20.3万人に達した。

　技工学校を所轄する主体は、地方労働部門・地方産業部門・公司・地方所属企業・集団所有制部門・中央部門・中央直属企業である。

　技工学校の教育目標は「現代的な生産技能を修得した4級相当の技術労働者を養成する」ことにあるとされている（中国の技術労働者は8等級に分けられ、1～3級が初級工、4～6級が中級工、7～8級が高級工である）。技工学校の修業年限は中卒3年、高卒1ないし2年である。設置されている専攻は機械製造・旋盤・機械組立・溶接・鋳造・電気・石炭採掘・地質などであり、ほとんど全て第二次産業関係のものに限られていた。

　技工学校の学生は、従来は中等専門学校と同様、国の人材需要計画に

よって養成され、卒業後は政府の労働計画に基づいて職場配置が行われてきたが、1986年の『技工学校工作条例』(労働部)は、国家計画の指導の下で学校が推薦し、雇用側が優秀な者を選んで採用する方向へ転換する方針を示した。1989年に労働部はさらに『技工学校改革の深化に関する意見』を通達し、卒業生が該当地域の労働市場を通して雇用側と卒業生側の相互的な選択(双向選択)により就職するという改革方向をさらに明確化した。

(3)職業高校(職業高級中学)

職業高校(職業高級中学)は、初級・中級の技術管理人員・従業員、中級技術労働者・農民技術員・農村技術労働者を養成することを目標として、1980年代から急速に発展してきた、新しいタイプの中等職業教育機関で、普通高校・農業中学校から改組されたものが多数である。職業高校の教育目標は、普通高校相当の教養を備えるとともに、一定の生産知識・技能を身につけた労働者を養成することである。主として各種の職業に従事することが期待されている。中学卒業生を入学させ、修学年限は3年である。

職業高校の行政管理機関は、主に地方各レベルの教育委員会である。政府の教育部門が独自で設置する学校が多数であるが、近年、教育部門と他の政府部門の企業との連携で設置するもの、社会団体や個人が設置するものが現れている。高校は特に軽工業や旅行・サービスといった分野で多くの専攻を設けている。

職業高校卒業生の就職の特徴は、学校側が職場配置を請け負うのではなく、優秀な者を企業が選抜して雇用することである(「不包分配、択優録用」)。1983年の「都市の中等教育構造の改革、職業技術教育の発展に関する意見」では、卒業時に「三結合」(国家による就職配置、雇用単位による選考、個人による求職雇用者の満足の３つを結び付ける)方針に基づいて、労働行政部門が卒業生に対して求人企業の紹介を行い、企業が卒業生に試験を行って優秀な者を雇用するか、あるいは「労働服務公司」が就職先を自力で捜す卒業生の手助けをする方法が採られることになっている。

前に述べたように、中等専門学校・技工学校は中国においてホワイトカラー・ブルーカラーの中級技術者・技能労働者の計画的養成における「正規軍」として、国から直接の資源投入・管理によって重点的に発展させられ、学費は無料で、ほとんど全寮制であり、就職も保障されていた。制度的にみればこれらの二タイプの伝統的職業教育機関は職業高校より優遇されており、教師陣・設備も後発の職業高校より充実し、学生の選抜度もより高かった。しかし他方この二種類の学校は運営のコストが高く、また所属管理部門による縦割りの管轄制度によって、学校の設置・管理は複雑で、しかも学生の就職配置をする負担がある。こうした面で、この二種類の学校を拡大させるには多面の制約がある。それゆえに1980年代初期、中等職業教育を拡大する方針がとられた時には、これら既存の職業教育機関を拡大すると同時に、新しいタイプの職業高校を作る方向が選択されたのである。これをうけて、1980年代から職業高校が急速に発展してきた。1980年代半ばに後発の職業高校の在学生は中等専門学校・技工学校のそれを越えた。

職業高校の拡大の一方で、中等専門学校・技工学校の拡大と改革も行なわれた。1990年代初期から中等専門学校・技工学校に対して、制度的な改革が進められてきた。1991年の『中等職業技術学校の学費徴収の暫行規定』により、1991年から中等専門学校・技工学校・職業高校は学費を徴収するようになった。国務院『職業技術教育の発展に関する決定』(1991)は、中等専門学校・技工学校の卒業生については、「三結合」方針を強調した。学生の就職も労働市場化の方向へ変更し始めた。

こうして現在の中国では上述の三種類の中等職業教育機関が中国の職

表1－3　中等職業教育の構造

	中等専門学校	技工学校	職業高校
入学資格	中卒(高卒)	中卒	中卒
修業年間	3年、4年	3年	3年
養成目標	中級技術者と管理者	中級技術者と労働者	中級技術・管理者と労働者
政策主体	国家教育部	国家労働・社会保障部	国家教育部
所轄	関連国家委員会、工業技術部、省の関係庁(局)	国家労働・社会保障部、省労働・社会保障庁	省・市・県教育庁(局)

業教育の中核となっている。表1-3は中等職業教育の構造とその特徴を示すものである。

このように中等専門学校と技工学校は1950年代計画経済に適応して作られた中等技術教育の機関である。この種類の職業学校は、計画経済時代に効率的人材を養成する役割を果たした。ゆえに1980年代に発展し始めた職業高校は、一方ではその多数が普通高校から改組されたために、普通高校の特徴が残され、他方では既存の二つの種類の職業教育機関を模倣するところもあった。

3. 短期高等職業教育機関

中国では高等レベルの専門的・実用的職業教育を行う機関は、主に全日制・正規の職業大学・専科大学（高等専科学校）と一部の成人大学から成り立っている。これらの学校はいずれも二、三年制の短期教育機関であり、四年制の大学卒が「本科」学位を獲得するのに対して、これらの学校の卒業者は「専科」学位を与えられる。ここでは正規学校教育体系の高等専科学校と職業大学を概観する。

(1) 専科大学（高等専科学校）・職業大学

a 専科大学（高等専科学校）

1950年代初期に、大規模な経済建設の需要を満たすために、養成期間の短い専科大学を発展させる政策が策定された。中華人民共和国建国直後の1950年に『高等専科学校暫行規定』は次のことを規定した。すなわち、専科大学は工業技師・農業技師・教師・医師・薬剤師・財政経済工作幹部・文芸工作者等専門技術人材を養成するために、若干の学科を設置し、高卒あるいは同等の学力を有する者を募集し、修業年限は2～3年とする。1950年～1953年の間、四年制の「本科」制の在学生は約12万人から15万余人に21.5％増加したのに対して、専科大学は、1.2万人から6万人に3.7倍増えた。1952年高等教育の「院系調整」という構造的改造が行われ、一部専科大学は専門学院に改組された。さらに旧ソ連の教育制度をモデルにして、専科大学を縮小し中等専門学校を重点的に発展する政策を定め、

専科大学は1957年在学者数が4.7万人に減少した。1958年の「大躍進」運動の中で、再び拡大し、1962年に160校になった。その後「教育整頓」を経て、1965年専科大学は50カ所のみ残された。文化大革命時期に専科大学は廃止され、あるいは合併され、専科大学は実際には存在しなかった。文化大革命後専科大学は恢復し始めた。

1983年に、国務院に提出された教育委員会・計画委員会の『高等教育の加速的発展に関する報告』と全国高等教育工作会議に提出された『高等教育の調整・改革、加速的発展の若干の問題に関する意見』は、「第七次五カ年計画」期間(1985～1990年)に高等教育の学生募集数に占める専科大学の比率を45％～50％にする目標を設定した。その後専科大学は大きな発展を遂げ、1989年に高等教育全体に占める入学者数は50％、在学者数は36％に達した。1986年に制定された『普通高等学校(筆者注：一般の大学を指す)設置暫行条例』(国務院)は、専科大学は主に高等専科レベルの専門人材を養成すること、文科・財政・農林・医薬等8学科の中の一つの学科を主要学科とすること、を明示した。1950年に制定された『高等専科学校暫行規定』と比べると、学校が設置する専科の種類が抑制されていることが分かる。これは専科大学の拡大を、低いコストで、効率的に実現するための措置である。1991年に、『普通高等専科教育工作の強化に関する意見』が制定され、専科大学の改革と発展を一層促進した。1990年代の教育発展指針となる『中国教育改革と発展要綱』(中共中央・国務院、1993)は「重点的に中等職業教育を発展させ、積極的に高等職業教育を発展させる」方針を示し、さらに『普通高等教育改革の加速的、積極的発展に関する意見』(国務院、1993)は、高等教育を発展させる際に、「レベル的には、専科教育を大幅に発展させ、特に農村・中小企業・郷鎮企業と第三次産業に向く専科教育を重点的に発展させる」と強調した。図1-6に示したように高等教育に占める専科大学の在学者数は拡大してきた。

b 職業大学

中国の職業大学は、1980年代の初めに誕生した新しい高等教育機関である。1970年代末、中国は経済建設の軌道に乗り、大量の人材が必要とされ、停滞していた普通高等教育機関は恢復し始めた。他方では普通高

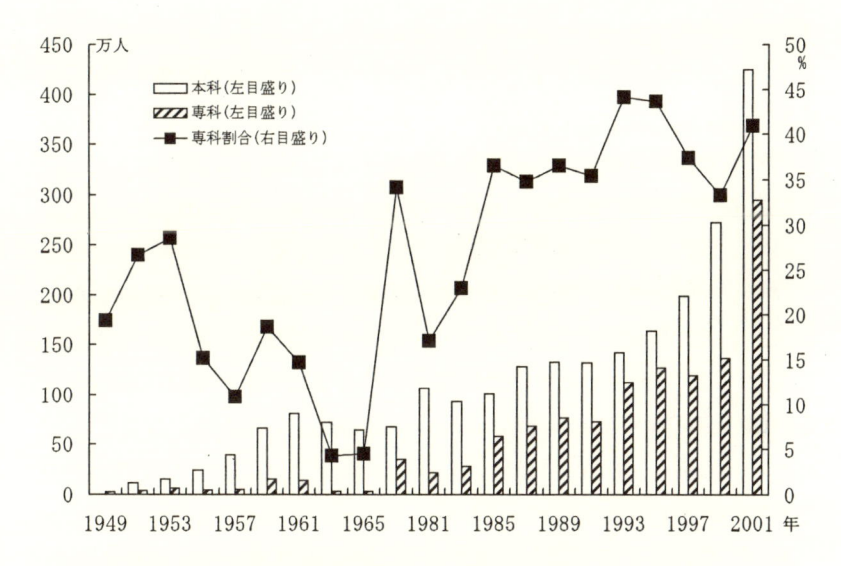

図1－6　本科大学と専科大学在学者数の時系列変化(1949～2001)
注:中華人民共和国教育部「中国教育事業統計年鑑」人民教育出版社、各年版から作成。

校卒業生にとっては大学進学希望と大学の収容能力との乖離が大きな矛盾になっていた。この状況の下で、一部の大中都市では地域の経済発展の需要に応じて、地方の自らの財政によって、実用的人材を養成することを目的とする職業大学を作り出した。『普通高等学校設置暫行条例』(1986、国務院)では、高等職業教育は、主に職業技術教育を行い、高等専科レベルの専門人材を養成することと規定した。投資と財政的負担を減少するために、このタイプの学校は従来の中国の普通高等教育機関の学校運営と異なって、「収費・走読・不包分配」(学費を徴収し、通学制をとり、就職は国家により配分をしない)の方針をとった。教育内容、方法は基本的に専科大学のそれを模倣した。『高等教育を調整・改革し、加速的に発展させるための若干の問題に関する意見』(1983)は「大都市、経済発展の速い中等都市と大企業が専科大学と職業大学を運営することを積極に提唱」し、職業大学は「地方・企業のために人材を養成する」方針を示した。

しかし、多数の職業大学は運営の経験・施設条件などはまだ不十分で、

『普通高等専科教育工作の強化に関する意見』(1991)は、「現在多数の職業大学は教育対象・専攻設置・養成目標・教育方法・卒業生の就職先等の面で専科大学との区別は少なく、実際は地方によって運営される専科大学」にすぎないことから、職業大学を「一部は高級技芸人材を養成する目標とする高等職業教育にし、一部は需要に応じて上級主管部門の審査、国家教育委員会の許可を経て、専科大学として明確にする」方針を示した。1995年、国家教育委員会は『職業大学の改革と建設の推進に関する意見』を公布し、職業大学の教育の目標を「職業大学は直接地方の経済建設、基層、中小企業と郷鎮企業に向かい、地方の経済建設と社会発展のために高級(中級)の実用的技術、管理者を養成することを担う」こととした。この『意見』で職業大学の運営・管理、教員養成、学生募集制度などが規定され、職業大学は操作・技能性の強い専攻では一部の中等職業学校の卒業生の入学募集することを定めた。

　短期高等職業教育機関を発展させるために教育部(元国家教育委員会)は、1997年から一定の時期に、高等教育機関の学生入学者定員計画での増額は主に高等職業教育の発展にあてると定め、高等職業教育の拡大は「三つの有利」、すなわち、高等教育構造の調整と教育資源の合理的利用に有利、中等職業教育の構造の調整と中等・高等職業教育の接続に有利、生産現場と農村が必要とする高級の実用人材を養成し、地域の経済発展と業界の技術開発に奉仕することに有利、の方針を示した。短期高等職業教育機関の発展は21世紀における中国の高等教育のマス化への移行の一翼を担うと期待されているが、新しい教育機関を作り出し、量的に拡大することよりは、既存の職業大学・専科大学及び成人高等教育機関に対する「改造・改組・改制」に加えて一部の中等専門学校の昇格による「三改一補」によって、「職業性・地方性・実用性」を強化することが具体的な実施策である。

　職業大学の発展を推進するために、地方における職業大学の設置権が次第に明確にされた。中共中央・国務院が制定した『教育改革の深化、全面的素質教育の推進に関する決定』の中に「国務院を通じて権限を授け、短期職業大学と大部分の高等専科教育を発展する権力、及び責任を省級

表1-4　職業大学の発展の状況

年	学校数	学生募集数(人)	在学者数(人)	卒業者数(人)
1991	114	22,930	63,459	24,943
1992	85	27,053	66,219	20,315
1993	83	35,274	79,909	19,647
1994	87	35,518	93,939	21,456
1995	86	37,050	98,300	28,863
1996	82	38,596	98,831	31,766
1997	80	44,665	112,092	29,818
1998	101	62,751	148,561	35,480
1999	161	123,378	234,244	40,140
2000	184	194,330	361,770	42,452

出所:国家教育部資料。

人民政府に渡す」と規定した。2001年1月国務院の『省・自治区・直轄市人民政府に高等職業教育技術教育学校の審査許可・設立権限の授与に関する問題の通達』を公布した。この通達に従って、教育部は2000年3月『高等職業教育学校設置基準(暫)』を制定した。2001年末に、30の省・自治区・直轄市人民政府に、自ら高等職業教育学校を審査許可・設立する権限を授与した[6]。

(2)短期高等職業教育の特質

上述したように、専科大学は文化大革命終結後、特に1980年代後半から恢復・発展してきた。この一部は中等専門学校から改組したものである。職業大学は1980年代地方政府が経済的、社会的事情で自らの財力で設置した学校である。この二種類の短期高等職業教育機関は、いずれも施設・設備、教師の質等の教育運営条件が厳しい状況におかれている。1993年の国家教育委員会『一部の教育条件の不良な普通高等学校の状況に関する通報』は、58カ所の教育基準に達していない学校を通報したが、その中で専科大学は30カ所、職業大学は18カ所であった。教育条件の低い短期高等職業教育機関の割合が高いことは明らかである。教育カリキュラムの面から見れば、専科大学の教育内容は四年制大学の「短縮型」

にすぎず、準アカデミックな特性が強い。しかも師範専科大学が大きな割合を占めている。制度上で見れば教育の目標、卒業生に対する賃金処遇は四年制大学の卒業生と明確な格差がある一方で、実際に従事する職務は四年制の卒業生との境界が曖昧である。専科大学は学科類別に対応する部、局に管理されたために、地域との結びつきも欠如した。これらの問題は職業大学にも見られる。

このように中国の短期高等職業教育機関は、他の国の伝統的な「大学」以外の短期高等教育機関と同様に「伝統的な大学より入学資格を緩和すること、実用的な職業準備教育に重点を置くこと、コストが低いこと」を求めてきたが、しかし、これらの学校はアメリカのコミュニティ・カレッジのように地域との強い関係を持たず、日本の短期大学・専修学校のような応用的職業教育の特性をも欠いている。専科大学、特に条件の良い専科大学が本科大学に昇格することを追求する傾向、いわゆる「アカデミック・ドリフト」(academic drift)と呼ばれる現象も見られた。これらの教育機関が実際に果たしている機能を見れば、「大学」外の高等教育と目されるよりは、むしろ「大学」内の下位機関の性格を持っている。このような特性は中国の高等職業教育機関の歴史と関連し、またエリート段階に属する中国の高等教育の特質に規定されていると考えられる。

4. インフォーマルな職業教育・訓練

以上のフォーマルな学校職業教育に対して、中国では、職業教育・訓練を行う他の教育機関としては、一部の成人教育機関と就職訓練センターがある。

(1)成人教育と職業教育

1951年に公布された『学制改革に関する決定』は、労働者と農民を対象として識字教育から大学レベルまでにまたがる成人教育を教育体系に取り入れた。初等教育段階では、職工初等学校・農民初等学校がある。中等教育段階では、職工中学・農民中学及び職工中等専業学校・農民中等専業学校・幹部中等専業学校・テレビ放送中等専業学校等がある。高等教育段階では、職工高等学校・農民高等学校・管理幹部学院・教育学院・テレビ

放送大学等がある。中等専門学校・大学レベルの成人教育学校の卒業生は、対応する全日制学校・大学の卒業者と同等の学歴が認められる。これらの成人教育機関は全日制の学校教育が普及していない状況の中で学校教育を補完する役割を果たした。特に成人高等教育は、全日制大学の厳しい競争の勝ち抜けなかった者に高等教育を受ける第二のチャンスを提供している。

『教育体制改革に関する決定』(中共中央、1985)は成人教育を基礎教育、職業教育、普通高等教育とともに教育の四大部分の一つとして位置づけている。1986年に開かれた第一回全国成人教育工作会議で、当時の国務院副総理李鵬は『成人教育を改革し、発展させよう』と題する演説の中で、成人教育の教育目標は、①在職職務訓練、②基礎教育の補足、③学歴授与のための教育(大学専科・本科及び中等専門学校レベル)、④継続教育(高等教育「本科」終了後の知識・技術更新)、⑤文化・教養教育であり、特に①在職職務訓練と③学歴教育が重要であるとした。

1993年の『中国教育改革と発展要綱』(中共中央・国務院)は「成人教育は、伝統的な学校教育が生涯教育へと発展していく新たな教育制度である」と規定し、成人教育の重点として、上述の①在職職務訓練、③学歴教育に、④継続教育が加えられた。1995年制定された『中華人民共和国教育法』においては、成人教育の教育目標として従来の①在職職務訓練が外され、③学歴教育、④継続教育の役割がさらに強調された。

このように成人教育の重心は識字教育・基礎教育の補習と職業知識・技能の伝授から在職職務訓練・学歴授与のための教育へ、さらに継続教育、生涯教育へと変化してきた。成人教育の役割が変化したのと同時に、行政組織の面での変化も見られた。例えば、成人教育を行う職工大学は、従来主に国営大手企業単独で、または企業と地方政府の当該産業の行政部門との連携によって設立された学校であった。しかし、国営企業の改革によって、職工大学は国営企業から切り離されて、地方政府に移管するようになっている。

(2) 就職訓練センター（就業訓練中心）

就職訓練センターは、労働予備人員・在職労働者・転職者などに対して集中的に訓練を行う機関である。現在就職訓練センターは労働部門に運営されたものと、政府機関・事業単位・企業・社会団体・個人等の非労働部門によって設立され、運営されるものがある。

就職訓練センターは主に1980年代初期に、都市部の大量な若者失業者を対象とする職業訓練、職業紹介をするサービス機関として始まった。1981年中共中央・国務院は『広く様々な方法を開き、経済を活性化させ、都市の就業問題を解決することに関する若干の決定』の中で、都市部の「待業青年」に対して遍く職業訓練を行う方針を示した。1983年に労働人事部により開かれた全国訓練活動会議では、「積極的に努力し、歩調を加速し、『まず訓練、後に就業』制度を全面的に実行する」ことを提起した。同年労働人事部が制定した『労働者の技術審査の暫行条例』は、国有企業・事業単位の技術労働者に対して計画的な訓練を行い、技術審査制度を実行すると定めた。さらに1985年労働人事部は『就職訓練に関する若干の暫定方法』を発布し、就職訓練に関する一連の規定を制定した。その後全国各地で就職訓練センターが急速に展開された。1988年労働人事部『就職訓練センターの活動の強化に関する意見』、『就職訓練センター管理規定』（労働部、1991）などはいずれもこうした政策を受けついたものである。1982年に就職訓練センターはわずか242ヵ所であったが、1986年には2,054ヵ所に達した。1996年の時点で13,870ヵ所あり、該当年度訓練を受けた人数は274.92万人ある。その設置・運営者も多様化されている。その中で私立の就職訓練センターの発展は目覚ましいものがある。

就職訓練センターは量的な拡大と同時にその役割も変わってきた。1990年代から国営企業の改革に伴って、大量な余剰人員がリストラされ、これらの人員に対する再就職・転職の訓練、農村部から出稼ぎ労働者に対する就職準備訓練などを受け入れ始めた。訓練の期限は、一年以上の長期間訓練と数ヶ月の短期間訓練があり、試験に合格した者に職業資格証書・技能検定合格証書を与える。職業学校より柔軟性を持つ就職訓練

センターは、雇用制度の改革、労働市場の確立に伴って、就職準備訓練・在職訓練・転職訓練における役割がますます重要視されると思われる。

5. 職業教育のシステム化

　各類型の職業教育の拡大と同時に、職業教育の体系を築くことが求められている。教育改革に関する幾つかの重要な政策文書から、この職業教育の体系化の過程を辿ってみる。

　『教育体制改革に関する決定』(中共中央、1985)では、「中等教育レベルの職業教育に重点を置き、中等専門学校を中堅として、積極的に役割を果たす」と同時に、初等教育、また高等教育レベルの職業教育を積極的に展開し、「こうした初級から高級に至るまで業種が揃い、構造が合理的でまた普通教育とも相互に乗り入れるような職業教育システムを築く」とした。その後、中等職業学校が急速に拡大し、後期中等教育段階の職業学校を中核とする職業教育体系が形成された。『職業技術教育の大いなる発展に関する決定』(国務院、1991)においては、職業教育のシステムに関しては「中国的特色を持ち、初級から高級に至るまで、産業構造に応じる構造的に合理的でかつ多様的であり、またその他の教育形態と有機的に組み合わされて、発展できる職業技術教育システムの基本骨組みを確立する」方針を打ち出した。既存の職業技術学校を一層拡充す

表1-5　各レベルでの主な類型の職業教育機関の状況(1998)

学校類型	学校数(カ所)	在学者数(万人)
職業大学	101	14.9
専科大学	431	73.3
中等専門学校	4,109	498.1
技工学校	4,362	181.3
職業高校・職業中学校	10,074	541.6
成人技術訓練学校	464,850	6,293.1
就職訓練センター	16,447	679.3

注:(1)教育部計画建設司『中国教育事業統計年鑑 1998』人民教育出版社、1999年、中国労働・社会保障部『中国労働統計年鑑 1999』中国統計出版社、1999年、によって作成。
　(2)専科大学の在学者数は、四年制本科大学で専科クラスの在学者数を含めている。

ると同時に、短期職業訓練と普通学校での職業指導・在職者の職業訓練を積極的に展開することを提唱したのである。1996年制定された『職業教育法』も職業教育のシステム化を一層強調した。1980年の初めから政策的に推進されたのは、後期中等段階での職業学校類型の職業教育である。後期中等職業教育は職業教育システムの基幹となっている。この各構成部分の発展の状況は**表1-5**に示されている。

注

1) 『1997年度労働事業発展統計公報』。
2) 中国社会科学院工業経済研究所、2000年『中国工業発展報告 1999』。
3) 「分税制」は、1994年1月に実施された。税は、中央と地方の職権区分の状況、財政権と職権一致の原則に基づき、中央収入、地方収入および共有収入に分けられており、基本的には、国家権益の保護、マクロ・コントロールに必要な税種は中央固定収入(中央税:関税、消費税等)に、地方の管理が適当である税種は地方固定収入(地方税:営業税、地方企業所得税)に、経済発展に直接関わる税種については中央と地方の共有収入(共有税)に区分されている。
4) 国家統計局、2001年「従基尼係看貧富差距」中国統計信息網 (http://www.stats.gov.cn)による。
5) 1986年導入され、商品税・付加価値税・営業税を1%上乗せして徴収し、これを教育費にあてる一種の教育税である。
6) 「高職審批設立権下放地方」『中国教育報』2001年1月17日。

第2章　職業教育拡大政策の展開

　この章では、文化大革命以後の中央レベルでの職業教育拡大政策展開のプロセスと全国における職業教育拡大のダイナミックスを概観する(第1節)。さらに、職業教育拡大に期待された役割を分析し(第2節)、職業教育の財政・管理・運営をめぐる中央政府の施策を整理する(第3節)。

第1節　文化大革命以降の中等職業教育拡大政策

　1970年代末に経済発展の軌道に乗り始めた中国が直面したのは、十年にわたる文化大革命がもたらした「人材断層」(一世代の人材の空白)という厳しい状況だった。教育を回復・改革して、いち早く人材を養成することが緊急な政策課題となった。その中で職業教育の振興が教育改革の一つの根幹とされた。この節では、職業教育政策を「1.回復・振興期」、「2.拡大期」、「3.調整期」の三つの時期に分けて整理する。改革・開放体制への始動から2000年代の初めまでの職業教育に関する政策的な動きを表2－1にまとめた。

1.　回復・振興期(1970年代末～1980年代前半)

　1978年に開かれた全国教育会議において、当時の鄧小平副総理は中共中央を代表して「教育事業の計画は国民経済発展の要請に応じたものでなければならず」、「国家計画委員会・教育部と各部門は協力して、教育事業の計画を国民経済計画の一つの重要な部分にしよう」と呼びかけた。また鄧氏は講演で「この計画は各段階、各種の学校の発展のバランスを考慮しなければならない。特に農業中学・各種の中等専門学校・技工学校の比率を拡大すべきである。」と述べた[1]。中等職業技術教育を拡大する

表2－1 1980年代以来の職業教育拡大政策に関する主要年表

年	(1)回復・振興期(1980年代始め～1980年代前半)
1980	『中等教育構造の改革に関する報告』
1983	中共中央・国務院『農村の学校教育を強化し改革させる若干の問題に関する通知』
1983	教育部・労働人事部・財政部・国家計画委員会『都市部の中等教育構造改革と職業技術教育の発展に関する意見』
	(2)拡大期(1980年代後半～1990年代半ば)
1985	中共中央『教育体制改革に関する決定』
1986	全国職業技術教育工作会議(国家教育委員会・計画委員会・労働人事部が主催)
1986	国家教育委員会『職業技術教育委員会の設立に関する通達』
1986	国家教育委員会・計画委員会・経済委員会『経済部門と教育部門との協力を強化、就職前職業教育の促進に関する意見』
1986	国家教育委員会『職業技術学校の教師陣の建設強化に関する意見』
1986	国家教育委員会『中等専門学校の経費強化問題の原則的規定についての通知』
1986	国家教育委員会『職業高校卒業生の採用の関連問題に関する通知』
1986	国家教育委員会『「職業学校の経費問題についての補充規定」を配布する通知』
1986	国家教育委員会『「中等専門学校の設置の暫定的な方法」の通知』
1990	全国職業技術教育工作会議(国家教育委員会・計画委員会・労働部・人事部・財政部が主催)。
1991	国務院『職業技術教育の大いなる発展に関する決定』
1994	国務院『「中国教育改革と発展要綱」の実施に関する意見』
1996	第8期人民代表大会第19次会議で『職業教育法』が採択された。
	(3)調整期(1990年代末～)
1998	教育部『職業高校専攻目録(リスト)の制定に関する通達』
1999	教育部『高校段階以降の教育事業発展の積極的推進に関する若干の意見』
1999	国務院『労働予備制度を積極的に推進し、労働者の資質を加速的に高めることに関する意見』
1999	教育部『中等職業学校の配置・構造の調整に関する意見』
2000	教育部『中等専門学校の管理体制の調整中で中等職業教育資源の流失を防ぐ問題に関する意見』
2001	教育部『中等職業学校設置基準に関する標準(試行)』
2001	教育部『一部の条件を備えた中等職業学校の中で総合課程教育の試行に関する意見』
2001	教育部『中等職業学校が農村から都市部へ出稼ぐ人員に対して職業教育訓練を行うことに関する通達』
2001	国務院『基礎教育改革と発展に関する決定』
2002	国務院『大いなる職業教育改革と発展の推進に関する決定』

という政策方針が、初めて公式の場で明示されたのである。その後中等教育構造の改革、職業教育の振興が広く議論、強調されはじめた。

翌1979年には、第5期全国人民代表大会での政府報告は「中等教育においては計画的に中等職業教育を大幅に振興すべきである。これは社会主義建設の多くの方面において差し迫った需要であり、同時に大量の中等学校卒業生の就職問題を解決するのに有利でもある」とした。1980年、中国共産党中央は全国労働就職会議によって提出された文書を各地に通達する際に、「順を追って現行の教育制度を改革し、中等教育が画一化されている現状及びそれによる経済建設との深刻な乖離を改めなければならない」と指摘した。

一連の会議での議論・検討に基づき、1980年10月国務院は、国家教育委員会と国家労働局が共同で作成した『中等教育構造の改革に関する報告』を承認した。そこでは、「中等教育の構造改革は主として高校段階の教育の改革にある。高校段階の教育を社会主義現代化の要請に対応させるには、普通教育と職業技術教育を同時に並行させ、全日制学校と半工半読学校・余暇学校（業余学校）を同時に並行させ、国家の運営と産業部門・工場・鉱山・企業・人民公社の運営を同時に並行させなければならない」と述べ、多様な形態と多様な設置主体による普通教育と職業教育のバランスのとれた発展の原則を示した。同『報告』はさらに普通高校には職業教育科目を増設し、一部の普通高校を職業学校に改組すること、及び各業界が職業学校を創設するなどの中等教育構造改革の内容・方途、及び職業技術教育の経費・定員・設置・管理などの具体策を示した。同『報告』は、省・直轄市・自治区において、党委員会や政府の指導者がリーダーとなり、関係行政部門が参加する中等教育構造改革指導組を設けることを要請し、中等教育構造の改革を推進するための指導・管理体制建設の必要性を強調した。この『報告』によって、1960年代初期に劉少奇が提出した「二つの教育制度と二つの教育制度」が再評価され、文革期の単線型学校体系を再び複線化する政策がとられたのである。

その後、中央指導者の講演・中央の政策文書の中では中等教育構造の改革・職業教育の拡大が強くうたわれた。1981年5月、当時の中央総書

記である胡輝邦は「都市の就職の需要に応じて、3分の1の普通高校を職業学校に改組させることができるかどうか、努力して今年から着手しよう」と呼びかけた。

　1980年代前半には、農村部における中等教育構造の改革と職業教育の発展が、都市部より一足早く要請された。1982年8月、教育部は山東省政府の『農村部の中等教育構造改革の加速についての報告』を取り上げて、全国各省・市・自治区の教育庁・局に紹介した。教育部は山東省の『報告』を評価した上で、農村部の職業技術教育の重要性を強調し、各レベルの党委員会・政府が農村の職業教育発展のスピードアップに取り組むことを求めた。

　1982年12月、第5回全国人民代表大会では『第六次五カ年計画の報告』が決議され、『報告』の中で教育事業の発展任務を提出した。中等教育構造の改革については、各種類の中等職業学校、特に農林・畜産・医療・政治・教育関係等の職業学校を発展させ、普通高校では職業教育の内容を増やし、一部の農村部の普通高校を農業職業高校に改組させることをうたった。さらに、目標として1985年まで普通高校の学生募集数を285万、1980年より100万人を削減し、中等職業学校については募集数を140万と、1980年より116万人増加させると決めた。

　第六次五カ年計画に基づいて、1983年5月6日、中共中央と国務院は『農村部の学校教育を強化し改革する若干の問題に関する通知』を出した。ここで、中学校段階での職業教育の導入を示唆し、就職年限3～4年の農業中学校の試行を提起した。目標として「1990年には農村における各種の職業技術学校の在学生数が普通高校在学生数に並ぶ、ないしは若干超過するよう極力努める」と提示した。3日後の5月9日、教育部・労働人事部・財政部・国家計画委員会は共同で『都市の中等教育構造改革と職業技術教育発展に関する意見』を公布し、農村と同様の改革を都市部でも進め、職業学校と普通高校の在学生数の比率を、1990年をめどに1：1とする、という目安を示した。上記の農村教育に関する『通知』と都市部に関する『意見』との対比から、この時期には農村の職業教育拡大を都市部のそれより規模を大きくし、農村に重点を置く職業教育を拡大しよ

うとする政策的志向がうかがえる。

同年6月、第6期全国人民代表大会第1回会議での政府報告の中で、趙紫陽国務院総理は「さらに確実に中等教育構造の改革を進め、計画的に職業技術教育を発展させ、5年以内に職業高校の在学生数を後期中等教育の在学生全体の40％以上とする」と述べた。上述の二つの文書と趙紫陽総理の指示を実行するために、教育部は同年7月に開かれた全国普通教育工作会議で、中等教育構造の改革及び職業教育の発展について具体的な施策を策定した。それに応じて各省・市・自治区及び地区・県は専門会議を開き、職業教育の拡大を一層加速させた。1985年までに各種の中等職業学校の入学生数と普通高校の入学生数の比率は1：1.28となり、中等職業学校の在学生数が高校段階の在学生数に占める割合は、1978年の8％から36％と急速に拡大してきた。

2. 拡大期（1980年代後半～1990年代半ば）

1985年に中共中央の『教育体制の改革に関する決定』が公表された。これは中国の教育体制の全面的な改革の綱領的な政策文書となった。そこには「中等教育の構造を調整し、職業技術教育を大幅に発展させよう」というタイトルの節が置かれ、九年義務教育の実施・高等教育の改革と並んで、職業技術教育の発展が教育改革の一つの根幹とされた。「社会主義の現代化建設は高度な科学技術を有する専門家を必要とするだけでなく、何千万の良質の職業技術教育を受けた初級・中級の技術者・管理者・技術労働者、及び良質の訓練を経た都市と農村の労働者が緊急に必要である」と職業教育拡大の重要性を強調した。職業教育発展の現状については、「職業技術教育は我が国教育事業全体の中で最も弱い部分であり、有効な措置によってこの状況を変革し、職業技術教育をできる限り発展させる必要がある。職業教育の問題を既に数年前から強調してきたにもかかわらず、局面は一向に打開されていない」と述べ、就職者の技術的基準を明確にし、教育体制を改革すると同時に労働人事制度を改革させ、「まず訓練、後に就職」という方針を打ち出した。

職業教育拡大の方途と目標については、「現有の中等専門学校と技工

学校の潜在力を充分に発揮し、学生定員を拡大させる、また計画的に普通高校を職業高校へ改組するか、あるいは職業クラスを増設する。このような新設の学校も含めておよそ5年以内に、多数の地区の各種の高校段階の職業技術学校の学生定員数を普通高校のそれと並ぶようにし、現在の中等教育構造のアンバランスな状況を改善しなければならない」と述べた。また、中等職業教育は経済と社会発展の需要と密接に関連させ、集団あるいは個人と他の社会団体が学校を運営することを奨励し、中等職業教育は主に地方が責任を負うという原則を提起した。

1985年4月、「七五計画」(第七次五カ年計画)期における教育発展の計画草案が発表された。その中で、「七五計画」期の目標として、多数の地区の高校段階における各種類の職業学校の学生定員数を普通高校のそれに近づけ、あるいは同等にさせ、それと同時に初等段階の職業教育と各種の短期職業訓練を強化させるとした。翌1986年の7月には、国家教育委員会・国家計画委員会・労働人事部は共同で新中国における初めての全国職業技術教育工作会議を主催した。ここでは職業教育を発展させる必要性・緊急性を強調し、職業技術教育の発展方針・任務を明確化し、職業技術教育を発展させるためのいくつかの施策を検討した。会議で国務院副総理李鵬は『大いに職業教育を発展させることが教育改革の重要な内容である』という報告を行い、国家教育委員会副主任の何東昌は職業教育の現状、任務と方針、労働人事制度の改革、農村部の職業教育と職業教育体制の改革に関する内容の講演を行った。

この会議後、職業教育の発展について政府は一連の具体的政策を策定した。『経済部門と教育部門との協力を強化し、就職前の職業教育を促進させることに関する意見』、『職業技術学校の教師陣の養成を強化することに関する意見』、『中等専門学校の経費を強化する問題の原則的規定についての通知』、『職業高校卒業生を使用することの関連問題に関する通知』、『職業学校の経費問題についての補充規定』、『中等専門学校の設置の暫定的な方法』、『技工学校の工作条列』など通達が相次いで出された。これらの通達以外に、会議では『農村職業技術教育の発展の加速についての意見』、『職業技術教育管理責任の暫定的な規定』、『「まず訓練、

後に就職」の原則を一層徹底することについての意見』、『各種の職業学校の学制に関する暫定的な規定』などが論議された。職業教育の拡大が強く要請され、そのための教師陣・経費・学校運営・学生の就職等多方面にわたる実践レベルでの具体策が議論されたのである。

　1980年代後半には、職業教育についての理論研究、授業計画の策定、教科書の編集が進められてきた。中央政府の政策を実行するために、一部の省は職業教育に関する地方法規の制定を検討し始めた。1988年までに河北・貴州・遼寧・山東・江蘇・山西省及び上海市は職業教育の地方法規を制定した。

　こうした経緯を経て1980年代における中等教育は量的に拡大し始めた。1990年末までに各種の職業技術学校は1万6,000校余りに増加し、在学者は600万人を越えた。それと同時に全国に職業訓練センター2,100カ所余りを設置し、毎年就職希望者90万人余りを訓練した。後期中等教育段階では各種の職業技術学校と普通高校の定員数はほぼ1:1に近づき、中等教育の単線的構造は大きく変化した。

　1990年代に入って、1990年12月に第13期第7回中国共産党中央全体会議が開かれ、国民経済と社会発展についての十年計画と第八次五カ年計画を提起し、中でも職業教育の発展に引き続き重点を置き、職業教育を大きく発展させる方針を明らかにした。

　会議の主旨を受けて、翌年1月国家教育委員会・国家計画委員会・労働部・人事部・財政部は全国職業技術教育工作会議を開いたが、国家教育委員会主任李鉄映は報告の中で、労働者の教育水準は低く、同年齢人口のうち体系的な後期中等教育を受けた者は10％にすぎず、進学できない小学校・中学校卒業生の多数は職業教育・訓練を受けずに就労しており、これが社会主義現代化建設の大きな阻害要因となっている、と指摘した。会議では後期中等教育における職業教育の割合が普通教育を超えるという量的な拡大の目標とともに、質的な向上が目標とされた。

　同会議の内容を踏まえて、10月に国務院は『職業技術教育の発展に関する決定』を公布し、「職業技術教育の規模と水準は生産物の品質と経済効率、経済発展の速度に影響する。職業技術教育の発展は労働者の思想

道徳・科学・文化的素質の向上と、社会主義現代化実現にとって戦略的意義をもつだけではなく、プロレタリアート主導の労農同盟を基礎とする社会主義制度を強固にするためにも特に重要な意義を持っている」と職業技術教育の重要性を強調した。職業教育発展の現状については、「……しかしながら目下の我が国の職業技術教育は規模、規格と質の面で経済建設と社会発展の需要に十分応えておらず、いまだ教育事業全体の中の弱点を抱えた一部分となっている」と指摘し、また1990年代における職業技術教育の主な課題として、現有の職業技術学校の潜在力を発揮させ、集中的にモデルスクールとなる中核的学校を作り、全国後期中等教育段階の職業技術学校を拡大させると同時に職業訓練センターで行う短期訓練、普通教育における職業指導、成人に対する職業教育を行うことが提唱された。また、職業教育における中央と地方の責任を示し、「職業技術教育発展の主な責任を負うのは地方であり、鍵は市・県にある」と地方の責任を強調した。

1993年には、1990年代中国の教育改革全体の指針となる『中国教育改革と発展要綱』が公表されたが、この中にも、後期中等教育段階における職業教育の振興の内容が盛り込まれている。『要綱』には、1990年代における職業教育発展の具体的目標は次のように示されている。高校段階の職業技術学校の在学生数を大幅に増加させ、上級学校に進学できない中学・高校の卒業生には遍く職業技術訓練を受けさせ、都市・農村の新規労働者を職場に就く前に必要な職業技術訓練を受けさせるようにする。措置としては様々な民間団体、企業等の各方面が職業教育に寄与し、多種多様な職業教育を行う。各地で中核的な職業学校・訓練センターを設立し、多様な短期訓練を行い、次第に職業技術教育システムを形成させる。翌1994年、国務院は『「中国教育改革と発展要綱」の実施に関する意見』を通達した。同『意見』は職業教育発展の目標と措置を、より詳細に示したものである。

1996年には、第8期人民代表大会第19次会議で『中華人民共和国職業教育法』が決議された。『職業教育法』は職業教育の意義と役割を明確化し、各レベルの政府や企業の責任などを法的に定めた。その後、『職業

教育法の実施による職業教育の迅速な発展に関する若干の意見』などの『職業教育法』の補足意見書が出された。同年『全国教育事業"九五"計画（第九次五カ年計画）と2010年発展企画』（国家教育委員会）が策定された。その中で、「九五計画」期での高校段階の教育の発展目標を次のように策定した。2000年までに、高校段階教育の在学者数を2,125万人にし、年増加率を5.2％とする。大都市と沿海経済発展地区では高校段階の教育を普及させる。普通高校は高等教育拡大の規模に従って適度に発展させ、約850万人とし、1995年より136.8万人増加させ、年の増加率は3.6％とする。職業教育は中学校後に重点を置き、小学校・中学校と高校卒業後の「三級分流」を行う（「三級分流」について後に詳しく触れる）。高校レベル各種の職業学校の在学者数は約1,275万人とし、1995年より335.7万人増加し、年の増加率は6.3％とする。高校レベルの各種の職業学校在学者数は高校段階の約60％とする。この『企画』では普通高校の拡大は、「高等教育の規模の拡大に従い」と条件づけたが、長い間普通高校の拡大が抑制された情況の中で、これは新たな政策的な動きであると見ることができる。

3. 調整期（1990年代末〜）

　1990年代末になってそれまでの中等職業教育についての単純な量的拡大政策に反省が加えられ始めた。まず量的な拡大にともなう職業学校の乱立への対策が図られた。職業学校の専攻目録（リスト）に関しては、1993年、『普通中等専門学校の専攻目録』（国家教育委員会）が改訂され、1994年『技工学校の専攻（職種）』（国家労働部）が通知された。しかし、職業高校については全国統一的な専攻目録がなかった。1998年『職業高校の専攻目録（リスト）制定の通達』（教育部）が制定された。この目録の制定によって、中等専門学校・技工学校・職業高校の養成目標の間での境界線をなくし、専攻設置の細分化・重複化・陳腐化を見直し、経済発展と産業構造の変化により適応させることを図った。翌1999年には、三種類の中等職業学校の中央政府の部門別縦割りから、すべて地方の教育部門に属し、管理されるようになった。

さらに中等職業学校の規模・資源配置・管理の効率性を高めるために、1999年に『中等職業学校の配置・構造の調整に関する意見』(教育部)が出された。同年、教育部は『中等職業学校の授業計画の策定に関する意見』を通達し、基礎課程と専門課程の授業時間を4：6と定めた。1990年の『職業高校(三年制)授業計画に関する意見』(国家教育委員会)では、基礎課程と専門科目・実験科目の比率について「工農医類は一般的に3：3：4で、文科類は一般的4：3：3とする。技能性の強い専攻は一般的に2.5：2.5：5」としていたのと比べれば、基礎教育をより強化する方針であることがわかる。さらに、2001年に教育部は『職業学校における単位制の試行に関する意見』を制定し、職業学校の教育内容の弾力性、融通性を求めるようになった。教育部は『中等職業学校設置基準に関する標準(試行)』を通達し、職業学校の校長の資格・学校の規模・専門科目の教員の数・学校の面積・必要な施設・経費収入等の基準を明確にした。

同年、さらに、教育部から『一部の条件を備えた中等職業学校の中で総合課程教育を行うことに関する意見』(教育部)が出され、一部の職業学校は総合制高校へ転換し始めた。国営企業の改革によりリストラされた労働者が増え、新規学卒の就職状況が厳しいことなどを背景として、1999年、国務院は『労働予備制度を積極的に推進し、労働者の資質を加速的に高めることに関する意見』を出した。その年から、全国の都市と鎮で全面的に労働予備制度を推進し、新規労働力と他の求職者は就職前に1～3年の職業教育・訓練を受け、職業資格あるいは一定の技能を獲得後に労働市場を通じて就職するという方針を示した。このような状況に応じて、職業学校は労働予備教育・訓練の担い手となることを求められた。農村からの「農民工」の増加に伴って、これらの出稼ぎ労働者に対する職業訓練を行うために、2001年に『中等職業学校が、農村から都市部への出稼ぎ人員に対して職業教育訓練を行うことに関する通達』(教育部)を出した。このように職業学校から総合制高校への転換、職業学校機能の多様化などの試みが始まった。

他方では、後期中等教育の構造すなわち職業学校と普通高校の定員の比率に関して政策的な変化が見られた。1999年に策定された『21世紀に

向けての教育振興行動計画』(国務院)では後期中等教育については、「中学校卒業後の教育を様々に分化させる方法をとり続ける。各地域は実情を考慮して、積極的に中等教育を発展させる。全国の高校段階の職業教育と普通教育の定員は現在の比率を保ち、『中国教育改革と発展要綱』が掲げた目標を達成するよう努力する」[2]と述べられている。

1999年に教育部は『高校及びそれ以降の段階の教育事業発展の積極的推進に関する若干の意見』を通達し、「普通高校の発展と中等職業学校の発展とのバランスをよくとるべきである。各省・自治区・直轄市は該当地域の経済・社会の発展の実情によって、高校レベルの教育構造を逐次合理化し、普通高校教育と中等職業教育の調整のとれた発展を促進する」方針を示した。2001年の国務院『基礎教育の改革・発展に関する決定』は、「高校レベルの教育を大いに発展させ、高校レベルの教育の調整のとれた発展を促進する。大中都市と経済が発達した地域において、段階的に普通高校教育、……高校の規模を拡大する。社会の協力を得て、多様な形式を取り入れ、高校段階の教育を発展させる。普通高校と中等職業高校の合理的な比率を保持し、調整のとれた発展を促進する」方針を示した。翌年、国務院はさらに、『大いなる職業教育改革と発展の推進に関する決定』を通達し、その中で、職業教育改革と発展の方針を次のように示した、すなわち、「『十五期』(第十次五ヵ年計画期)において初歩的に社会主義市場経済体制に適応し、市場の需要と労働就職に密接に結びつき、合理的な構造を持ち、柔軟で、開放的であり、明らかな特色を備え、自主的に発展する現代的な職業教育体系を形成する。……中等職業教育を重点とし、中等職業教育と普通高校教育の比率をほぼ同じくさせ……」。この通達で、今までの政策に示した中等教育に占める職業教育と普通教育の比率を修正せざるを得なくなったことは明らかである。

このように1990年代末から2000年代の初めには中等職業教育に関する政策は修正され、新たな試行錯誤が始まり、大きな転換を迎えたのである。

4. 職業教育拡大のダイナミックス

上述のように、中国共産党の第11期3中全会(1978)以後、特に『教育

体制改革に関する決定』(1985)が公表されて以来、職業教育に関する政策が相次いで打ち出され、職業教育の拡大は後期中等教育に大きな構造的な変化をもたらした。

(1)後期中等教育の構造の転換

図2-1に示したように、中等職業教育の在学生数は1990年代前半に普通高校を越え、普通教育との比率は逆転した。1996年各種の中等職業学校の在学生数は939万人と、1980年の4.2倍になり、高校段階在学生数の56.8%を占めた。

職業教育のダイナミックな拡大は職業教育の「内部構造」の変化をももたらした。既に整理したように(第1章第2節)、中国の後期中等教育段階で、三種の中等職業教育機関が併存しており、三種の職業学校は異なった経過をたどって成立し、行政的仕組み・教育の目標・役割分担等の諸側

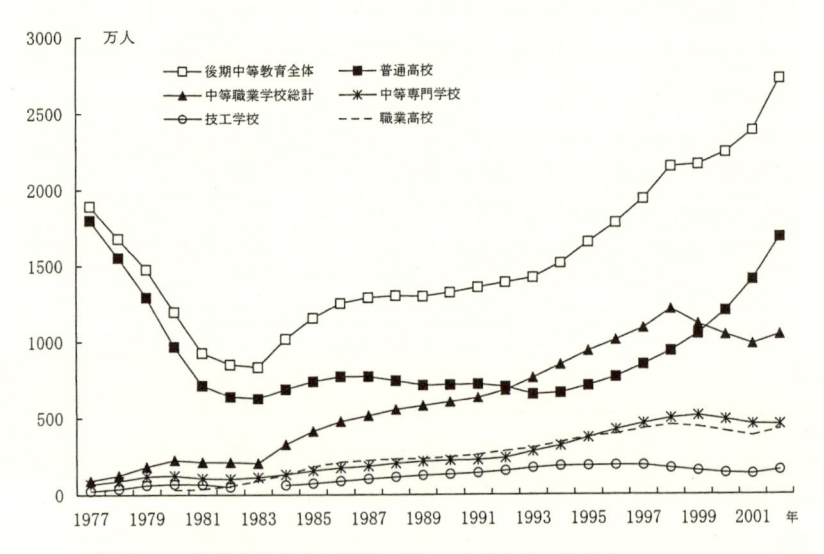

図2-1 後期中等教育各種類の学校の在学者数の推移(1980~2002)

出所:『中国教育事典』編委会『中国教育事典 中等教育巻』河北教育出版社、1994年。国家教育委員会『中国教育成就統計資料 1980~1985』人民教育出版社、1986年。教育部『中国教育統計年鑑』1985~1999年各年度版、人民教育出版社。労働・社会保障部企画財務司『中国労働統計年鑑』1980~1998年版、中国労働出版社、1980~1998年。教育部『全国教育事業発展統計公報』1999~2002年。

面で特性を持っていた。

1980年代から三種の職業学校の学科構成の時系列変化を示す**図2-2**を

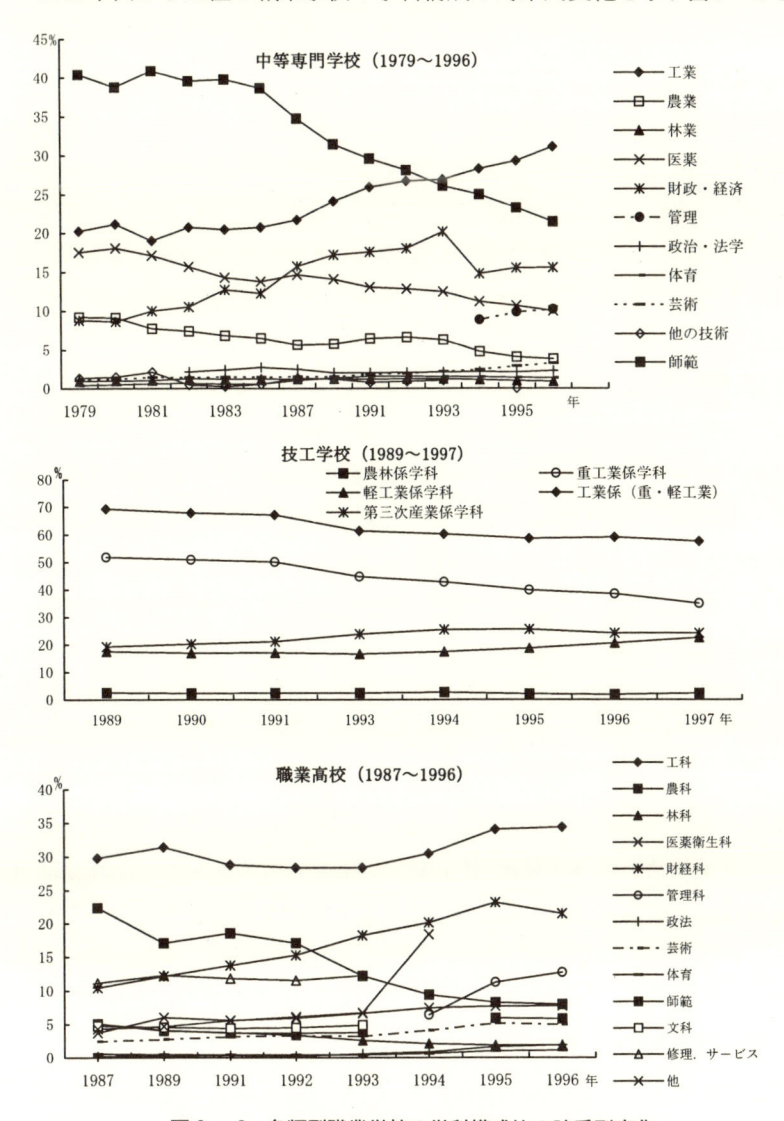

図2-2　各類型職業学校の学科構成比の時系列変化

出所：『中国教育事典』編委会『中国教育事典　中等教育巻』河北教育出版社、1994年。中華人民共和国国家教育委員会計劃財務司『中国教育成就統計資料　1980〜1985』人民教育出版社、1986年。中華人民共和国教育部発展企画司『中国教育統計年鑑』1985〜1997年各年度版、人民教育出版社。国家統計局人口和社会科技統計司、労働和社会保障部企画財務司『中国労働統計年鑑　2001年』中国統計出版社、2002年、から算出。

みると、次のような傾向が見られる。

中等専門学校・職業高校の場合は、工業科が一時的な減少、横這いをみせているものの、全体としては拡大の趨勢を示している。財政・経済科の割合は、1990年代前半まで共に大きく拡大したが、90年代後半に低下に転じた。一貫して構成比が縮小してきたのは農業科である。中等専門学校において師範・医薬学科の構成比が減少してきたのに対して、職業高校のそれは増加する趨勢が見られる。従来の工業科中心である技工学校の場合は、工業科の構成比が全体として減少している。この内、重工業関係の学科構成比の縮小率が大きい。軽工業関係の学科・第三次産業関係の学科が増加している。

既に述べたように、三種の中等職業学校は異なる政府部門に所轄されている。1998年までには普通中等専門学校の場合は、普通中等専門学校数の20％を占める中等師範学校は教育部門によって運営管理されており、残り80％は国務院の各部門・省・地区政府部門あるいは大型企業の教育部門に管理されている。技工学校は、企業と県以上の労働部門に運営され、管理されている。その中の90％は企業によって運営されている。職業高校の約70％は地(市)と県(市・区)の教育部門に運営・管理されている。他の20％は政府の他の部門・業界・企業に運営されている、10％は「民間活力」に運営され、教育部門に管理されている[3]。

このように三種の職業学校は政府の異なる部門に所轄され、これらの発展は相互に調整されるとは限らない。学科構成の変化の差異は、一方では産業構造の転換、経済・社会変化によるものであるが、他方では職業教育拡大政策を実現する過程で地方政府の政策に左右されていると考えられる。

(2) 中等職業教育拡大の低迷

前述したように、1980年代初めから、中等職業教育が急速に拡大してきた。しかし、1990年代後半から、中等職業教育を囲む経済的、社会的なコンテクストの変化とともに、職業教育自身が内包する問題も顕在化し、職業学校の「学生募集難、就職難」等の問題は社会的な問題となった。

第2章　職業教育拡大政策の展開　71

表2-2　「九五」期教育発展目標の実現状況

在学者数(万人)	1995年	2000年	計画目標	完成度(%)
高等教育	562.19	939.85	650	144.6
大学院学生	14.54	30.12	20	150.6
普通高等教育	290.64	556.09	300	158.9
成人高等教育	257.01	353.64	280	126.3
後期中等教育段階	1,652.53	2,248.84	2,125	105.8
普通高校	713.16	1,201.26	850	141.3
中等専門学校、職業高校	939.37	1,047.58	1,275	82.2
前期中等教育	4,727.51	6,256.29	5,500	113.8
初等教育	13,195.15	13,013.25	13,500	96.4

注：(1)成人中等教育と成人初等教育を含めていない。
　　(2)出所：国家統計局『教育事業的発展－「九五」時期国民経済経済和社会発展報告之十七』中国統計信息網(http://www.stats.gov.cn)によって、整理、作成。

表2-2に示したように、第九次五カ年計画期(1995～2000年)では、後期中等教育段階で、普通高校の在学者数は計画数の141.3%と大幅に増加した。これに対して、中等専門学校・職業高校は計画の82.2%にしか達していない。

普通高校と職業高校の発展の逆転は多様な要因によるが、教育内部の構造的な要因としては、前期中等教育の発展によって、高校段階への進学需要が高まってきたことがあげられる。そして、1990年代後期には高等教育も急成長し、2000年と1995年を比べれば、学生定員は91.2%増、在学者数は91.2%増となった。このような状況の中で、普通高校の拡大が見られたのである。

第2節　職業教育に期待された役割

以上に述べた1980年代から1990年代にかけての中央レベルでの中等職業教育拡大の強い政策的な志向はどのような背景から生じたものなのか。ここではそれを、1.経済発展に向けてのマンパワーの養成、2.若者人口の雇用対策、そして、3.高等教育への進学者の抑制の三つの視点か

1. 経済発展のためのマンパワーの養成

職業教育の拡大にはマンパワーを養成して、経済発展に寄与することが大きく期待されている。職業教育が国民経済と国の社会発展計画に盛り込まれていることはこの反映である。

表2-3から分かるように、改革開放政策が実施以来策定した五つの『国民経済と社会発展五カ年計画』の中でいずれも職業教育の発展をうたい、その発展の総体目標を規定し、そのうち四つの五カ年計画の中で具体的な目標を定めた。職業教育の発展は国民経済発展計画に組み入れら

表2-3 国民経済と社会発展五カ年計画における職業教育発展の目標

計画名	職業教育発展の目標
『国民経済と社会発展第六次五カ年計画1981～1985』(1982.12)	高校構造を積極的に改革し、その中で職業教育を着実に発展。1985年までに、普通高校の定員数を1980年より100万人減らして、280万人前後に。職業中学・高校と農業中学・高校の定員数は1980年より116万人増やして、140万人に。1980年の職業中学・高校の生徒数の6.5倍、農業中学・高校の生徒数の7.1倍。中等専門学校は1985年に50万人を募集、在学者数は125万人に。5年で230万人卒業
『国民経済と社会発展第七次5年計画1986～1990』(1986.4)	中等教育の構造を引き続き調整し、継続的に普通高校の運営を強化。と同時に職業技術教育を大幅に発展。漸次わが国の特色を持つ職業技術体制を形成 1990年全日制中等職業技術学校は360万人を募集し、1985年より65％増加。五年以内に1000万人の卒業生を養成、「六五」時期より1.1倍増加
『国民経済と社会発展十年計画と第八次五カ年計画1991～1996』(1991)	普通高校・中等専門学校・職業高校・技工学校などを全般的に計画、多様な形態の職業教育を大幅に発展。中等職業教育の運営水準を高める 1995年に高校段階の在学者に占める各種中等職業技術学校の割合を現在の45％から50％以上に。五年以内に、1,100万人の全日制中等職業技術学校卒業生を養成、「七五」期より30％増やすと同時に柔軟、多様な短期職業技術訓練を幅広く実施
『国民経済と社会発展「九五」計画と2010年長期目標綱要1996～2000』(1996.3)	職業教育と成人教育を大幅に発展 重点的に前期中等教育後の職業教育を発展させ、2000年に各種の中等職業技術学校の定員数と在学者数が高校段階に占める割合を、それぞれ60％前後に
『国民経済と社会発展の第十次五カ年計画の建議2000～2005』(2001.3)	職業教育と職業訓練を大幅に発展、成人と他の継続教育を発展、次第に大衆化・社会化の生涯教育システムを形成

れた。

　表2-4は、職業教育に関する主な政策・法規を整理したものである。ここでも職業教育は経済発展のためのマンパワーを養成する手段と位置づけられ、職業教育を拡大して、技能労働者を養成し、経済発展を支えることが、職業教育拡大政策の重要な論拠となっていることが分かる。

　まず『中等教育構造の改革に関する報告』(国務院、1980)において、中等教育の構造の単一化は「国民経済の発展の需要と深刻に乖離し」、「四つの近代化建設、及び安定団結に極めて不利であり」、「中等教育の構造を改革し、職業教育を発展させて、四つの近代化建設に適応させることが、当面早急に解決すべき問題である」と述べ、職業教育の発展は国民

表2-4　職業教育に関する主な政策・法制とその内容

政策名	職業教育の意義
教育部・国家労働総局『中等教育の構造の改革に関する報告』(1980)	四つの近代化建設に適応するため、中等教育の構造を改善、職業技術教育を発展 中等教育の構造改革は、国民経済の発展計画・労働制度及び卒業生の就職等の問題にかかわる
中共中央『教育体制改革に関する決定』(1985)	大量の優れた職業技術教育を受けた初等・中等レベルの技術者・管理者・熟練労働者がなければ、先進的な科学技術・設備は現実的な社会生産力となり得ない 労働・人事制度を改め、「まず訓練、後に就職」の原則を実施。雇用の際に、まず職業技術学校の卒業生から優秀な者を採用。 資格制度を漸次実施
国務院『職業技術教育の大いなる発展に関する決定』(1991)	職業技術教育の規模と水準は生産品質、経済効率と発展速度に関連 「まず訓練、後に就職」の原則を押し広め、すべての技術等級検定を受けられる職種で、二重証書(卒業と技術等級・職場合格証書)制度を順次実施
中共中央・国務院『中国教育改革と発展要綱』(1993)	職業技術教育は現代教育の重要な部分、工業化・生産の社会化・現代化の重要な柱 「まず訓練、後に就職」という制度を真剣に実施。職業技術教育と訓練を受けた者の就職を優先、専門性・技術性の強い職場では、職場資格証書を取得した後に就職。訓練を受けずに就職した者に対して、職場につく前に訓練を実施
『中華人民共和国職業教育法』(1996) (第八回全国人民代表大会で採択された)	職業教育は、国家教育事業の重要な部分、経済社会の発展及び労働雇用を促進する重要な手段 職業教育の実施は実際の需要に応じて行い、国家が制定した職業分類と職業等級基準に対応する学歴証書・訓練証書と職業資格証書制度を実施 国家は労働者に就職前あるいは職場に就く前の必要な職業教育を受けさせる制度を実施

経済の発展、及び社会の安定に関わる重要な措置として位置づけられた。

さらに、中共中央の『教育体制改革に関する決定』(1985)では、「中等教育の構造を調整し、大幅に職業技術教育を発展させる」という大項目を設け、職業教育拡大の重要性に関して、次のように述べた。「何千万何百万という、しっかりした職業技術教育を受けた初級・中級技術者・管理人員・技術労働者及び良質な訓練を経た都市と農村部の労働者が緊急に必要となっている。この労働技術をもった大軍がなければ、先進科学技術と先進設備は現実の社会の生産力とはなり得ない」。したがって「中等職業技術教育は経済と社会発展の需要と密接に結びつき、都市部では、企業の技術・管理水準の高まりと第三次産業の発展の需要に適応し、農村では、産業構造の調整と農民の『労働致富』の需要に適応する」と要求した。

『職業技術教育の大いなる発展に関する決定』(国務院、1991)は、「職業技術教育の戦略的地位と機能の重視」が第一項目のタイトルとされ、その中で「職業教育の規模と水準は生産物の品質と経済効率、経済発展の速度に影響する。職業技術教育の発展は労働者の思想道徳・科学・文化的資質の向上と、社会主義現代化の実現にとって戦略的意義を持つだけではなく、プロレタリアート主導の労農同盟を基礎とする社会主義制度を強化する上でも特に重要な意義を持っている。それゆえ、教育事業には優先的な地位を与え、職業技術教育を重視し、大幅に発展させる必要がある」とし、さらに、各級の政府と関連行政部門教育工作者と社会各方面に対して、「国家と民族の未来をみつめる立場から職業技術教育の戦略的地位と機能をいま一歩高め、有力な措置をとる。一致団結して職業技術教育を発展させる」と呼びかけた。

『中国教育改革と発展要綱』(中共中央・国務院、1993)の第2項目の「教育事業発展の目標・戦略と指導方針」は、「職業技術教育は現代教育の重要な部分をなし、工業化と生産社会化の重要な柱である」と位置づけ、「当該地域の経済発展の需要に応じて、職業技術教育を発展させる」(第8条)ことをうたった。

『職業教育法』(1996)第1章の総則は、「職業教育は、国家教育事業の重要な構成部分であり、経済・社会の発展と労働雇用の重要な方途である」

(第3条)とされ、「各級人民政府は職業教育を発展させることを国民経済と社会発展企画に組み入れるべきである」(第6条)と、職業教育と社会・経済発展との関連を一層明確にした。

このような強い期待は次のような政治的・経済的コンテクストから生じたものである。すなわち、改革・開放政策の実行に踏み切った1970年代末から、中国の経済は本格的な発展の軌道に乗ってきた。1982年9月の中共12期全国代表大会は20世紀末までに工農業生産総額を1980年の基点とし4倍増とする計画を提出した。以来、経済成長は年平均10%近い高度成長が続き、目標は5年繰り上げ、1995年に達成された。急速な経済成長とともに産業構造も大きく変化してきた。

国民総生産に占める第三次産業の割合は1978年の23.7%から1997年の32.7%に伸び、雇用者数も大幅に増えた。中国では、建国初期ソ連をモデルにして重工業に偏ったために、第二次産業は最も大きな割合を占めていた。1997年においても三つの産業の中でGNPに占める割合は一番大きく、就業者数も第三次産業とほぼ同じである。1997年までに第一次産業のGNPに占める割合は20%以下に低下した。この低い割合は1950年代から工業化を推進させるために農業物価格を抑え工業製品価格を高く設定する、という不合理な価格体系によるところが大きい。第一次産業の就業者は依然として全労働力の50%以上を占めている。中国は世界の22%の人口を抱えているのに対してその耕地は世界の耕地の7%にすぎず、しかも人口の70%は農村地域にいる。農業の発展は中国国民経済発展の基盤となっており、農業のメカナイゼイション・現代化が差し迫った政策課題となったのである。

産業構造の変化・工業化の進展・農業のメカナイゼイションに伴って、中級レベルのマンパワーが大量に必要とされたが、特に改革・開放の初期においては、中級技術者・専門人材の不足は深刻な問題であった。世界銀行の「1980年の中国の労働力の教育水準に関する調査結果」によると、労働者に占める高等教育を受けた者はわずか0.5%、中等専門・技術学校卒者は0.9%で、90%以上の労働者は中学校、あるいはそれ以下の教育しか受けていない、という厳しい状況であった[4]。このような低い

労働力の質が中国の経済発展のボトルネックとなっているというのが、中国の指導者の認識であった。このようなコンテクストの中で、経済発展のためのマンパワーの養成が職業教育に大きく期待されたのである。

2. 若者の失業の対策と雇用の促進

職業教育を拡大させることによって就職の機会を産み出し、雇用を促進することも、職業教育拡大政策を促進する理由の一つであった。

職業教育拡大政策を推進し始めた1980年代初期には、中国では社会の大きな変革に伴って、深刻な失業現象が起こっていた。表2－5に示されるように、1980年前後の都市部の失業率は1990年代に国営企業改革によるリストラが起こった時期より高かった。その原因は主に二つある。

表2－5 都市部における失業者数と失業率

年	失業者数(万人)	失業率(%)	若者失業者(万人)	失業者に占める若者の割合(%)
1978	530	5.3	249	47.0
1979	568	5.4	256	45.5
1980	542	4.9	383	70.6
1981	440	3.8	343	78.0
1982	379	3.2	294	77.4
1983	271	2.3	222	81.8
1984	236	1.9	196	83.1
1985	239	1.8	197	82.6
1986	264	2.0	209	79.2
1987	277	2.0	235	85.0
1988	296	2.0	245	82.8
1989	378	2.6	309	81.8
1990	383	2.5	313	81.6
1991	352	2.3	288	81.9
1992	364	2.3	299	83.2
1993	420	2.6	332	79.0
1994	476	2.8	301	63.2
1995	520	2.9	310	59.7
1996	553	3.0	-	-
1997	577	3.1	-	-
1998	571	3.1	-	-
1999	575	3.1	-	-
2000	595	3.1	-	-

注：国家統計局人口和社会科技統計司、労働・社会保障部企画財務司『中国労働統計年鑑2001年』中国統計出版社、2001年、によって算出、作成。

一つは文化大革命の間に実施された「都市部の知識青年の農村への下放」5)政策の中止によるものであった。農村に「下放」された「知識青年」は1978、1979年に一挙に都市部に戻ってきた。第二は1960年の「自然災害」後のベビーブームの時期に生まれた世帯が就労年齢に達し、就労ピークになったことである。この二つの原因によって生まれた大量の「待業青年」をいかに「配置」するかが緊急の課題となったのである。

1980年8月新中国建国以来、初めての「全国就職対策会議」が開かれ、会議では中等職業技術教育を重視することが、就職問題の根本的解決策となることが強調された。会議の結果をまとめた文書『都市部労働就職工作を一層に進める』が中共中央によって各省に通達された。この文書は「目下、我が国では大学へ進学できる高校卒業生はわずか4％しかない。積極的に一部の普通高校を順次職業高校へ改組させる必要がある」と述べた。

同年10月国務院により国家教育委員会と国家労働局が共同で作成した『中等教育構造の改革に関する報告』は、中等教育の単一化は国民経済の発展の要求と大きくかけはなれており、「四つの近代化建設、及び安定団結に極めて不利である」と述べた。職業教育の拡大を経済発展と社会安定と関わる問題として取り扱っていることが読みとれる。

1981年中共中央・国務院が通達した『方途を広め、経済を活発化し、都市部の就職問題を解決することに関する決定』では、職業教育・訓練を通じて、都市部の「待業青年」の就職を促進する方針を示した。

さらにその後制定された『都市部の中等教育の構造を改革し、職業教育を発展させることに関する意見』(教育部・労働人事部・財政部・国家計画委員会、1983)は、中等教育構造を改革して、職業教育を発展することは、労働生産率を高め、学生の全面的な発展を促進することに有利であると同時に、「雇用と社会の安定・団結を促進することに有利である」と述べた。

前節にも述べたように、1980年代半ばから、職業教育拡大政策は、労働雇用と密接な関係をもっていたことが分かる。『中国人民共和国職業教育法』(1996)は、職業教育は「経済、社会発展と就職の重要な方途であ

る」と述べている。就職の促進が職業教育に期待された一つの役割であることが明らかである。

3. 学生の進路分化と受験競争の緩和

　職業教育の拡大に期待された第三の重要な役割は、激しい大学受験競争の緩和であった。文化大革命の間に中断された大学入学試験制度が1977年に回復し、翌年全国統一入試が再開された。再開後たちまち受験ブームがおき、受験競争も一挙に過熱した。地方の行政機関は学校に進学率の目標を下し、進学率の高低によって学校や教師に賞罰を与え、学校は授業を延長し、生徒に過重な学習負担をかけるなどの歪みが出た。1980年代、受験競争の是正を求める通達が何度か出された。1983年『全日制普通中等学校が党の教育方針を全面的に徹底し、進学率の追求に偏る傾向を是正することに関する十項の規定(試行草案)』(教育部)が制定され、1986年全国人民代表大会では『義務教育法(草案)』に関する説明の中でも、1987年中国共産党第13回大会の工作報告の中でも、一方的に進学率を追求する傾向を克服することが再び強調された。しかし、効果はあまり見られなかった。受験競争の問題を解決するためには、大学以外に就職のルートが形成される必要があることが認識され、前期中等教育段階で職業中学校を設置し、後期中等教育段階での普通高校と職業技術学校とのコース分けが推進された。

　『教育体制改革に関する決定』(中共中央、1985)は、わが国の広大な青少年を一般的に、中学段階から分流させ、中学校卒業生の一部は普通高校に進学し、一部は高校段階の職業教育を受ける。高校卒の一部は普通大学に進学し、一部は高等職業教育を受ける。小学校卒業後中学段階の職業技術教育を受けて就職できるし、進学もできる」と述べ、学生の進路分化政策を示した。

　1991年に公表された『職業技術教育の大いなる発展に関する決定』(国務院、1991)は、「普通教育の中で、職業指導を積極的に促進し、地域に適した措置をとり、適当な段階に職業教育の要素を導入し、異なる段階で学生に対して分流制の教育を行う」と述べた。さらに、国務院の『「中

国教育改革と発展要綱」の実施に関する意見』(1994)では、「計画的に小学校後・中学校後・高校後の三級分流(三つのレベルで学生進路を分化すること)を行い、大いに職業教育を発展させ」とされ、学生の進路分化を三つの教育段階で行うことを明確にするようになった。1996年に、『全国教育事業「九五」計画と2010年発展企画』(国家教育委員会)が策定され、その中で、2000年までに、職業教育を積極的に発展させ、「職業教育は中学校後に重点を置き、小学校後・中学校後・高校後の三つのレベルでの分流を行い」、「普通高校は高等教育規模の拡大に従って適度に発展させる」という方針を示した。1999年に策定した「21世紀に向けての教育振興行動計画」(国務院)の中で、「中学校完了後の教育を引き続き様々に分化させる方法を採る。各地は実情を考慮して、積極的に中等教育の発展を進める。全国高校段階の職業教育と普通教育においては現在の比率を保持して、『中国教育改革と発展要綱』が掲げた目標を達成するように努力する」、と引き続き職業教育によって、学生の進路分化を行うことを述べた。

学生の進路の「三級分流」を図式にすれば図2-3のとおりである。すなわち、「第一レベルでの分流」は小学校卒業生が、普通中学校あるいは職業中学校かへと分かれる。「第二レベルでの分流」は中学校卒業生に対するもので、普通高校あるいは職業教育系中等学校へと進路分化する。「第三レベルでの分流」は普通高校の最終学年の学生が大学進学クラスと就職準備クラスに分かれる。

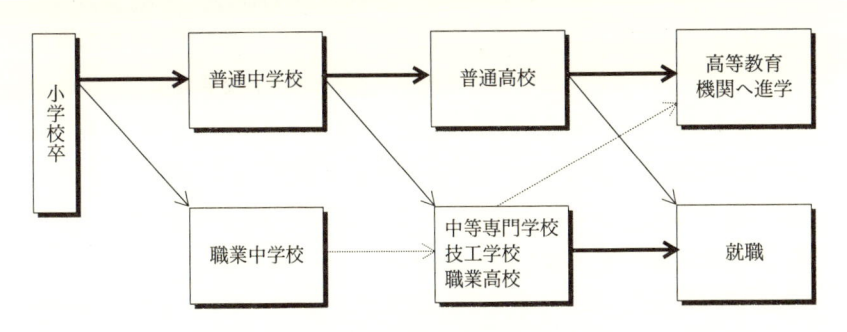

図2-3 進路の三級分化図

ただし「三級」のうちいずれの段階で分流が意図されたかは地域によって異なる。『職業技術教育の大いなる発展に関する決定』(国務院、1991年)では、「都市部では、高校三年目で分流させ、一部の学生には進路の定まったあるいは予備的な職業技術教育を行ってよい。農村部では実情によって、「3+1」(三年の前期中等教育に一年間の職業技術教育を加える)制度、中学校三年目の分流制度、四年制の職業技術内容を取り入れた普通中学あるいは職業中学など多様な形式をそれぞれ採用し、前期中等職業教育段階における職業教育を発展させ」、都市部と農村部では異なる段階で学生の進路分化を行うことを示した。国務院の『「中国教育改革と発展要綱」の実施に関する意見』(1994)は、「九年制義務教育がまだ、あるいは一時的に普及が困難な地区では小学校修了での分流を進め、初等職業教育を発展させ」、「大部分の地区では中学校修了後の分流を主として、中等職業教育を大いに発展させ、逐次50％～70％の中学卒業生を中等職業学校あるいは職業訓練センターに進学させる」、「2000年までに各種中等職業学校の募集生徒数及び在校生数を、高校段階では全国平均60％前後に維持し、高校段階の教育が普及した都市では70％に達してもよい」と地域別に異なる教育段階で異なる程度の「分流」を行う方針をさらに明確にした。

　この「分流」の時系列の変化に関しては、1980年に職業中学在学者の割合は3割に近くなっていたが、1980年代前半に2割に減り、1980年後半から現在まで2割以下に留まっている。全体的な変化を見てみると、学生の「分流」は前期中等教育段階から、後期中等教育段階へ移行する趨勢が見える。地域別の学生進路分化の実態は、職業中学の在学者数の多数は農村、あるいは郷鎮に分布しており、都市部では職業中学の在学者数に占める割合はわずか3、4％である。すなわち、第一レベルでの分流は主に非都市部で行われた。他方、職業高校の在学者数の割合は、農村部において減っているのに対して、都市部・郷鎮のそれは拡大している。第二レベルの分流は主に非農村部で行われたことが明らかである。

　では「三級分流」という進路分化政策はどういう効果をもたらしたのか。図2－4に示したように、1970年代末から1985年の間に、一方では

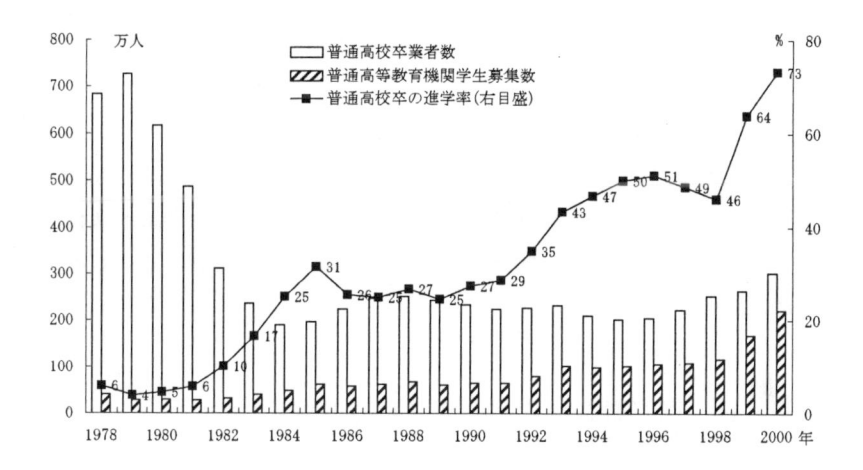

図2－4　普通高校の在学者数と高等教育への進学率の変遷（1978～2000）

注：(1) 普通高校卒の進学率＝普通高等教育機関学生募集数／普通高校卒業者数*100
　　(2) 出所：中華人民共和国国家教育委員会計劃財務司『中国教育成就統計資料　1980～1985』人民教育出版社、1986年。中華人民共和国教育部発展企画司『中国教育事業統計年鑑』1985～1990各年度、人民教育出版社、中華人民共和国教育部発展企画司『中国教育統計年鑑』人民教育出版社、2000年。中国統計局『中国統計年鑑 2000』統計出版社、2000年。

　中卒の職業高校への「分流」によって、普通高校の卒業者は急速に減少し、高等教育受験への参加者が大幅に削減され、他方では普通高等教育機関も拡大した。この二つの効果が乗じて、普通高校卒業者の進学率が急速に高まってきた。その後一方では、普通高等教育機関は1992年までに拡大が見せなかったが、1992年から再び拡大が加速し始めた、特に1999年に1998年より42％増の153万人を募集し、2000年までにさらに拡大した。他方では、1990年代末までに、普通高校は一定の規模にコントロールされたために、普通高校卒業者の進学率は高等教育の発展に大きく左右されている。1992年まで普通高校卒業者の進学率は3割にとどまったが、その後高等教育機関の拡大に伴って急拡大し、2000年に約7割に達した。このような結果から、職業教育の拡大によって、普通高校の卒業者、言い換えれば高卒の大学進学率が拡大し、大学受験競争が緩和されている

ように見えた。

　しかし、「三級分流」には、次にような副作用も出てきた。第一は、競争の低学年化である。すなわち、職業学校に「分流」されないように、よりよい小学校・中学校・高校へ進学することを目指して競争が起こり、従来高卒の時点であるべき競争が、下の段階での競争へ移った。第二に、高卒の大学進学率が急速に拡大し、特に北京・上海などの大都市では8割を超えて、大学の選抜性が低くなっている。同時に、大学のマス化に伴って、学校のランクがより重要視され、銘柄大学への進学をめぐる競争は一層激しくなっている。

第3節　職業教育拡大に関する具体的施策

　前節で述べたように、中国の職業教育政策はいくつかの段階を経て展開してきたが、この過程で、職業教育に関する政策はより充実してきた。この節では、職業教育拡大に関する主な政策文書に基づいて、職業教育拡大に関する主な実施策を、1.管理運営、2.財政、3.就職資格の三つの側面で整理する。

1. 職業教育の管理・運営
(1)職業教育の行政管理体制
　職業教育が拡大し始めた1980年代の初期において、中等職業教育の展開をもたらした『中等教育の構造的改革に関する報告』(国務院、1980)では、「中等教育の構造的改革と職業教育の展開を統括して管理する指導チームを作るべきであり、地方特に市・県レベルでは党組織の指導の下で、教育・労働・計画・財政などの部門の協力を得て、具体的な実施作業(運営)をするべきだ」と述べた(4.中等教育構造的改革に対する指導の強化)。この文書では職業教育の行政管理体制の問題を提起したが、職業教育の行政管理については必ずしも具体的に明確にされなかった。

　1985年公表された『教育体制改革に関する決定』(中共中央)では、党と政府が教育改革に対する指導を強調し、国家教育委員会を設立すること

表2−6　職業教育の管理・運営体制に関する措置

政策文書名	管理・運営
教育部、国家労働総局『中等教育の構造の改革に関する報告』1980	中等教育の構造的改革と職業教育の展開を統括して管理する指導チームを作るべきであり、地方特に市・県レベルでは党組織の指導の下で、教育・労働・計画・財政などの部門の協力を得て、具体的な実施作業(運営) (職業教育の運営に関しては、)養成目標によって、異なる行政部門が対応
中共中央『教育体制改革に関する決定』1985	国家教育委員会を設立、政府部門間の協調をはかり、職業教育技術教育改革の立案、調整、指導を統括 企業事業体と(産業)業務部門の積極性を十分に引き出さなければならない、集団と個人及び他の社会団体が学校を運営することを奨励、……各団体・部門が自力か、連携あるいは教育部門と共同で職業技術学校を運営
中共中央・国務院『中国教育改革と発展要綱』1993	中央方針の指導の下で地方政府が、統括企画・管理・省・自治区・直轄市は本地区の学制、年度学生募集規模・授業計画・教科書の選択、省による編集した教科書の審査、……等を確定する権力がある。省以下の各級政府の権限は省政府によって定める 学校は全て政府による運営される状況を改め、漸次政府が中心となって、社会各業界が共同で学校を運営体制を築く。職業技術教育と成人教育は主に業界・企業・事業単位と、社会各方面との連合によって学校を運営
『中華人民共和国職業教育法』(第八回全国人民代表大会で採択された)1996	国務院の教育行政部門は、職業教育事業に対して統一的に全面的に計画し、総合的に調和させ、マクロ的指導する役割を果たす。国務院の教育行政部門・労働行政部門及び他の関連部門は、分担して職業教育事業に関する責任を負う。県レベル以上の地方各級人民政府は当該行政地域の職業教育事業に対する指導、統一的な計画と監督・評価を強化 業務部門及び企業・事業組織は、法律に基づき、職業教育を実施する義務を履行。県レベル以上の地方人民政府は、中堅または師範的な職業学校・職業訓練機関を興すべきである。同時に、農村、企業・事業組織、他の社会団体及び公民個人が、法律に基づいて職業学校、職業訓練機関を運営することを指導、奨励。政府の主管部門、業務部門(組織)は、独自であるいは連合で職業学校、職業訓練機関に対して、組織、調整、指導の責任を負う。企業は、当該部門(単位)の実情に応じ、計画的に当該部門の職工及び採用内定者に対して職業教育を実施

によって、政府部門間の協調を図り、職業教育技術教育改革の立案・調整・指導を統括する方針を示した。国家教育委員会の指導の下で、各部局・関連部門と省・市レベルの職業技術教育事業の発展を調整する協議・諮問機関として、1986年、「職業技術教育委員会」が設立された。この委員会は国家教育委員会・国家計画委員会・国家経済委員会・財政部・労働人

事部・機械工業部・農牧漁業部・電子工業部・商業部・軽工業部・全国職工教育管理委員会等の関連部門の責任者から構成されていた。

職業教育の管理権限をより明確にしたのは『職業教育の大いなる発展に関する決定』(国務院、1991)である。同『決定』(5. 職業技術教育事業の指導と管理の強化)では以下の点を決めた。①各級政府と中央及び地方の各関連行政部門では職業技術教育の発展に対して分担責任を負う。国家教育委員会は職業技術教育の国家政策方針の掌握の責を負い、職業教育改革の立案・調整・指導を統括する。国家の計画・労働・人事・財政などの行政部門は、人材需要の予測・経費の調達・卒業生の雇用などの事業を担当する。②職業技術教育の責任を負うのは地方、特に市と県である。地方政府は職業技術教育の推進に必要な統一的計画と政策決定の権利を有し、地方政府が現地の各種の職業技術教育の配置・専攻の設置・学生募集・卒業生の就職の配分及び中・長期的な計画を統括する。③職業技術教育を発展させるには、各業務の担当行政部門の力量を発揮させることが重要である。④各地・各行政部門では職業技術教育に対する管理を強化し、職業技術学校内部では管理体制を完備させる。⑤各種の職業技術学校の設置基準と評価基準を制定し、段階的に職業技術教育の評価制度を確立する。⑥幹部責任制を確立し、職業技術教育事業を評価の対象とする。

『中国教育改革と発展要綱』(中共中央・国務院、1993)では、職業学校を含める中等及び中等以下の教育に関して、中央方針の指導の下で地方政府が統括企画・管理するとされ、「省・自治区・直轄市は本地区の学制、年度学生募集規模・授業計画・教科書の選択・省の編集した教科書の審査、……等を確定する権力がある」、「省以下の各級政府の権限は省政府によって定める」ことを示した。

さらに、1996年に制定された『職業教育法』は、第1章の総則において、中国職業教育の管理体制を法的に規定した。この総則の第11条では、「国務院の教育行政部門は、職業教育事業に対して統一的に全面的に計画し、総合的に調和させ、マクロ的な指導をする役割を果たさなければならない」(第1項)、「国務院の教育行政部門、労働行政部門及び他の関連部門は、分担して職業教育事業に関する責任を負う」(第2項)、「県レベル以

上の地方各級人民政府は当該行政地域の職業教育事業に対する指導、統一的な計画と監督・評価を強化しなければならない」(第3項)ことを定めた。

(2)職業教育の運営体制
『中等教育の構造的改革に関する報告』(国務院、1980年)は、職業教育の運営に関しては、「養成目標によって、異なる行政部門が対応」、すなわち「技術者と幹部を養成する学校の場合は、教育部門を中心として労働部門が協力して管理する。技術労働者を養成する職業学校については労働部門が総合的管理の責任を持ち、教育部門が共同の責任で管理する」とした。同時に職業教育の主な機関である中等専門学校、技工学校を対象として、運営する部門間の協力を強調したが、基本的に従来の部門別の運営体制を確認するにとどまった。

1985年の『教育体制改革に関する決定』(中共中央)では、職業技術教育を発展させるために、「企業事業体と業務部門の積極性を十分に引き出さなければならず、集団と個人及び他の社会団体が学校を運営することを奨励する」こと、また「各団体・部門が自力か、連携あるいは教育部門と共同で職業技術学校を運営することを提唱する」ことなど、従来教育部門・公的職業学校の他に、他行政部門・民間によって運営された職業学校を奨励した。経済部門と教育部門・学校と企業との連携を促進するために、翌年『教育部門と経済部門の連携を強化し、就職前の職業教育を促進する意見』が、国家教育委員会・国家計画委員会・国家経済委員会から通達された。この『意見』では、責任分担制、教育部門の企業への援助、企業の教育実習への協力などが求められた。

さらに、『職業技術教育の大いなる発展に関する決定』(国務院、1991)では、職業技術教育に、社会が総力をあげて取り組む必要があると指摘し、「各級政府の統括的計画のもとに、各業種・企業・事業などの単位や、各方面の連合体による学校運営を発展させ、民主党派(民間政治組織)・社会団体・個人による学校運営を奨励する。また企業が蓄積した技術労働者養成の力量を十分に活用する。放送・通信による職業技術教育も発展

させる必要がある」ことを提起した。

『中国教育改革と発展要綱』(中共中央・国務院、1993)では、『教育体制改革』という項目を設け、学校運営体制の改革について、政府が全ての学校を運営する状況を改め、漸次政府が中心となって、社会各業界が共同で学校を運営する体制を築くという方針を示し、職業技術教育と成人教育については主に業界・企業・事業単位と、社会各方面との連合によって学校を運営するとされた。

『職業教育法』(1996)では職業教育の運営体制が、さらに次のように具体化された。原則として、「業務部門及び企業・事業組織は、法律に基づき、職業教育を実施する義務を履行しなければならない」(第6条)。各級政府の責任に関しては、「県レベル以上の地方人民政府は、中堅または模範的な職業学校、職業訓練機関を拡充、あるいは新設すべきである。同時に、農村、企業・事業組織、他の社会団体及び個人が、法律に基づいて職業学校・職業訓練機関を運営することを指導・奨励する」(第3章第17条)、「政府の主管部門・業務部門(組織)は、独自であるいは連合して職業学校・職業訓練機関を組織し、調整・指導の責任を負うべきである」(第19条)と定めた。職業教育の実施に関する企業の責任については、「企業は、当該部門(単位)の実情に応じ、計画的に当該部門の職工及び採用内定者に対して職業教育を実施すべきである(第20条第1項)」。具体的な実施方法に関しては「企業は独自にあるいは連合して職業学校・職業訓練機関を運営することができるし、また学校・職業訓練機関に委託する方法で、当該部門の職工及び採用内定者に職業教育を実施することもできる」とされた(第20条)。このように従来職業教育は主に政府の教育部門、あるいは労働部門によって運営されていた職業学校により実施されたが、ここで多様な設置・運営主体が承認され、公的な政府部門だけではなく、社会団体・個人による私的なセクターの機能・企業の職業教育の責任が明確にされた。

2. 職業教育の財政に関する措置

『中等教育の構造的改革に関する報告』(国務院、1980)は、職業高校を

発展させるために、「職業技術教育に特定した経費支出項目を設けなければならない」こと、「各省レベル政府は、実情に適した具体的な支出規定を制定する」ことを提起し、職業教育の財政的な補充として、職業学校の学生の「半工半読」・「半農半読」を提唱し、学校が産業を経営することが承認された。

　1983年、教育部と財政部は共同で『都市・農村の職業技術教育の創立を発展させるための補助費の追加に関する通知』を発し、中等教育構造を改革し、「……都市及び農村の職業技術教育の発展を支持するために、1983年中央財政部による教育部が運営する職業技術教育に対して一時的な創立補助費を追加する」ことを示した。同『通知』では補助費の使い方に関しては、追加的補助費は、計画的・重点的に中等教育構造の改革に用い、都市と農村の職業教育を発展させる意欲のある、しかもその実績のある地区に与え、平均的に分配しないように指示した。各地は追加補助金を使用する際に、当該地域の財力によって、全力を尽くして、相応の経費を支出することを勧めた。1983年から1985年の期間に、中央財政から年毎に5,000万元の職業教育補助費が支出された[6]。

　1985年の『教育体制改革に関する決定』(中共中央)では、職業学校が委託を受けて、他の産業部門の人材を訓練すること、自費学生を募集することによって学費を徴収することを、職業学校の財政的な問題の一つの解決策として提起した。

　1986年、国家教育委員会は『職業中等学校の経費問題に関する補充規定』を出し、「国家教育予算項目」の第179款の教育事業経費の中に、「職業教育経費」項目を単独に設け、職業技術教育経費は普通教育経費と同様に、地方の教育事業費指標の中に配分することを明示した。社会・事業・集団・個人の寄付、委託人材養成による養成費の徴収など、様々なルートで職業教育経費を調達することも再び述べた。

　『職業技術教育の大いなる発展に関する決定』(国務院、1991)では、「各級政府、各級財政行政部門・関連業務の主管行政部門及び鉱工業企業は、財政・政策面から職業教育の発展を援助し、職業技術教育への資金投入の増大に努力する」、「各地・各行政部門では多様な措置をとって、職業

技術教育の財源を拡大すること」を求め、国家投資以外の貸付金を利用すること、団体・個人及び他の社会的力量による職業技術教育への寄付、学校が教育の必要性と条件に見合う工場・農業を経営すること、非義務教育段階に属する職業学校の学費徴収などの財政的収入を、より多元的に拡大することを求めた。

『中国教育改革と発展要綱』(中共中央・国務院、1993)では、職業学校の「産教連合」を提唱し、「より多く貸付金を利用して、校内産業を運営し、学校の自己発展の能力を強め、漸次校内産業によって学校を運営することができるようにする」とされた。

『中華人民共和国職業教育法』(1996)の第4章「職業教育の保障条件」は、職業教育の経費制度と条件整備について、以下の各条文で規定した。

表2-7　職業教育の財政に関する措置

法規・文書	主な内容
教育部・国家労働総局『中等教育の構造の改革に関する報告』1980	職業技術教育に特定の経費支出項目を設定、各省レベル政府は支出規定を制定、職業学校の学生の「半工半読」、「半農半読」を提唱、学校の産業経営を承認
教育部・財政部『都市・農村の職業技術教育の創立を発展させるための補助費の追加に関する通達』1983	追加的補助費は、中等教育構造の改革に用い、都市と農村の職業教育を発展させる意欲、実績のある地区に与える
中共中央『教育体制改革に関する決定』1985	他の産業部門の人材を訓練、自費学生を募集することによって学費を徴収
国家教育委員会『職業中等学校の経費問題に関する補充規定』1986	教育事業経費の中に、「職業教育経費」項目を単独に設け、地方の教育事業費指標の中に分配。社会・事業・集団・個人の寄付・委託人材育成による養成費の徴収など
国務院『職業教育の発展に関する決定』1991	各レベルの政府・財政行政部門・関連業務の主管行政部門及び鉱工業企業は、財政と政策面から職業教育の発展を援助、職業技術教育への資金投入の増大に努める。国家投資以外の貸付金の利用、団体・個人及び他の社会的力量による職業技術教育への寄付。学校が工場、農業を経営、職業学校の学費の徴収など
中共中央・国務院『中国教育改革と発展要綱』1993	職業学校の「産教連合」を提唱、より多く貸付金を利用して、校内産業を運営、漸次に校内産業によって学校を運営
『中華人民共和国職業教育法』(全国人民代表大会で採択)1996	職業学校の経費制度、企業の職業教育経費の責任及び法律義務、地方教育税金の使用、農村職業教育の経費制度、学費の徴収、職業学校・職業訓練機関の収入とその使用に関する規定、金融機構の協力と国家の奨励

職業学校の経費制度(第27条)、企業の職業教育経費の責任及び法律義務(第28条、第29条)、地方教育税金の使用(第30条)、農村職業教育の経費制度(第31条)、学費の徴収(第32条)、職業学校・職業訓練機関の収入とその使用に関する規定(第33条)、金融機関の協力と国家の奨励(第34条、第35条)などである。これによって、職業教育の財政的な保障事項が法的に規定された。

上に概観した財政的措置から分かるように、中央政府は職業教育経費の方策を提起したが、財政的な制限によって、中央政府自らの支出は限られていた。普通高校と同様事業経費に加えて、独自のコストを要する職業学校に対して、一時的な補助金しか支出できなかったのである。

3. 就職制度・資格制度

1985年の『教育体制改革に関する決定』(中共中央)では、職業教育を発展させるために、教育体制を改革すると同時に労働人事制度を改革することを提起し、「まず訓練、後に就職」という職業教育と就職制度の連携が提唱された。これを実施するために、「今後は各部門において求人に際しては、まず職業学校や技術学校の卒業生から優秀な者を採用すべきである」ことを定めた。これと関連して、まず専門性・技術性の比較的高い業種の従業員は必ず審査合格証書を取得した上で、仕事に就くことを求め、資格制度の設立の必要性を提起した。最終的には新たに採用したすべての従業員について審査合格書証を取得することを求める方針である。

『職業技術教育の大いなる発展に関する決定』(国務院、1991)の内容は以下のとおりである。すなわち、上述した就職制度をさらに強化し、「各レベルの政府と関連行政部門は関係法規を制定し、必要な行政手段、経済手段を行使して、段階的に「まず訓練(研修)、後に就職」の原則を徹底する。それにはまず専門性の比較的高い業種から着手して、一刻も早く全体に行き渡るようにする」。また「今後、各単位が従業員と幹部を募集する際には、その専門分野の職業技術学校の卒業生から優先的に採用すべきで、一般に雇用単位は、専門技術が合格水準に達している卒業生全

表2－8　職業高校卒業生の就職に関する措置

法規・文書	主な内容
中共中央『教育体制改革に関する決定』1985	「まず訓練、後に就職」、求人に際しては、まず職業学校や技術学校の卒業生から優秀な者を採用。まず専門性・技術性の比較的高い業種での従業員は必ず審査合格書証を取得した上で、仕事に就くこと。最終的には新たに採用したすべての従業員について審査合格書証を取得することを求める
国務院『職業技術教育の大いなる発展に関する決定』1991	段階的に「まず訓練(研修)、後に就職」の原則を徹底。先ず専門性の比較的高い業種から着手して、一刻も早く全体に行き渡るように。今後、各単位が従業員と幹部を募集する際には、その専門分野の職業技術学校の卒業生から優先的に採用。技術等級試験を実施している業種では、「二重証書」制度を漸次実施
中共中央・国務院『中国教育改革と発展要綱』(1993年)	「まず訓練、後に就職」の制度を着実に実施する。職業教育と訓練を受けた学生の就職を優先的に採用する、専門性・技術性の比較的強い業種においては、その資格証書を取得した上で、仕事に就くことができる
『中華人民共和国職業教育法』(全国人民代表大会で採択)1996	国家が制定した職業分類と職業等級基準に対応する学歴証書・訓練証書と職業資格証書制度を実施する。国家は労働者に就職あるいは職場に就く前に必要な職業教育を受けさせる制度を実施

てが採用されないうちは、別途従業員を募集採用しないようにする」。資格制度に関しては、「技術等級試験を実施している業種では、「二重証書」(卒業証書と技術等級あるいは職務合格証書)制度を漸次実施するとし、この二種類の証書は採用の際の条件になるだけではなく、賃金など待遇の確定上の重要な審査資料となる一方、農村では農民技術人員の職階の認定制度を完備させ、農民技術資格制度を実施する方向へ移行するとした。

　『中国教育改革と発展要綱』(中共中央・国務院、1993)では、「『まず訓練、後に就職』の制度を着実に実施する。職業教育と訓練を受けた学生の就職を優先的に採用する。専門性・技術性の比較的強い業種においては、その資格証書を取得した上で、仕事に就くことができる」と定めた。

　さらに、『職業教育法』(1996)において、上述した就職制度と資格制度が法的に規定された。同法第1章第8条は「職業教育の実施は実際の需要を根拠とし、国家が制定した職業分類と職業等級基準に対応する学歴証書、訓練証書と職業資格証書制度を実施する」(第1項)、そして「国家は労働者に就職あるいは職場に就く前に必要な職業教育を受けさせる制

度を実施する(第2項)」としている。

　就職制度と資格制度は、職業教育拡大政策において提起されたが、『社会主義市場経済体制の確立に関する諸問題についての中共中央の決定』(1993)、『労働法』(1994)、及び1999年から実施された「労働予備制度」でも、労働市場の形成と社会主義市場経済の確立、労働者の資質を高めることの不可欠の条件として、たびたび強調された。

注

1) 鄧小平、1983年『鄧小平文選(1975～1982年)』人民教育出版社、pp.100～107。
2) 『要綱』では後期中等教育に占める職業学校の在学者の割合を60％にするという目標値を示した。
3) 教育部「1998年以前我国職業教育的弁学和管理体制基本状況」中国職業教育網(http://www.chinatve.com)。
4) 1960、1970年代に実施され、都市部の大卒・高卒を農村へ労働参加させる制度である。
5) 『中国教育年鑑』編輯部編、1986年『中国教育年鑑(1982～1984)』湖南教育出版社、p.97。

第3章 職業教育における中央と地方

　この章では、職業教育における中央と地方の関係を分析し、職業教育政策が中央から省レベルへと推進されていく過程で生じた問題点を明らかにする。具体的には、まず職業教育発展過程における中央と地方の関係構造と省別の職業教育発展の格差を概観する(第1節)。その上で省別のクロスセクション・データによる分析から、職業教育拡大の規定要因を分析し(第2節)、職業教育拡大のジレンマを明らかにする(第3節)。最後に分析の結果をまとめる(第4節)。

第1節　職業教育発展の省別格差

1. 中央と地方の関係構造

　職業教育政策の進行過程において中央と省の関係がどういう形で現れているのか。ここでは、これをいくつかの側面からマクロ的に分析する。

(1)政策の形成

　既に述べたように、職業教育拡大政策は強力に推進されたが、段階的に職業教育拡大政策の策定経過を見れば、完全に中央から省へという一方的なトップ・ダウン方式ではなく、むしろ中央の政策が省の実情をもとに微妙な調整を行いつつ、展開されてきたと言えるのである。

　1980年代初めに、経済的・社会的な背景のもとで、国家教育委員会と国家労働局により共同で作成された『中等教育構造の改革に関する報告』が1980年10月に国務院から通達され、職業教育拡大の幕が開かれた。同報告では、中等教育構造を改革する方針・要求・内容・方途等が示された。同時に、政策の実施に関しては、地方政府は教育構造の改革に関して、

積極的に、妥当な手続きを踏まえて、各地域の事情を勘案しつつ行う、という方針が示されたが、各地域の具体な達成目標は必ずしも明確にされなかった。1982年8月、教育部は各省・直轄市・自治区に対して、『遼寧省の中等教育構造改革と職業技術教育経験交流会紀要の配布に関する通知』と中共山東省委・山東省人民政府の『農村中等教育構造の改革の加速に関する報告』を通達した。これは地方の経験を生かして、職業教育を拡大することを狙ったものと見ることができる。

中国の経済体制改革は農村から都市へというプロセスで展開したが、職業教育の拡大においても農村を先行させるという中央の政策志向は1980年初期から見られた。1983年5月6日、中共中央・国務院は『農村の学校教育の強化・改革における若干の問題についての通知』を出したが、そこでは「1990年には農村における各種の職業技術学校の在学生が普通高校在学生数に匹敵ないし超過するよう極力努める」ことを求めている。3日後の5月9日、教育部・労働人事部・財政部・国家計画委員会が連名で発表した『都市部中等教育構造の改革と職業技術教育の発展に関する意見』では、都市部の職業学校と普通学校の在学生数の比率については、1990年までに両者の在学生の比率が「大体等しくなるよう極力努める」と述べていた。上記の農村教育に関する『通知』と都市部に関する『意見』との対比から、農村の職業教育を都市部より大きく発展させるという中央政府の政策志向がうかがえる。さらに、第6次国民経済発展5カ年計画の中で、職業教育拡大の目標を「1985年は1980年に比較して、職業中学・高校の生徒数は6.5倍、農業中学・高校の生徒数は7.1倍とする」とした。1980年代前半、農村部における中等教育構造の改革と職業教育の発展を、都市部より一足早く推進することが要請されたのである。

しかし、現実的には、職業教育が順調にスタートできたのは、農村より都市、しかも沿海経済発展地域であった。1982年の統計によれば、全国の職業高校(中学)の在校生70万人の中、都市部の職業高校(中学)の在校生は35万人を超え、東北三省と山東・江蘇・河北・福建・湖北・広東・広西の10省は49万人で70％を占めたのに対して、西北、西南(西蔵を含めない)の8省では、在校者はわずか6.8万人、全体の9.7％にすぎなかった[1]。

中等教育構造の改革、特に都市部での改革は初期において、良い結果を収めた。「しかし発展は極めて不均衡である。一部地域の工作の進展は緩慢であり、ある地方はあまり動いていなかった。あるいは発展してきたが、一部の政策規定が実現されていないために、後退する危険がある」[2]。「職業技術教育の問題は既に数年前から強調されていたにもかかわらず、局面が更に打開されたとはみられない」[3]。「目前の我が国の職業教育は、規模・規格と質の面で経済建設と社会発展の需要に十分に応えておらず、いまだ教育事業全体の中の弱点を抱えた一部分となっている。世間一般の中にも、また各行政部門と地方の指導者の中にも職業技術教育を低く見る現象がいまなお存在する」[4]。このような指摘が国家の政策文書でなされている。

　このような実情に対して、1990年代から中央の職業教育拡大政策は、都市と農村、経済発展地域と低発達地域のそれぞれについて、異なる政策目標を設定した。1991年公表された『職業技術教育発展に関する決定』(国務院)は、農村地域で「一層弾力的な方法で職業技術教育を大いに発展させる」こと、全国に関しては、「我が国の職業技術教育は、国情に符合した発展経路を取らなければならない。各区ごとの計画立案と、分類指導を行い、その土地にふさわしい具体的な発展目標を確定すべきであり、旧解放区・少数民族地区・辺区・山岳地帯・貧困地区を重視し、そこでの職業技術教育の発展を援助する必要がある」ことを求めた。『「中国教育改革と発展綱要」に関する実施意見』(国務院、1994)は、九年義務教育がまだ普及していない地区では、前期中等教育段階で職業教育を発展させ、他の地区では後期中等教育段階での職業教育を発展させること、2000年までに各種類の職業学校の募集数と在校生数の高校段階のそれに占める割合を全国で約60％に引き上げ、中でも後期中等教育が普遍化した都市部では70％に引き上げることなどの、より弾力的な目標を示した。

　中央政府の政策は、その進行過程の中で地方の事情によって修正される場合があれば、具体的政策の策定は中央より地方が先行する場合もある。1988年までに河北・貴州・遼寧・山東・江蘇・山西省と上海市は職業教育の地方法規を制定した。それに基づいて中央政府は山東省に委託し、

全国の職業教育法の制定について検討し始めた。『中華人民共和国職業教育法』が第8回人民代表大会で採決されたのは1996年のことであった。職業教育の地方法規は職業教育に関する相応政府部門の責任の分担、各業界の役割、職業教育の費用の調達などが法的な形で制定されるものである。これらの職業教育拡大に関わる実際的な問題を解決するために、「法」制定によって地方政府の職業教育政策、措置の権威性が強化される必要がある。このため一部の地方は中央政府の『職業教育法』を待たずに、独自の規定を作ったのである。『中華人民共和国職業教育法』が公表された後に、表3－1に見られるように、各省(市)で地方法の改訂と制定、あるいは『中華人民共和国職業教育法』に呼応する政策文書が相次いで出された。

このように職業教育政策の実施過程においては、中央政府が自らの政策によって職業教育を強力に推進し、下位政府は中央政府の政策を貫徹するために効果のある措置に行政的権威を付け加える。と同時に、時には省レベルの政府の政策提言にある程度妥協せざるを得なかった。他方では、省レベルの政府は中央政府のマクロ政策に従うと同時に自ら政策措置を作り出し、これをより下位の政府(地区、市)に貫徹させるために、中央政府の行政的な権威を利用したのである。

(2)教育財政の構造

財政管理をめぐる中央と地方の責任分担に関して、中華人民共和国建国以来の経緯は主に三つの大きな局面に分けることができる。

①まず1950年～1953年には、「中央統一財政、三級管理」(中央は財政を統括し、中央・省・県の三つのレベルの政府が管理する)体制が実行された。すなわち、中央が直接管理する大・中・小学校の経費は中央人民政府の予算に組み入れ、財政部によって管理する。各大行政区、省(市)管理の県立中学以上の教育事業費は、大行政区及び省(市)予算に組み入れる。

②1954年～1979年においては、従来の三つのレベルでの管理体制の下で、下級政府が教育費を他の目的に流用することを防ぐために、

表3−1 『職業教育法』公表後の各省・市における職業教育法規に関する動き

省・市	地方の職業法規及び「職業法」を貫徹するための政策文書
北京	『「職業教育法」を実施する細則』1997年
山西	『「職業教育法」の実施に関する方法』1997年
吉林	『「職業教育法」の実施に関する若干の規定』1997年
山東	『山東省職業教育条例』1998年
湖南	『湖南省職業教育条例』1998年改訂
陝西	『「職業教育法」の実施方法』2000年
青島	『青島市職業教育条例』1997年
河北	『「職業教育法」を実施する方法』1996年
内蒙	『中等職業教育を大いに発展させることに関する意見』1997年
遼寧	『「職業教育法」を貫徹することに関する実施意見』1997年
上海	『職業教育を発展させることに関する決定』1997年
江蘇	『「職業教育法」を実施する方法』1999年
浙江	『職業教育を大いに発展させることに関する決定』1998年
安徽	『職業教育を大いに発展させることに関する決定』1998年
福建	『中等職業技術教育条例』1997年修訂
江西	『中等職業教育を改革と発展させることに関する意見』
河南	『「職業教育法」の実施に関する意見』1997年
湖北	『職業教育発展に関する決定』1997年
広東	『職業教育を大いに発展させることに関する決定』1997年
海南	『「職業教育法」を貫徹するための実施方法』1999年
広西	『職業教育の加速的発展に関する若干の問題についての意見』1996年
四川	『職業教育を大いに発展させることに関する決定』2000年
重慶	『職業教育を改革と発展させることに関する決定』2000年
貴州	『職業教育を加速的に改革と発展させることに関する決定』1999年
雲南	『職業教育条例』1999年
西蔵	『職業教育を大いに発展させることに関する決定』1997年
青海	『「職業教育法」を貫徹、実施する意見』1997年
寧夏	『職業教育を大いに発展させることに関する決定』1998年
厦門	『職業教育を大いに発展させることに関する決定』1997年
寧波	『職業教育をさらに改革と発展させることに関する決定』1997年
大連	『職業教育条例』1996年

中央・省・県という三つの政府の「横割り管理」の中で、「縦割り」の管理を導入した。即ち各級政府は経費予算の指標を下達、あるいは下級政府の予算を承認する時、教育経費を独立項目とし、上からの下級政府の教育費管理を強化した。

③1980年から経済体制改革に伴って、教育財政体制制度は「画分収支、分級包干」(財政収支を区分し、地方政府に請け負わせること)になり、上級政府から教育経費の支出指標を下達する制度から、各省の教育経費は当該省政府が市県政府に配分する制度に変化した。教育財政の請負制の実行によって、地方の教育財政への責任感と、地方の教育財力の増強を図ると共に、地方政府が当地域の実情によって教育経費を定め、地方の教育を営む上での積極性を発揮させることを期待したのである。1985年公布された『教育体制改革に関する決定』(中共中央)では、初等・中等教育の管理権は地方に付与するとされ、「地方の教育事業発展を保証するために、国家の支出以外に、地方の財源の中から適当な割合を教育に使用すべきであり、郷の財政収入は主として教育に使用すべきである。地方は教育附加費を徴収することができる」等、地方の財政的責任・権力を一層明確にした。

このような趨勢の下で、表3－2に示したように、1990年代において教育事業費支出に占める地方の割合が大きくなっている。しかし他方で、経済体制改革の下で、財政支出における地方の割合が増大してきた状況の中で、教育財政の請負制の実行、地方教育の管理権の拡大によって中央政府のマクロ・コントロール能力が弱体化した。これに対して教育財政支出の地域的格差の拡大を防ぐことが新たな課題となった。

省別に見ると、地方の教育費支出の割合が低い省は、中央に所属する

表3－2　中央・地方財政の教育事業費支出の割合(%)

	1991	1992	1993	1994	1995	1996	1997
中央	9.92	10.15	9.27	9.35	8.65	8.03	8.51
地方	90.97	90.78	91.52	91.45	92.04	92.57	92.15

注：中国財政雑誌社『中国財政年鑑』1998から算出。

表3－3　普通高校・中等職業学校の公的支出及び教育支出総額に占める割合

年	普通高校		中等職業学校	
	金額(億元)	教育財政資金に占める割合(%)	金額(億元)	教育財政資金に占める割合(%)
1995	205.96	20.0	109.76	10.7
1996	248.54	20.5	127.71	10.5
1997	277.55	20.4	137.78	10.2
1998	114.61	7.3	152.42	9.7
1999	133.02	7.3	168.96	9.3

出所：教育部「中国教育経費統計摘要」、「1999年全国教育経費統計快報」。

高等教育機関が集中している省が多い。教育支出、特に初・中等教育の教育費は地方の財政的資源に依存することが明らかである。

1990年代後期において中等職業学校に対する公的総支出は年々増え、教育支出総額に占める割合は1998、1999年に普通高校と逆転した（表3－3）。他方、1990年代後半に中等職業学校の在学者数は拡大し、高校段階で占める割合は50％を越えている。

また、中等職業教育は普通教育よりコストが高くなっているが、それにしても、実際に必要なコストと大きなギャップがある（表3－4）。中等職業学校の学生一人当たりコストは約1,000元にすぎないが、職業高校の経費を見積もった国家教育委員会職業教育中心研究所による職業学校の調査によれば、学生の1人当たりの費用は2,000元以上必要である[5]。

職業教育の公的教育支出の増加は問題の解決に至らず、多ルートで職業教育の経費を調達することが必要とされた。

中国における職業教育経費の構造の変化を見てみれば（表3－5）、各レベルの政府の財政予算内経費が減少する傾向が明らかである。これは職業教育の経費が各政府の財政支出以外の財源への依存する度合が高くなっていることを示している。財源としての比率が大きく増大してきたのは地方の教育税（地方教育附加費）と授業料・雑費である。企業の出資は国営企業の不振によって全体的に減っているにもかかわらず、職業教育経費の一割以上を占めている。この三つの経費の徴収基準は何れも地方政府によって定められるために、中国の職業教育の経費は地方政府の政

表3－4 地方所属中等学校学生1人当たり教育事業費支出(元)

年	中等普通学校	中等職業学校	中等師範学校
1991	255	464	1,412
1992	301	526	1,586
1993	364	609	1,723
1994	513	842	2,048
1995	561	897	2,131
1996	624	1,008	-
1997	671	1,085	2,218

出所:中華人民共和国教育部発展規画司『中国教育統計年鑑 1998』人民教育出版社、1999。

表3－5 中国職業教育経費の構造の変化(%)

	1993	1994	1995	1996	1997
総額(億元)	111.0	151.4	191.5	228.9	259.56
構成比	100	100	100	100	100
財政的支出	77.9	76.2	72.5	71.5	69.3
財政予算内経費	**55.2**	**55.0**	**52.2**	**52.9**	**50.9**
地方教育附加費	3.2	3.4	3.9	3.8	4.5
企業の出資	13.3	13.9	12.5	11.4	10.8
校内産業収入	4.4	3.1	3.0	2.5	2.3
その他	1.9	0.9	1.0	0.9	0.9
財政外支出	22.1	23.8	27.5	28.6	30.7
民間団体・個人の経費	0.5	1.0	1.2	1.2	1.2
民間の寄付金	3.4	2.9	3.6	3.2	2.6
授業料・雑費	**14.5**	**15.4**	**17.9**	**19.0**	**21.8**
その他	3.7	4.6	4.9	5.2	5.1

注:『職業教育年度報告』1993～1997年の各年版から算出。

策により左右される度合が大きくなっていると考えられる。

　職業教育拡大政策が実施された初期においては、中央政府は地方の職業教育の発展に対して補助金を与えた。1983年～1985年の間、中央財政から毎年5,000万元を、職業教育発展に高い実績を示した省に補助した。補助金制度は地方の積極性を誘導し、国の政策を貫徹するために有効であった。しかし、中央の財力の弱化、職業教育規模の急速な拡大、教育

体制の改革等の要因から、職業教育の財政的責任は地方に任せることになったのである。『教育法』では、「省・自治区・直轄市は該当地域の職業学校の学生平均経費基準を定めるべきである」、「省・自治区・直轄市は教育法の関連規定に従い、教育のための地方附加費を徴収する。専門の項目あるいは一定の比率を配置し、職業教育に使用する」と述べている。地方教育財政力・管理権の増加によって、中央政府からの地方の職業教育発展への直接な介入が制限される一方で、地方は教育政策の優先順位を、利用可能なリソースの範囲内で独自に決定することとなった。

(3) 権限の役割分担

『職業技術教育の大いなる発展に関する決定』(国務院、1991)は、職業教育の管理権限に関する中央と地方の役割分担を次のように定義した。すなわち、国家教育委員会は職業技術教育に関する国家政策方針の掌握の責を負い、職業教育の立案・調整・指導を統括する。国家の計画・労働・人事・財政などの行政部門は、人材需要の予測・経費の調達・卒業生の雇用などの事業を担当する。しかし、職業技術教育の主要な責任を負うのは地方であり、特に市と県の政府である。地方政府は職業技術教育の推進に必要な統一的計画と政策決定の権利を有し、各種の職業技術教育の配置・専攻の設置・学生募集・卒業生の就職の配分を中・長期的な計画にもとづいて統括する、とされた。

『中国教育改革と発展要綱』(中共中央・国務院、1993)では、職業学校を含む中等及び中等以下の教育に関して、地方政府は中央の方針の指導の下で、統括企画・管理するとされ、「省・自治区・直轄市は本地区の学制・年度学生募集規模・授業計画・教科書の選択・省の編集した教科書の審査、……等を確定する権力がある」こと、「省以下の各級政府の権限は省政府によって定める」ことが明示された。

さらに1996年に制定された『職業教育法』は、「国務院の教育行政部門は、職業教育事業に対して統一的・全面的に計画し、総合的に調和し、マクロ的な指導をする役割を果たさなければならず」、「県レベル以上の地方各級人民政府は当該行政地域の職業教育事業に対する指導と、統一

的な計画と監督・評価を強化しなければならない」ことを定めた。

2. 中等教育における政策目標とその達成度

上述の職業教育にめぐる中央と地方の関係の下で、各省は経済発展の格差によって、政策の実行力も異なる。ここでは各省の職業教育発展の目標及びその達成状況を分析する。

表3-6は、『中華人民共和国国民経済と社会発展"九五"計画と2010年長期目標要綱』(1996)と中国各省・市の『国民経済と社会発展"九五"計画と2010年目標要綱』(1996)によって、整理したものである。この表から分かるように、経済発展計画の中では後期中等教育発展について、限定された地域においてのみ高い拡大をうたったに過ぎず、しかも職業教育については明確な目標を掲げていない。多数の省は職業教育の拡大の具体的目標を掲げているが、各省が設定した目標の高低と該当地域の経済発展の程度とは必ずしも対応しているわけではない。経済発展の遅れた地域で高い目標値を設定した省もあれば、経済発展地域であるが具体的な目標を示していない地域もある。多数の経済発展地域は中央の政策に従って、全国の目標より高い値を設定している。さらに2000年の各省高校段階に占める職業高校の在学者数の割合を見てみると、国全体は目標に達せず、設定した目標に達している省も少ない。職業高校の在学者の割合が上位十省・市には、福建・浙江省と北京・上海市があると同時に、経済発展の遅れた河南・雲南・貴州省もある。

他方で、各省の普通高校成長率を見ると(表3-7)、1995年～2000年の間に、普通高校の増加率が10％未満の省があった反面で、100％以上の増加率を見せた省もあった。多数の経済の発展した省・市の普通高校の増加率は高い。これに対して経済発展の遅れている多数の省はその増加率が低い。しかし、経済発展が遅れた西藏自治区と青海省の増加率は126.1％と9.3％であり、それぞれが全国の最高と最低の増加率となっている。

さらに、『中華人民共和国国民経済と社会発展「十五」計画』と中国17省・市の『国民経済と社会発展"十五"計画』に基づき、中央政府及び各省の後

表3－6　1995年前後の各省後期中等教育発展の目標と実際の達成状況

省直轄市	2000年まで後期中等教育発展の目標	2000年達成状況(降順)	
天津	職業教育の規模を拡大	63.6	上位十省・市
北京	高校段階の教育を普及	62.0	
河南		53.8	
雲南		53.1	
上海	職業教育と成人教育を大きく発展	51.6	
山西	職業教育と普通教育の在校生の比を60:40に	49.6	
福建	中卒の50～70%を職業学校・職業訓練センターで学習	48.9	
河北		48.7	
貴州	職業教育を大きく発展させ、中等職業技術教育の学科構成を調整	47.5	
浙江	職業学校の在学者を高校段階の60%以上に	47.5	
全国	各種の中等職業技術学校学生入学者数と在学者数は高校段階の約60%に	46.5	中位省・市
重慶	職業学校の在学者を高校段階のそれの65%に	46.4	
江蘇	70%の中卒を高校に入学させ、職業学校の在学者が高校段階の65%に	46.4	
広東	70%の中卒を高校に入学させ、職業学校の在学者が高校段階の60%に	46.1	
陝西		45.7	
遼寧		45.6	
吉林	職業学校の運営を強化	45.3	
山東	都市と部分沿海地区高校段階の教育を普及	45.2	
湖南	都市部と経済発展地域高校段階の教育を普及	45.0	
江西	職業学校の在学者を高校段階の60%以上に	43.9	
内蒙		43.7	
広西	都市部と経済発展地域高校段階の教育を普及し、職業学校の在学者が高校段階の60%以上	43.3	
新疆	高校段階での職業学校の在学者数は50%以上	43.2	下位十省・市
四川	職業学校の在学者が高校段階の60%以上	43.0	
海南		42.0	
安徽	職業学校の在学者が高校段階のそれの60%に	41.9	
黒龍江	都市部と一部農村部で高校段階教育を普及	39.7	
甘粛	職業学校学生の募集数が普通高校のそれを越える	39.6	
湖北		38.8	
寧夏	高校段階での職業学校の在学者数は50%に	37.0	
西蔵		36.2	
青海	職業学校の在学者が高校段階の45%以上	31.8	

注：(1) 各省・市の『国民経済と社会発展「九五」計画と2010年目標綱要』、『中華人民共和国国民経済と社会発展「九五」計画と2010年長期目標要綱』により筆者が整理・作成。「八五」期間(第八次5年国民経済社会発展計画を実施する期間)は1990～1995年で、[九五]期間は1996～2000年である。
(2) 2000年各省目標達成の状況(各省の高校段階教育に占める各類職業高校の在学者割合)＝(中等専門学校＋中等技術学校＋職業高校在学者数)／高校全体の在学者数。データ出所は、中華人民共和国教育部発展規画司『中国教育事業統計年鑑　2000』人民教育出版社、2001年。国家統計局人口和社会科技統計司・労働和社会保障部規画財務司『中国労働統計年鑑　2001年』中国統計出版社2001年。

表3－7　省別普通高校在学者数の成長

省・市	在学者(人) 1995年	2000年	増加率(%)(降順)
西蔵	5,356	12,111	126.1
福建	165,203	372,400	125.4
河北	355,812	700,396	96.8
浙江	290,859	554,343	90.6
湖北	367,459	698,409	90.1
安徽	289,440	541,417	87.1
広東	389,031	725,276	86.4
上海	129,865	241,351	85.9
天津	68,537	124,147	81.1
山西	190,391	337,163	77.1
広西	209,327	369,286	76.4
四川	439,384	773,968	76.1
河南	429,117	751,508	75.1
北京	102,522	179,002	74.6
江蘇	477,146	801,815	68.0
湖南	387,275	625,719	61.6
陝西	273,832	427,224	56.0
江西	254,463	385,287	51.4
遼寧	291,679	429,393	47.2
貴州	132,132	191,059	44.6
内蒙古	185,151	266,394	43.9
海南	41,626	59,857	43.8
新疆	141,330	198,639	40.6
吉林	191,760	262,681	37.0
甘粛	168,589	229,500	36.1
黒龍江	252,376	328,765	30.3
寧夏	53,082	67,703	27.5
雲南	177,827	222,076	24.9

注：(1) 出所：国家教育部の資料により、整理・作成。
　　(2) 四川省の重慶市は1996年から直轄市になり、1995年の数字は重慶市を含めているために、2000年の四川省と重慶市の数字を集計したものである。

期中等教育および高等教育の2005年までの発展計画を整理し、新たな政策的動きを見てみる。表3－8から分かるように、全国の発展目標の中で、高校段階と高等教育の拡大は教育発展の目標の重要なポイントとされている。職業教育の発展もうたわれているが、しかし、これは中等職業教育と制限せずに、むしろ職業教育訓練と共に発展し、「大衆化・社会化生涯教育システム」の一環となろうという政策志向を示している。各省・市の教育発展目標を見てみると、北京・上海などの大都市では高校段階の教育の普及と高等教育のマス化が主な目標となっており、山東・江蘇・浙江など経済発展先進地域は大部分の地域で高校段階教育の普及と高等教育のマス化の推進を目標にし、経済発展の遅れた地域でも後期中等、高等教育の拡大をうたっているところが少なくない。中等職業教育については、限定されたいくつかの省・市は触れているが、中等職業教育の調整、普通教育との疎通・調和的な発展とされるにすぎない。これに対して、社会的職業訓練・職場訓練の強化が提起されている。

　このように2000年の全国、及び各省の目標を比べれば、教育発展の重心、職業教育政策が大きく変化したことが明らかである。しかも、各省・市の間で政策的な動きには共通点があると同時に、差異も見られる。

3. 後期中等教育発展の格差

　既に述べたように、中国では、経済発展に伴って、地域の経済的な格差も拡大してきた。東部沿海地域と西部内陸という「東西格差」、従来の重工業中心地であり、国営企業の赤字で経済成長が伸び悩みになっている東北地域と、改革・開放政策の恩恵をうけて、多様な経営形態をとる企業によって急成長を収めた東南部との間には「南北格差」が存在する。そして、膨大な人口と多様な地域を抱えている中国では、同じ地域の中で、すなわち、省別だけではなく、省内の市・地区の間、さらに県の間にでも経済発展の格差はかなり大きい。このような状況の中で、教育の発展、後期中等教育発展、そして中等職業教育の拡大には大きな格差が生じることは避けがたい。ここで後期中等教育発展の格差を三つの側面から見てみる。

106 第1節 職業教育発展の省別格差

表3－8　2000年前後における各省の後期

省・直轄市	2005年まで後期中等教育と高等教育発展の目標
全国	……高校段階教育と高等教育粗入学率はそれぞれ約60％と15％。高校段階の教育規模を拡大、次第に大中都市と経済発展地区で高校段階の教育を普及。多様なパターンをとり、高等教育を積極的に発展、教育規模を拡大……。大いに職業教育と職業訓練を発展、次第に大衆化・社会化の生涯教育システムを形成
北京	高等教育の粗進学率は約50％ 高いレベル、標準で九年義務教育と高校段階の教育を普及 積極的に高等教育を発展、全国で真っ先に高等教育のマス化段階に入る ……大いに高等職業教育を発展。広汎に各パターンの成人教育と訓練を展開。 ……普通教育と職業教育がお互い疎通し、学校教育と学校外教育が協和、職前と職後教育が相互に繋がることを促進
河北	高校段階の粗就学率は60％に、高等教育の粗入学率は15％ 多ルート・多パターンで普通教育と職業教育を含む高校段階の教育を発展、高校段階の入学定員を拡大。2010年まで、全省で高校段階の教育を普及。……、高等教育の規模を拡大
上海	高校段階の入学率は97％、高等教育の粗入学率は38.8％ 高い基準、高い質で九年義務教育と高校段階の教育を普及。引き続き本科生、修士課程と留学生の学生の入学定員規模を拡大……。職業教育と生涯教育を積極的に発展、在職の労働者の専門技術と職場の技能教育を強化
山東	高校段階の教育の規模を拡大、都市部の市区と経済発展した県市では基本的に高校段階の教育を普及。高等教育の教員資源の配置を合理化、学生入学規模を拡大、高等教育の粗入学率を13％……。生涯教育システムを整え、各類職業教育と成人教育を積極的に発展し、ネット教育と各類職場訓練を展開
江蘇	省轄市及び沿江地区で率先的に高校段階の教育を普及、高等教育粗入学率は約25％。……高校教育段階教育の普及を加速、高等教育の大衆化の歩みを加速……。職業技術教育と成人教育を大いに発展、普通教育と職業教育の疎通を強化、学校教育と校外訓練との融合を推進。都市のコミュニティ教育と農村での実用技術訓練と各種社会教育を支持
浙江	高校段階の教育を基本的に普及、高等教育のマス化を一応実現、各類の職業教育と訓練を積極的に発展、生涯教育システムを形成。……10箇所の万人大学を形成
安徽	「十五」末高校段階教育と省に管轄している普通高等教育機関の在学者数の規模は「九五」末より一倍以上に増加。高校段階教育と高等教育を積極的に発展。……。都市と県の城、町で高校段階の教育を基本的に普及。中卒の進学率は45％以上、高校段階の在学者規模は170万人。……。2005年に省に所属する普通高等教育の在学者数は38万人、高等教育の粗入学率は約13％
福建	……高校段階の教育の普及を加速、2005年に高校段階の教育と高等教育の粗入学率を60％と13％、高等教育は大衆化の初級レベルを実現。高校段階の教育を大いに発展、多ルートで高校段階教育の規模を拡大、中等職業教育の分布を調整、資源配置を合理化。……、2002年、都市部高校段階の教育を基本的に普及、2005年、経済の比較的に発展した県、市は基本的に高校段階教育を普及する目標を実現。高等教育の飛躍的な発展を実現
江西	職業教育と高等教育を大きく発展、高等教育の粗入学率は15％。高等段階教育の発展を加速。……適時に教育の構造を合理化、普通高校教育と中等職業教育の調和的な発展を促進。多様なルートで、高校段階の教育規模を拡大、全省の約三分の一の県(市)では高校段階の教育を普及。「合弁・共建・連弁・劃転・重建」などの方法で、全省の中等職業教育の分布と構造の調整をなるべく早く達成、中等職業教育の運営パターンを改善、教育の質を高める。2005年、全省の高校段階の教育の粗入学率は約60％。　高等教育を大いに発展。引き続き高等教育の学生入学定員の規模を拡大、予測として2005年各パターンの高等教育を受ける人数は48万人

中等教育と高等教育発展の目標

湖南	中学校卒業生の進学率、高等教育の粗入学率はそれぞれ70%と13%。中等教育を発展。普通高校の入学規模を拡大、大中都市と経済条件が比較よい地区では次第に高校段階の教育を普及。社会需要によって、中等専門学校・職業高校と技工学校の教育資源の新たな組み合わせを推進、適当に中等職業教育を発展。高等教育を拡大。着実に普通高等教育の規模を拡大。高等職業技術教育の発展
広東	中卒者の進学率は70%以上、当該人口の高等教育の入学率は16%、各種高等教育の在学者数は約115万人、高等教育のマス化を一応実現。……職業教育、成人教育、……を迅速に発展。……全省都市と農村をカバーする職業技能訓練ネットワークを築き上げる
海南	……高校段階教育と高等教育粗入学率は60%と15%。高校段階教育の発展を加速、多様な様式で高等教育を積極的に発展、……2005年に我が省の高等教育の入学率を15%。 大いに職業教育を発展。現在の中等専門学校・技工学校・職業高校を全て中等職業技術学校に改める。成人教育とコミュニティ教育、遠隔教育を加速、労働予備教育、職場訓練と継続教育を広汎に展開、生涯教育のシステムを建設
四川	……2005年に中学校粗入学率は90%、高校段階教育粗入学率は70%、高等教育の粗入学率は15%。大中都市高校段階の教育を普及。高等教育の発展を加速。……学生の募集定員の規模を拡大、約2年で高等教育試験採用率を発展地域の水準に高める。2005年各類高等教育の在学者数は80万人、……職業教育と成人教育を大いに発展、広汎に労働予備教育、職場訓練を展開し、農村で農業技術訓練を大いに発展。……大いに職業証書教育と他の継続教育を展開
重慶	都市部で高校段階の教育を普及、……高校段階の粗入学率は60%、高等教育の粗入学率は15%。……「十五」期末に都市部で高校段階教育を基本的に普及、農村での中学卒業生の高校段階への入学者の比率を高める。……高等教育の構造を調整、教育規模を拡大。 中等職業教育と成人教育構造を調和的に発展。「合并・共建・連弁・劃転」などの方法で、中等職業技術学校特に普通中等専門学校の分布の構造を調整し、農村及び貧困地区の職業教育を発展させ扶助。重点職業学校の建設を強化、次第に職業教育と他に教育と相互に浸透し合い、調和的な発展のメカニズムを形成。……職工の職場訓練と農村実用技術訓練を強化……
雲南	中学校の卒業生の進学率は40%、高等教育の粗進学率は8%。高校段階の教育の規模を拡大、大中都市と経済発展地区で率先して高校段階の教育普及、農村部の高校段階の教育水準と質を高める。初等職業教育を発展、中等職業教育の分布を調整し、中等職業教育を興ずる。中等専門学校・技工学校・職業高校の資源の新たな組み合わせを加速、合弁あるいは連合運営の新たな方途を探索。職業教育、成人教育と普通教育、お互いに疎通できる教育システムを確立。……中等職業教育の卒業生が試験を経て普通高等教育あるいは職業技術学院へ入学することを奨励。……積極的に技能教育と職業訓練を展開、成人教育と他の終身教育を発展。積極的に高等教育を発展
陝西	都市市区と経済条件の比較的よい県の中心部では高校段階の教育を基本的に普及、在学者規模を積極的に拡大、高校段階の教育の質を着実に高める。職業教育と継続教育を大いに発展、……高等教育規模を拡大、2005年に、省内の高等教育機関の在学者数70万人、高等教育の粗入学率は15%
甘粛	努力して高校段階と高等教育の規模を拡大……。継続教育と職業技術教育を積極的に発展

注：各省・市の『国民経済と社会発展第十カ五年計画綱要』と2001年全国人民代表大会第四次会議に採択された『中華人民共和国国民経済と社会発展第十次五カ年計画綱要』、により筆者が整理・作成。

第1節　職業教育発展の省別格差

(1) 各省の就学率

中国の経済発展とともに、各段階の教育も速いスピードで拡大してき

表3-9　1997年省・直轄市別各類型の後期中等教育粗就学率(%)(降順)

後期中等教育		職業学校		普通高校	
上海	86.5	北京	57.3	上海	34.6
北京	86.1	上海	51.9	北京	28.8
天津	71.9	天津	48.9	陝西	26.8
陝西	52.4	江蘇	27.3	天津	23.0
江蘇	47.8	陝西	25.7	江蘇	20.5
浙江	43.1	吉林	25.6	浙江	19.7
吉林	42.4	湖北	23.6	新疆	18.1
山東	40.2	浙江	23.4	山東	18.1
湖北	40.1	山東	22.1	青海	17.5
遼寧	39.4	遼寧	22.0	遼寧	17.4
新疆	34.8	福建	19.8	吉林	16.8
福建	32.8	河南	19.8	寧夏	16.7
山西	32.5	山西	18.3	湖北	16.5
河北	31.4	河北	17.8	内蒙古	15.7
湖南	30.8	湖南	16.8	山西	14.2
内蒙古	29.7	新疆	16.7	江西	14.0
江西	30.0	広東	15.8	湖南	14.0
広東	30.0	江西	15.7	黒龍江	13.9
河南	30.0	四川	15.5	広東	13.9
青海	28.0	内蒙古	14.0	河北	13.6
四川	28.0	黒龍江	13.7	福建	10.0
黒龍江	28.0	安徽	13.7	四川	12.3
寧夏	27.0	雲南	11.7	安徽	11.9
安徽	26.0	広西	10.8	甘粛	11.2
甘粛	22.0	青海	10.6	河南	9.8
雲南	20.0	甘粛	10.3	海南	9.5
広西	19.0	寧夏	10.1	広西	8.4
海南	17.0	貴州	8.3	雲南	8.4
貴州	15.0	海南	7.9	貴州	6.9
西蔵	8.0	西蔵	3.9	西蔵	4.2
平均	36.0	平均	20.0	平均	15.7
標準偏差	18.0	標準偏差	12.3	標準偏差	6.4

注：(1) ①就学率＝就学者数／当該年齢の人口②職業学校は中等専門学校・技工学校・職業高校が含まれている。
(2) 各省の就学率の平均をとったもので、教育部統計資料による1997年度全国の就学率の数値よりやや高い。

た。1990年代の10年の間に、前期中等教育の就学率は20％、正規高等教育は7％上昇した。後期中等教育は13％上がり、1999年には35.8％に達した。しかし、中等教育は発展を遂げたが、地域による格差は依然として大きい。表3－9は筆者が試算した1997年の省別各類型の後期中等教育の粗就学率である。後期中等教育全体の就学率を見てみると、上海が一番高く、一番低い西蔵の10倍以上となっている。標準偏差に着目すると、職業学校と普通高校はそれぞれ12.3と6.4となっている。職業学校の就学率の地域格差は普通高校よりはるかに大きい。言い換えれば、各地域の後期中等教育就学率の格差は職業学校の格差によるところが大きい。

(2)一人当たり教育費支出

まず、1999年の省別の職業学校と普通高校学生の一人当たり予算内教育事業費の相関を見てみると（図3－1）、両者には正の相関があることが分かる。

他方、表3－10に示すように、普通高校と職業学校の学生一人当たりの予算内教育事業費はいずれも格差があり、それぞれの最高値は最低値

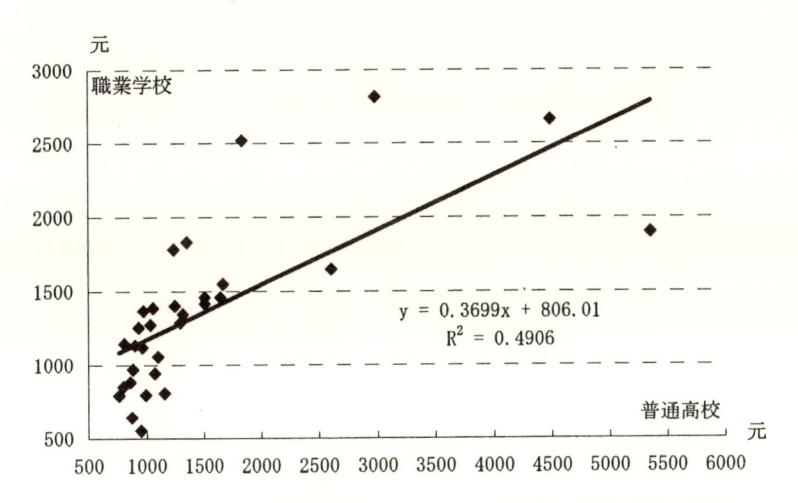

図3－1　職業学校と普通高校学生の一人当たり予算内教育事業費の散布図

注：中華人民共和国教育部発展規画司『中国教育統計年鑑 2000』人民教育出版社、により算出、作成。

$y = 0.3699x + 806.01$
$R^2 = 0.4906$

表3-10 1999年省別普通高校、職業学校学生の一人当たり予算内教育事業費とその格差(元・降順)

	一人当たり予算内教育費				格差			
	省・市	普通高校	省・市	職業学校	省・市	普通高校(B)	職業学校(A)	差(A-B)
上位十省・市	西蔵	5353.80	北京	2814.79	広東	1833.42	2519.98	686.56
	上海	4484.54	上海	2661.76	海南	1238.03	1782.70	544.67
	北京	2976.94	広東	2519.98	新疆	1348.51	1831.84	483.33
	天津	2604.05	西蔵	1899.87	甘粛	972.15	1366.72	394.57
	広東	1833.42	新疆	1831.84	広西	806.73	1146.97	340.24
	青海	1666.82	海南	1782.70	山東	1056.29	1386.88	330.59
	雲南	1646.52	天津	1650.03	寧夏	931.90	1254.73	322.83
	江蘇	1508.96	青海	1549.05	重慶	1035.16	1273.17	238.01
	浙江	1505.75	雲南	1456.52	湖南	902.33	1133.06	230.73
	新疆	1348.51	江蘇	1456.07	四川	964.02	1120.89	156.87
中位省・市	福建	1314.91	浙江	1416.92	遼寧	1246.28	1399.38	153.10
	黒龍江	1291.12	遼寧	1399.38	貴州	879.84	969.71	89.87
	遼寧	1246.28	山東	1386.88	湖北	796.68	851.42	54.74
	海南	1238.03	甘粛	1366.72	江西	760.55	793.60	33.05
	河北	1152.04	福建	1344.90	福建	1314.91	1344.90	29.99
	吉林	1095.81	黒龍江	1288.12	陝西	856.63	883.60	26.97
	山西	1072.33	重慶	1273.17	黒龍江	1291.12	1288.12	−3.00
	山東	1056.29	寧夏	1254.73	吉林	1095.81	1053.80	−42.01
	重慶	1035.16	広西	1146.97	江蘇	1508.96	1456.07	−52.89
	内蒙	992.13	湖南	1133.06	浙江	1505.75	1416.92	−88.83
	甘粛	972.15	四川	1120.89	青海	1666.82	1549.05	−117.77
下位十省・市	四川	964.02	吉林	1053.80	山西	1072.33	941.08	−131.25
	安徽	951.17	貴州	969.71	北京	2976.94	2814.79	−162.15
	寧夏	931.90	山西	941.08	雲南	1646.52	1456.52	−190.00
	湖南	902.33	陝西	883.60	内蒙	992.13	795.49	−196.64
	貴州	879.84	湖北	851.42	河南	874.12	644.01	−230.11
	河南	874.12	河北	807.96	河北	1152.04	807.96	−344.08
	陝西	856.63	内蒙	795.49	安徽	951.17	551.28	−399.89
	広西	806.73	江西	793.60	天津	2604.05	1650.03	−954.02
	湖北	796.68	河南	644.01	上海	4484.54	2661.76	−1822.78
	江西	760.55	安徽	551.28	西蔵	5353.8	1899.87	−3453.93
	全国	1269.31	全国	1204.10	全国	1269.31	1204.10	−65.21

注:中華人民共和国教育部発展規画司『中国教育統計年鑑 2000』人民教育出版社、により算出、作成。

の約7.5倍という大きな開きが見られる。さらに、各省の普通高校と職業学校に対する学生一人当たりの予算内教育事業費の支出を比較すると、職業学校のそれが普通高校より高い省と低い省・市はほぼ半々である。全国の場合は、職業学校は普通高校よりやや低いのである。このように後期中等教育に対する各省の教育財政的支出能力が異なり、しかも、普通高校と職業学校に対する投資の方針が異なることは明らかである。

(3) 職業学科構成

　職業教育の拡大には就学率という「量」的な格差が存在すると同時に、「質」的な側面にも差がある。省別の職業高校の在学者数に占める各学科の割合の標準偏差を見てみると（図3-2）、管理科と工業学科・農業科のそれが比較的に大きいことに気づく。工業学科・農業学科をつくるためにより費用がかかるのに対して、管理科は比較的にコストの低い学科である。言い換えれば、中央政府が設定した職業教育拡大の目標値とするために、各省は異なるアプローチをとったと考えられる。

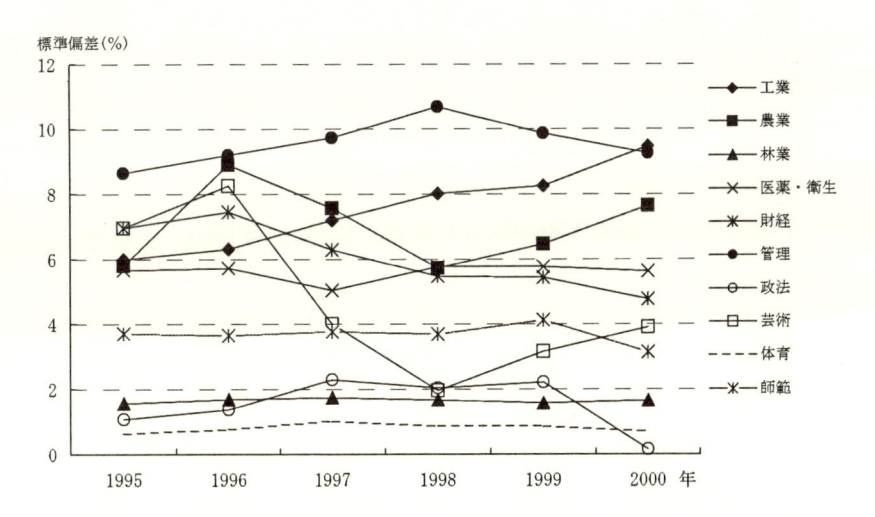

図3-2　省別職業高校の在学者数に占める各学科の割合の標準偏差（1995～2000）

注：中華人民共和国教育部の統計資料により算出、作成。

第2節　職業教育拡大の規定要因
　　　──クロスセクション・データによる分析──

　上述したように、量的あるいは質的な格差がありながら職業教育は大きく拡大してきた。では職業教育の拡大の規定要因は何であろうか。中国では私立の初等・中等教育は極めて少数しか存在しない。しかも中等教育は地方政府によって設置・管理されているために、中等教育拡大の実態は地方政府の政策的な志向を反映している。そこで1997年の省別クロスセクション・データを用いて、職業課程の就学率について数量的な分析を行い、中等職業教育拡大の規定要因を分析し、地方政府の中等教育政策策定の根拠とその志向を考える。

　分析するために用いる変数とその定義を表3-11に示した。

　分析は従属変数である就学率をロジット変換し、独立変数には対数変換を行い、回帰分析式を以下のように設定して行った。

$$\mathrm{Ln}[p/(1-p)] = a + b \cdot \log X$$

　職業教育拡大の規定要因について、以下のような幾つかの側面からアプローチする。

1. 経済発展と職業教育

　まず経済発展と職業教育の拡大との関係を分析する（表3-12）。モデル1-1と1-2の回帰分析の結果から見られるように、後期中等職業学校の粗就学率の経済発展水準に対する回帰係数は2.36で、普通高校のそれの1.35より高い。職業学校の方が経済発展水準に強く規定されている。さらに産業別の発展水準と職業教育との関係を見てみる。まず、第一次産業の発展水準は職業学校の粗就学率と普通高校の粗就学率のそれぞれに統計的な有意な関係があまりない（モデル2-1と2-2）。第二次産業と第三次産業の発展水準は職業学校の粗就学率と普通高校の粗就学率と何れもプラスの関係であり、しかも第二次産業と第三次産業の発展水準は職業学

第3章　職業教育における中央と地方　113

表3-11　職業教育拡大の規定要因に関する回帰分析の変数とその定義

	変数名	定義
従属変数(P)	後期中等教育の粗就学率	後期中等教育の在学者数／15～17歳人口×100
	普通高校の粗就学率	普通高校の在学者数／15～17歳人口×100
	後期中等職業学校の粗就学率	後期中等職業学校の在学者数／15～17歳人口×100
独立変数(X)	経済発展水準	1人当たりGNP
	第一次産業発展水準	1人当たり第一次産業GNP
	第二次産業発展水準	1人当たり第二次産業GNP
	工業化水準	1人当たり工業GNP
	第三次産業発展水準	1人当たり第三次産業GNP
	教育費支出能力	1人当たり教育費支出
	教育財政的支出能力	1人当たり財政的教育費支出
	普通高校の財政的投資	普通高校学生一人当たり経費支出
	後期中等職業学校の財政的投資	後期中等職業学校学生一人当たり経費支出
	普通高校の専任教師資源	普通高校の専任教師数／在学者数
	後期中等職業学校の専任教師資源	後期中等職業学校の専任教師数／在学者数
	政府の財政的支出能力	一人当たり財政的支出
	都市部の家計負担能力	都市部平均可処分家計収入
	農村部の家計負担能力	農村部平均家庭純収入
	後期中等教育への粗進学率	後期中等教育への進学者数／14歳人口×100
	大学志願率	大学志願者数／18歳人口×100
	新規高卒大学志願率	新規高卒大学志願者数／18歳人口×100
	大学入学率	該当省出身者への大学入学許可数／18歳人口×100
	大学の合格率	大学の入学者／志願者数×100

注：(1) 1980年代初期、中国では後期中等教育の就学年間及び入学年齢が地域あるいは都市部と農村部によって差があり、中等専門学校の入学者に高卒者がかなりいた。しかし、1990年代教育各地域の学制はほぼ統一され、中等専門学校の高卒入学者はわずかしか存在していないために、1997年の就学率を算出するために分母となる当該年齢人口として15～17歳人口を用いることは妥当であると考えている。各省の当該年齢人口数は、『中国人口調査統計 1990年』の各省編、中国統計により算出したものである。
(2) 各省の就学率の平均をとったもので、教育部統計資料による1997年度全国の就学率の数値よりやや高い。
(3) 変数のデータの出所は、中華人民共和国教育部計画建設司『中国教育統計年鑑 1997』人民教育出版社、国家教育委員会財務司・上海市智力開発研究所「中国教育経費年度発展報告1997」高等教育出版社、三菱総合研究所編『中国情報ハンドブック』1998年版、蒼蒼社、『中国人口調査統計 1990』の各省編、中国統計出版社、1993、である。

表3−12　経済発展と職業教育との関連に関する回帰分析の結果

独立変数	従属変数:後期中等職業学校の粗就学率				
	1-1	2-1	3-1	4-1	5-1
(N)	(29)	(29)	(29)	(29)	(29)
定数	−3.32	−1.47	−2.33	−2.11	−2.24
経済発展水準	2.36****				
第一次産業発達水準		−.67			−.47
第二次産業発達水準			2.06****		1.09
第三次産業発達水準				2.03****	1.03
R^2乗	.64	.04	.65	.64	.70
F値	48.82	1.20	49.00	48.41	19.15
F検定	****		****	****	****

独立変数	従属変数:普通高校の粗就学率				
	1-2	2-2	3-2	4-2	5-2
(N)	(29)	(29)	(29)	(29)	(29)
定数	−2.78	−1.71	−2.21	−2.11	−2.12
経済発展水準	1.35****				
第一次産業発達水準		−.68*			−.57**
第二次産業発達水準			1.18****		.25
第三次産業発達水準				1.24****	.98**
R^2乗	.49	.10	.49	.55	.63
F値	25.89	3.09	25.72	33.00	13.88
F検定	****	*	****	****	****

*10%、**5%、***1%、****0.1%で有意。

校との関係が普通高校のそれより強い(モデル3-1と3-2、モデル4-1と4-2)。職業教育の就学率に独立変数の何れも有意な関係が見られないが、普通高校の就学率に第一次産業はマイナスの、第三次産業はプラスの関係を持っていることが明らかである(モデル5-1と5-2)。

　国際比較研究によれば、教育と経済発展との間には高い相関関係があることが実証されている(ハービソン・マイヤーズ、1964)。経済発展は後期中等教育により強く反映する(金子、1983)ということも指摘されている。しかし、以上の回帰分析の結果から、経済発展そして第二次産業、第三次産業の発展は職業教育の拡大をもたらしたという結論に結びつき、さ

らに、職業学校は経済発展の需要に応じて拡大して、工業化、第二次・第三次産業の発展に寄与しているという安易な結論を引き出すことができるだろうか。

ここで次のような視点も欠かせない。すなわち、中国では職業教育を政策的に拡大させるために、普通高校の拡大は抑制されていることを忘れてはならない。このため普通高校の省間格差は小さい。それゆえ経済発展は後期中等教育全体の発展をもたらしている一方、後期中等教育発展の地域的な格差は主に職業教育の発展に現れていると考えられる。職業教育と経済発展との関係は後期中等教育と経済発展との関係そのものを反映していることに過ぎない。さらに職業教育の拡大は必ずしも経済発展の結果だけではなく、むしろ多様な規定要因によるものと考えられ、より分析が必要となる。

2. 家計負担能力の要因

教育需要の経済分析の先駆とされるキャンベルとシーゲルの、教育需要に関して家計所得に焦点を据えた研究[5]によれば、人的資本理論の枠組みからも家計所得は教育需要の規定要因の一つであるという[6]。家計所得の社会的水準の上昇と教育需要との関連について、日本でも多くの実証的研究が蓄積されている[7]。これらの研究は家計所得が教育需要に与える影響を認めている。

中国では、後期中等教育は非義務教育であり、普通高校、職業学校を問わず、学費を徴収する[8]。しかも、高校へ進学するために、就職をすれば得られるはずの給料を放棄するという機会費用がある。従って、後期中等教育の就学率は家計と関わっている。ここで、普通高校と比較しながら、職業教育の拡大と教育を供給する基盤の一つである家計負担能力との関連を分析する（**表3-13**）。

モデル1-1と2-1の単回帰分析の結果から分かるように、都市部の家計負担能力と農村の家計のいずれも職業教育の拡大に対してプラスの関係を持っている。このような傾向は普通高校との関連にも見られる（モデル1-2と2-2）。さらに、モデル1-1と1-2、そしてモデル2-1と2-2の結果を比

表3-13 家計負担能力の要因に関する回帰分析の結果

独立変数	従属変数:後期中等職業学校の粗就学率			
	1-1	2-1	3-1	4-1
(N)	(29)	(29)	(29)	(29)
定数	-7.98	-5.52	-5.44	-4.31
都市部の家計負担能力	3.83****		-.07	-.83
農村部の家計負担能力		3.06****	3.10****	2.70**
政府の財政的支出能力				.90*
R^2乗	.35	.53	.53	.58
F値	14.68	29.95	14.42	11.46
F検定	****	****	****	****

独立変数	従属変数:普通高校の粗就学率			
	1-2	2-2	3-2	4-2
(N)	(29)	(29)	(29)	(29)
定数	-4.58	3.79	-2.89	-1.57
都市部の家計負担能力	1.68**		-.91	-1.80
農村部の家計負担能力		1.57****	2.06**	1.59**
政府の財政的支出能力				1.06***
R^2乗	.16	.32	.33	.50
F値	5.02	12.65	6.52	8.36
F検定	**	****	**	****

注:*10%、**5%、***1%、****0.1%で有意

べると、都市部の家計負担能力及び農村の家計負担能力のいずれも、普通高校より職業学校の就学率に強い影響力を持っていることが分かる。これは前述したように、普通高校より職業学校の格差の方が省間の差がより大きいということを反映している。モデル3-1に示したように、都市部の家計負担能力、農村部の家計負担能力を独立変数とする重回帰分析の結果によれば、職業学校の就学率に対する農村部の負担能力の影響力が大きい。モデル3-2の結果から見られるように普通高校の就学率にも同じ傾向が見られる。

さらに、モデル4-1では、政府の財政的な支出能力を独立変数に加えたが、それでも、職業学校の就学率に農村の家計負担能力の影響力は依

然として大きいという結果となっている。普通高校の就学率について、同じような傾向が見られる。このような結果から、都市部より農村の方が家計的な支出能力の地域格差が大きく、そして、普通高校の就学率より職業学校の就学率の地域格差が大きいことがわかる。

3. 中等教育の「自己増殖」

　進学者数の拡大の原因に関する一つの仮説として、教育の「自己増殖」説がある。アジア6カ国の比較分析では、前期中等教育と後期中等教育の継続性は一般に高く、中等教育段階以降の発展には、前段階の修了者の率が次の段階の修了者の率を決定することが指摘されている（米村、1983）。中国では1990年代には前期中等教育の就学率の成長は大きく、前期中等教育の拡大に伴って、高校への進学需要も大きくなる傾向があることは言うまでもない。ここで、横断的データによって後期中等教育への進学規模は、後期中等教育にいかなる影響をもたらすのかを分析する。

　表3-14のモデル1-1と1-2を比べれば分かるように、後期中等教育への進学率は普通高校より職業学校の就学率に強い影響を与えている。前期中等教育の卒業者は、主に職業教育の拡大によって吸収されている。すなわち職業教育の拡大が後期中等教育の拡大に大きく寄与したと考えられる。しかし、このような形での拡大は社会的需要を反映しているとは言えず、政策的な要因が大きいと考えられる。

　モデル2-1と2-2を見てみると、職業学校と普通高校のいずれにも、中等教育の「自己増殖」より、経済発展水準の要因の方がより強い関係があることが分かる。

　後期中等教育の拡大は一方では、入り口で前期中等教育の拡大に影響され、他方では出口で高等教育の拡大に影響される。この二つの影響力の強さを比べるために、モデル3で重回帰分析を行う。モデル3-1を見てみると、大学入学率という変数を入れても職業学校の就学率は後期中等教育への粗進学率との有意な関係がある。しかし、モデル3-2を見て分かるように、普通高校の就学率では後期中等教育の粗進学率との関係

表3-14 中等教育の「自己増殖」に関する回帰分析の結果

独立変数	従属変数:後期中等職業学校の粗就学率		
	1-1	2-1	3-1
(N)	(29)	(29)	(29)
定数	-27.95	-11.38	-8.6
後期中等教育への粗進学率	13.52****	4.29	2.98*
経済発展水準		1.92****	
大学入学率			1.80****
R2乗	.45	.67	.89
F値	22.1	26.03	101.31
F検定	****	****	***

独立変数	従属変数:普通高校の粗就学率		
	1-2	2-2	3-2
(N)	(29)	(29)	(29)
定数	-18.04	-9.53	-6.75
後期中等教育への粗進学率	8.33****	3.59	2.18
経済発展水準		.99****	
大学入学率			1.05****
R2乗	.40	.53	.74
F値	17.61	14.47	36.55
F検定	****	****	****

注:*10%、**5%、***1%、****0.1%で有意。

は失われる。職業学校と高校への進学率との関係が強いのに対して、普通高校は大学入学率との関係が強いことが分かる。他の要因をコントロールすれば、中卒の進学希望者の吸収に職業学校が大きい役割を果たす一方で、大学の入学者数によって普通高校の進学者数は大きい影響を受けることがわかる。

4. 高等教育との関連

既に述べたように、後期中等教育構造の変化と職業教育拡大の一つの狙いは、大学受験競争の緩和にある。すなわち、大学進学をする普通高校の募集者数を削減し、就職コースの職業学校を拡大することによって、

第3章 職業教育における中央と地方 119

表 3-15 高等教育との関連に関する回帰分析の結果

独立変数	従属変数：後期中等職業学校の粗就学率				
	1-1	2-1	3-1	4-1	5-1
(N)	(29)	(29)	(29)	(29)	(29)
定数	−2.53	−4.83	−2.90	−3.52	−2.66
大学志願率	0.85				
新規高卒大学志願率		3.26****			−.29
大学入学率			2.00****		2.18****
大学の合格率				1.39****	−.05
R2乗	.09	.66	.87	.46	.87
F値	2.76	55.42	185.35	22.52	57.65
F検定		****	****	****	****

独立変数	従属変数：普通高校の粗就学率				
	1-2	2-2	3-2	4-2	5-2
(N)	(29)	(29)	(29)	(29)	(29)
定数	−2.97	−4.33	2.58	−2.55	−4.18
大学志願率	1.01***				
新規高卒大学志願率		2.53****			2.49****
大学入学率			1.20****		.92
大学の合格率				.56**	.12
R2乗	.30	.94	.72	.17	.94
F値	11.47	48.27	69.77	5.63	134.6
F検定	***	****	****	**	****

注：*10%、**5%、***1%、****0.1%で有意

大学進学の志願者を減らすことができると考えられた。他方では、大学の選抜性を確保するために、普通高校はある程度の規模を確保しなければならない。このように後期中等教育段階での進路分化と高等教育の選抜性を保つことが、何れも重要な政策的課題となる。では、高等教育は後期中等教育の構造にどういう関連を持っているのかを、ここで検証する（表3-15）。

モデル1-1と1-2の単回帰分析の結果を比較して分かるように、大学志願率は普通高校の粗就学率と関係があるのに対して、職業高校との間には有意な関係が見られない。新規高卒者の大学志願率については職業学

校の粗就学率及び普通高校の粗就学率の何れとも強い関係がある(モデル2-1と2-2)。モデル3-1と3-2を比較すると、大学入学率は、職業学校の粗就学率と普通高校の就学率の何れとも関係を持っているが、職業学校の就学率により強い影響力を持っていることが分かる。これらの結果は前述したように職業学校の就学率は、後期中等教育の地域格差につながっていることにより説明できる。さらに、モデル4-1と4-2を見てみると、大学合格率と普通高校就学率との関係は弱いのに対して、職業学校との関係は強い。表面的には、大学合格を確保するには職業高校の就学率を高めることが有効であるようにみえる。しかし、これは大学入学志願者が少ないことを反映している。モデル5-1と5-2の重回帰分析の結果を見てみると、新規高卒者の大学志願率・大学入学率・大学合格率という三つの変数を入れると、大学入学率のみが職業学校と関係を持ち、新規高卒の大学志願率のみ普通高校の粗就学率と強い関係を持っていることが分かる。

5. 地域の財政的基盤

表3－16は地方政策の要因に関する回帰分析の結果を示すものである。

まずモデル1-1と1-2を見てみると、教育財政的支出能力は職業高校と普通高校の何れの就学率にも相関を持っており、特に職業学校の就学率との相関が強い。政府の財政的な支出能力は普通高校と職業高校を発展させる上で重要な財政的な基盤であり、特に職業教育の拡大に重要な条件であることが分かる。職業学校学生一人当たり教育財政支出と職業学校の粗就学率との回帰分析結果を見てみると(モデル2-1)、回帰係数は1.59で、重相関係数は0.16である、職業学校学生一人当たり教育財政支出は職業学校の粗就学率に正の影響力を持っているが、傾向を表す線のまわりの散らばりが大きく、この両者に高い相関があるとはいい難い。

他方で、普通高校学生一人当たり教育財政支出と普通学校の粗就学率との回帰分析結果を見てみると(モデル2-2)、回帰係数は1.23で、重相関係数は.31と、正の相関関係が見られる。モデル3-1を見ると、職業学校の学生1人当たり専任教員数と職業学校の粗就学率とはマイナスの相関

第3章 職業教育における中央と地方

表3－16 地方政策の要因に関する回帰分析の結果

独立変数	従属変数：後期中等職業学校の粗就学率			
	1-1	2-1	3-1	4-1
（N）	(29)	(29)	(29)	(29)
定数	－4.18	－3.59	.92	－1.60
教育財政的支出能力	2.24****			1.74**
職業学校に対する財政的投資		1.59**		－.97*
職業学校専任教師資源			－2.82***	－1.58**
経済発展水準				.84
R2乗	.60	.16	.31	.77
F値	39.87	5.16	12.01	19.63
F検定	****	**	***	****

独立変数	従属変数：普通高校の粗就学率			
	1-2	2-2	3-2	4-2
（N）	(29)	(29)	(29)	(29)
定数	－3.42	－3.37	－1.84	－3.67
教育財政的支出能力	1.41****			.71
普通高校に対する財政的投資		1.23***		－1.10
普通高校専任教師資源			.14	1.44
経済発展水準				1.69*
R2乗	.54	.31	.00	.61
F値	32.26	12.12	.01	9.50
F検定	****	***		****

注：*10％、**5％、***1％、****0.1％で有意

を持っており、モデル3-2では、普通高校の粗就学率に普通高校の学生1人当たり教員数と有意な相関がないことが明らかである。さらに、モデル4-1の重回帰分析の結果を見てみると、職業高校の粗就学率に教育への財政支出能力はプラスの影響力をもち、職業学校学生一人当たり教育財政支出と職業学校の学生1人当たり専任教員数は何れもマイナスの相関となっている。モデル4-2の重回帰分析の結果から、他の変数は有意な相関がないのに対して、経済発展水準のみ強い影響力を持っていることが分かる。

以上の結果から、普通高校の拡大は、経済発展にともなって、財政で

の基盤がある上で成り立ったが、職業学校の拡大は必ずしも財政的な基盤によるものだけではなく、教員が不足する状況の中で、学生一人当たり教員数を減らすことによって、職業教育の拡大を実現したことが考えられる。

第3節　職業教育拡大のジレンマ

　経済・社会が大きく変化しているコンテクストの中で、職業教育は量的に急速の拡大を遂げたと当時に、大きなジレンマも見えてきた。そのジレンマは主に量的な拡大と質の確保の矛盾、教育機会と労働市場の二つの側面での需要と供給のアンバランスに現れている。

1. 量的拡大と質の確保

　上述のように職業教育の量的な拡大には省別での格差があると同時に、中央政府が定めた目標に従って一定の割合を追求するために各省は異なる方法をとったという側面も推察された。他方では、中央政府の職業教育政策には財政的な裏づけと職業教育の状況に対する監督が欠如しているために、職業教育の量的な拡大と質の確保との間に大きな矛盾が生じた。

　表3－17から分かるように、全国の状況を見れば、職業高校の専任教員の学歴・理科実験設備・実験実習・図書の達成率は、職業教育拡大期の1990年代半ばまでにわずか2、3割であった。すなわち、職業教育の拡大は低い教育条件の下で実現したのであった。1990年代後半に職業教育は縮小し、教育の条件は改善されたが、しかし普通高校よりまだ大きな格差があることが分かる。

　続いて、省政府の通達・地方政府の政策的動きを報道する新聞記事、及びインタビュー調査によって、教育機会と労働市場の二つの側面での需要と供給の問題について、いくつかの省・市の例を見てみる。

表3-17　教育条件基準の達成率の比較(%)

	専任教員大卒率		理科実験設備		実験実習		図書	
	職業高校	普通高校	職業高校	普通高校	職業高校	普通高校	職業高校	普通高校
1994	27.5	53.4	21.4	46.1	20.6	47.4	26.5	43.5
1995	29.0	55.2	24.7	51.4	24.2	49.0	31.4	49.0
1996	31.2	58.0	29.2	55.2	28.6	53.6	35.3	53.3
1997	33.9	60.7	32.7	59.7	31.8		39.2	57.9
1998	37.4	63.5	35.0	62.7	34.3		42.0	60.9
1999	40.5	65.9	38.3	64.6	37.3		44.9	62.6
2000	44.3	68.4	38.9	65.4	38.6		46.5	64.3
2001	49.2	70.7						

データ出所：1994～2001年の各年度の「中国教育事業発展公報」(教育部)による。

2. 職業教育に対する需要と供給

(1)供給側

中国では中等教育に占める私立学校はわずかであり、しかもこれらの設置は政府によって承認される必要がある。この意味で、政府は中等教育、中等職業教育機会のプロバイダという役割を担っている。職業教育拡大政策の推進は政府から職業教育を大きく供給することを意味する。1990年代後期から、この供給と進学需要の間の矛盾が、大きく表れてきた。「過剰な供給」は、いかに入学定員を確保するという難問をもたらした。

職業学校の入学者定員計画に関しては、2001年の通達では、「中等職業学校の入学者定員の規模は、まず学校が社会需要と学校の人材養成能力によって自主的に確定し、教育行政部門・計画部門は報告をまとめ、指導的な入学者定員計画の形で下達する」と述べ、学校の自主権を強化したと同時に、政府部門の「指導」的な役割を留保した。翌年の通達では「2002年から、各省レベルの行政部門と計画部門は学生募集をする前に原則として中等職業教育入学者定員計画を下達しないように建議する。各地の実情によって、中等職業学校応募数の指導的計画を提出して、職

業学校への志願者を指導することができる。中等職業学校入学数定員規模は学校が社会需要と教育条件および学生の応募状況によって自主的に定める」とされた。

　しかし、これは後期中等教育における普通高校と職業学校の在学者の割合を政府が放置してきたことを意味しない。既に述べたように、1990年代後期から、中央政府の後期中等教育、職業教育の政策には変化がみられたが、職業教育は後期中等教育に占める割合を50％に保つことが要求されている。これは教育部が各省・市に下達した通達に示されている。教育部『2001年中等職業学校の学生募集工作に関する通達』(2001)には次のように書かれている。「大いに中等職業教育を発展させる方針を貫徹し、中等職業教育の規模の拡大に努め、全国中等職業学校と普通高校の入学者数を同等にさせる」。翌年、教育部の『2002年中等職業学校の学生募集工作に関する通達』(2002)では、「中等職業教育を大いに発展させる方針を堅持し、普通高校と中等職業教育の入学者数は高校段階の中に合理的な比率構造を保持し、各種類の中等職業教育と普通高校の入学者数は大体同等にさせ、高校段階での中等職業教育と普通高校教育を相互的に調和的に発展させる」と述べ、引き続き職業教育の一定の発展を強調した。

　これに対して、省・市政府はどういう政策的な行動を見せたのか。断片的ではあるが、各省における中等職業教育政策をめぐる文書、新聞報道を例挙すると以下のようになる（下線は筆者が加えたものである）。まず経済発展地域である東部のいくつかの省を見てみる。

【江蘇省】
　確実に中等学校卒業生の合理的な分流工作を行い、特に学校成績があまりよくない中学校卒業生を職業学校へ誘導し、目的のある職業教育を受けさせる。各地は中等職業学校の学生募集工作を高度に重視し、該当地域での中等職業学校の<u>学生募集工作の目標・任務と措置を明確にし、中等職業と普通高校の入学者数・在学者数の規模を同等にすることを確保する</u>。（江蘇省教育庁　高等学校学生募集委員会『教育部「2002年

中等職業学校学生募集工作に関する通達」を転送することの通知』2002年4月30日）

【浙江省】
　2000年、各類中等職業学校の新入生は18.4万人、前年より3万人減り、普通課程と職業課程の比率は53：47となり、……多くの中等職業学校は危機にさらされていた。2001年、……省政府は次のようなことを明確に規定した。各地は高校段階の教育の発展を加速させる中で、中学校卒の分流のマクロ的なコントロールを強化し、中等職業課程の新入生は50％を確保し、普通課程と職業課程の調和的な発展を促進させる。省の教育先進県は率先して模範を示すべきである。該当年度中等職業学校学生新入生が50％より低くなる場合は、教育模範県を申告することができない。既に教育模範県に選定されていても、2年連続要求を達成できない場合は、「教育模範県」の称号を取り消す。その後、会議の主旨は迅速に各レベルの政府・教育行政部門と職業学校の実際の行動にうつされた。2001年に、……普通課程と職業課程の入学者数の比率は50.2：49.8となった。（朱振岳記者（「浙江省の中等職業教育は一年で谷底から躍りあがった」『中国教育報』2002年2月19日）

　……中等職業教育学生入学者数を4万人にする目標を完成させるために、今年浙江省は中等専門学校の学生募集の改革を行い、若干の規定を作った。学生募集業務の責任制を確立する。中等専門学校の学生募集は高校段階の統一学生募集計画の一部になり、任務を完成する市に対して省から表彰・奨励を与え、任務を完成できない市に対して、通報で注意する。市を跨って学生を募集する方法……。学校の自主権を拡大する……。（「浙江省今年、中等専門学校の学生募集方法を改革」『中国教育報』2002年2月20日）

【山東省】
　山東省教育庁は、今後調節とコントロールを通じて、中等職業教育

と普通教育の在学者比率を1:1に保持することを、明確に打ち出した。(鄭燕峰記者「山東:中等職業教育と普通高校は肩並びに」『中国教育報』2002年10月22日)

さらに、経済発展が比較的に遅れている中、西部地域のいくつかの例を取り上げる。

【河南省】
　職業教育の地滑りを抑制し、努力して本年中に中等職業学校において35万人の学生募集任務を完成させるために、河南省は先日10項の措置を出した。学生募集の方法を改革し、進学のルートを広め、中等職業教育の吸引力を強める。(「河南:10項の措置で職業教育の吸引力を強める」『中国教育報』2001年8月3日)

　今年中等専門学校の学生募集任務の完成を確保するために、該当省は応募の条件を緩めた、……普通中等専門学校が学生を募集する自主権を拡大し、普通中等専門学校は学生採用の際に合格ラインを定めないようにする。(「河南:普通中等専門学校の学生募集の門戸を大きく広げる」『中国教育報』2002年7月31日)

【安徽省】
　職業教育を発展させる方針を長期的に堅持する方針を示し、……職業教育の学生募集政策に基づいて、次の幾つかの側面から改革を行うことを示した。一　職業高校の学生募集は「五つの開放」(学生定員計画・条件・入学試験・募集時間・地域)を実行する。二　普通中等専門学校の学生募集は「四つの改革」を実行する。三　高等教育機関の(職業学校)の同類専攻の学生を募集することに関して「四つの拡大」を実現する。四　成人中等専門学校は「登録入学」制度を実行する。(「安徽:政策は職業教育の迅速な発展を引きのばす」『中国教育報』2001年8月3日)
　2002年、安徽省は全国職業教育工作会議の主旨と省政府の「職業教

育工作を強化することに関する意見」を真剣に貫徹し……。安徽省はさらに中等職業学校の学生募集工作に対する改革と指導を強化した。中等職業の発展を重点とする方針を堅持し、中等教育の学生募集の目標を明確にする。全省の高校段階の学生募集工作指導チームを結成し……。市・県教育部門と職業学校の中等職業教育学生募集の責任を強化する。高校段階学生募集の奨励するためのメカニズムを設立し、考査と賞罰制度を強化する……。(盧麗君記者「安徽職業教育は全面的に回復」『中国教育報』2002年11月4日第1版)

【河北省】
　河北省では、今年、中等職業教育の学生入学定員規模を高校段階の50％以上とする。省教育庁は既に中等職業学校の学生募集状況を、市・県の教育発展状況を考査するための重要な内容に組み入れることを決定した。(「河北省職業教育学生募集政策を開放」『中国教育報』2002年4月12日)

【江西省】
　江西省は普通高校を学生募集定員は25万人、職業学校は15万人……、中等職業学校の学生入学数削減の状況を改めるために、江西省は初めて普通高校と職業学校の学生に一定の段階で学校間の流動を許した。(「江西では中等職業学校の学生募集政策を緩和」『「中国教育報』2002年6月21日)

【陝西省】
　陝西省委教育工作委員会、教育庁は前日次のことを決定した。該当地域の経済建設に基づき、五つの有力な措置を採り、全面的に職業教育と成人教育の改革と発展を推進する。(その一)、職業教育の学生募集に力を入れる。今年、陝西省中等職業教育定員計画は17万人で、各レベルの政府部門は職業教育学生の募集を「堅固な任務」とするべきである。同時に、学生募集制度の改革を深化させ、高校段階の職業教育

と普通教育の比率が1：1に達することを確保する。(柯昌万記者「陝西大いに職業教育発展を推進　年内70個県級職教中心30個総合職校建設」『中国教育報』2002年3月23日第1版)

【広西省】

　職業教育の発展は普遍的な困難に直面した状況の中で、広西壮族自治区は先日、職業教育を発展させる方針は変わらない、決心は動かない、と鮮明な態度を表明した。……"十五"期広西の職業教育発展の目標は、重点的に中等職業教育を発展させる、2005年までに、各種の中等職業学校の在学者は60万人に、年増加率は10％にする、<u>普通高校と職業高校の在学者比率は1：1を維持する</u>、ことである。(「職業教育を発展させる方針は変わらず、広西"十五"期職業教育発展の目標を定め」『中国教育報』2001年8月3日)

　上述のいくつかの省の例から分かるように、経済発展の先進地域と遅れる地域が何れも、中央政府の職業教育拡大方針に従う趨勢が見られた。しかも職業教育の目標を達成するために、省政府は下位政府に指標を示し、責任を持たせることや、職業学校の入学条件を緩めるなどの措置をとった。職業教育拡大における政策の画一性と、上位政府が下位政府に強い影響力を持つ、という中央集権的な特質が見られる。

(2) 需要側

　しかし、需要側については供給側である政府の見込みとは異なる報道が見られた。入学条件が下がること、あるいは実質的無条件入学は、学生を集めるには必ずしも効果的ではなかった。「学生募集難」(学生を集めるのは難しいこと)とそれによる職業学校間の「学生を奪う」現象が多く報じられた。

　まず、経済発展地域のいくつかの例を見てみる。

【天津市】

　去年天津市の関連部門は中学校卒業生の進学志向について調査を行った結果、90％近い生徒は普通高校へ進学する予定で、技工学校へ進学しようと予定する者はわずか0.6％。(「技工学校の生き残り」『中国教育報』2002年9月2日)

【上海市】

　中等職業教育は現在厳しい状況に直面している……。学生募集と卒業生の就職が難しいことが、中等職業技術学校の二つの難問である。(「学校の運営パターンは時代に遅れ、学校は苦境に陥り、中等教育の改革は差し迫っている」『文滙報』2000年8月18日)

【山東省】

　今年山東省中等専門学校の入学者定員は13万人、応募者数はわずか8.5万人、学生募集の状況は楽観してはいられない。(宋全政記者「山東：五年制専門学校の学生募集が盛り」『中国教育報』2002年8月14日第5版)

　菏沢市では各種の中等職業学校は34箇所で、4万人の収容力である。しかし在学者はわずか1.37万人である。……去年山東省は菏沢市に下達した学生募集計画指標は9千余りで、実際に応募者はわずか2800人であった。菏沢芸術学校はわずか5名しか新入生が集まらなかった。今年省から募集計画を下達しないようにしたが、(中等専門学校への)応募者は3,600人にすぎない。……中卒が中等職業学校を応募することを奨励する……。同時に、菏沢市では各職業学校は国が決めた基準よりやや低く授業料基準を定め、経済的に困難な学生に一定の授業料を免除する。「入り口がだめなのは出口が盛んではないからである」ことは多くの中等専門学校校長の共通的な認識である。(「中等専門学校にはどうして学生が集まらないか」『中国青年報』2002年7月19日)

【広東省】

　(広東省では)近年、多くの地方所属中等専門学校はしばしば学生募集戦争を誘発し、毎年の5月から11月まで続ける。「学生一人を集めれば、500元を与える」。一部中等専門学校の先生の話によると、学生募集費がある学校は少なくない、……特に創設後まもない学校は、学生募集費は一人1,500元になっている。……ますます激しくなっている学生募集戦に対して、多くの中等専門学校はしかたがないと思っている。「そうしないと、学生は他の学校に奪われてしまう」……近年、大学進学ブームに伴って、中等専門学校に応募する学生はますます限られている。多くの中等専門学校はやむを得ず学生募集戦に参加した。……中等専門学校の学生募集戦は中等専門学校に多くの問題をもたらした。関連部門は中等専門学校の運営管理、学生募集管理を強化すべきである。(「多くの地方所属の中等専門学校はしばしば学生募集戦争を誘発」『人民日報・華南新聞』2002年6月27日)

【江蘇省】

　職業学校の学生募集人数が減っている、と同時に入学してもドロップアウトしてしまう学生が少なくない。筆者は一部の学校、学生の親、及び学生を訪問し、その原因と対策について考えた。原因一、一部の人は職業高校に入らなくてもお金を儲けることができるので、どうして投資して勉強する必要があるのかと思っている。……原因二、一部の学校の質が高くないために、職業教育全体のイメージが損なわれた。……原因三、学んだことを使うことができず、専攻の設置が不合理である。……原因四、家庭の経済的負担が大きい……。原因五、卒業後の見通しが立たない。(楊伝国「職業高校生のドロップアウトの原因はどこにあるのか」『中国教育報』2000年8月21日、第3版)

　今年、江蘇省中等専門学校は集中的に学生を募集する方法をとらずに、各学校が自ら各地から学生を募集するようになった。このように

中等専門学校は「計画経済」から「市場経済」へ転換した。……少なからぬ中等専門学校はどうすればよいか分からず、次々各地の中学校に人員を派遣し宣伝し、連絡し、内定さえもしようとした。しかし、行ってみたら、既に多くの中等技工学校、職業学校が先を取り、思いもつかない手段で学生を集めて、進学の見込みのある者は既に奪われて、募集する学生がないことが分かった……。近年、中等専門学校はずっと下り坂を歩き、年々より悪くなり、去年ある学校は定員数の30％にしか達しなかった。（蘇州商業学校　金優「今年中等専門学校の学生募集の形勢は依然として厳しい」中国教育和機算機科研網（http://www.edu.cn/2001））

中、西部の地域にも同じ現象が見られた。

【湖北省】
　武漢市では38箇所の技工学校のうち、10校が停止・合併した。残った10校の先も大変難しい。（「技工学校の生き残り」『中国教育報』2002年9月2日）

【湖南省】
　近年、高校段階の学校で進学予定者を引き抜き、奪い取る現象が各地で発生しており、深刻な問題になっている。学校と学生の合法的な権利と利益を守り、高校段階の教育を健全に発展させるために、湖南省教育庁は最近通達を出し、各市州と県市区に基礎教育、職業成人教育・計画・財務・規律検査等関係課・室からなる「中等学校学生募集事務室」を設立し、全体的な計画を策定して、管理することを強化する、と発表した。（「湖南省高校段階の学生募集の秩序を規範化する」『中国教育報』2001年7月6日）

【吉林省】
　今年吉林省の学生応募状況を見てみれば、普通高校は依然として大変人気がある。重点高校の最も高い合格ラインは623.5点に達した。

これに対して、中等専門学校あるいは職業学校に応募する学生は少ない。ほぼ応募すれば入学できる。(一人の農村の中卒の親がこのように語った)「(子供は)よい普通高校に合格すれば学校を続け、合格できなかったら、中等専門学校に行かせない。授業料が少なくなく、また卒業しても仕事が見つからない……」。(「中等専門学校はどうして人気が失ったか」『中国青年報』2002年7月28日)

【青海省】
　統計によると、1998年青海省技工学校の学生募集で、全省28箇所の技工学校のうち、16校で生徒が集まらなかった。残った12校はすべて新入生が100人に足らなかった。全省技工学校の学生入学者数は1997年より50％減った。(栗慶霞「目下、技工教育が直面する問題と対策」中国人民大学書報資料センター『職業技術教育』1999年第6期、p.39)

　このように一方では、職業学校は学生を集め、定められた募集計画を満たすことが困難に陥り、また集まってきた学生の維持も問題となった。他方では、中国の後期中等教育の就学率はいまだ4割を超えず、家計所得の増加に伴って、教育に対する需要も高くなっている。政府は多ルートで経費を調達し、高校教育の拡大を推進することをうたっている。このような状況は、決して職業学校の「学生募集難」は高校段階の教育の供給が需要を上回っていることを意味しないということを示している。上で引用した記事の中にも触れたように、職業学校の「学生募集難」の一つの重要な要因は職業学校卒業生の就職問題である。

3. 技能労働者への需要と供給

　職業学校の卒業生の就職が難しい一方で、「今年両会(全国人民代表会議、政治協商会議)に出席した代表は我が国の製造業での技工の不足に関心を集めた、……」[9]。各地では技能労働者の欠乏が報じられた。

【北京市】

　北京の企業は優秀な技工が大変欠乏しているために、高級ブルーカラーの収入は全般的に上がった。(「組立工の月給は五千元を越えた」『北京青年報』2002年8月9日)

【天津市】

　今現在から、天津での高級技工学校の卒業生の賃金は大学専科の卒業者の基準によって支給する。これは天津労働社会保障局・人事局共に下達した文書に規定されたことである。(「天津：高級技工は大学専科の卒業生の待遇を受けられる」『北京青年報』2002年7月24日)

【上海市】

　名工名匠のような高級技師の鋳型工、製油工、工具組立工、エレベーター組み立て・修理工、電気通信の整備員は収入7〜9万元に達し、一般的な管理職より高く、去年より50％以上の増額である。鍛造工、フライス盤を使う工具、……などの年収の増額も40％とする。(「高級技師の年収が上がり、名工名匠は7〜9万元にのぼり」『新聞晨報』2002年8月7日)

【広東省】

　技術労働者、特に高級技術労働者が非常に不足している。広東省は「高級工を求める行動」を始めた、広州市は他地域の学歴の比較低い人員の定住は厳格にコントロールしたが、近来、高級職業技能資格証書を獲得した技工学校の卒業生に対して、「出身地・単位・時間」を限定せずに受け入れ、本科卒業生以上の待遇を受けさせることにした。(「広東省高級人材の供給が需要に応じきれず、高級工は広州に定住すれば本科卒業生と同じ待遇を受けられる」『中国青年報』2002年6月19日)

【浙江省】
　浙江省の十余りの企業は最高6千元の月給で、必要な熟練技術労働者を募集したが、条件に合う人は見つからなかった。深圳市・青島市で同じ現象が起こった。中国では1.4億の職工の中で、技術労働者は半分しか占めていない。その中で、初級工は60％で、中級工は35％、高級工は5％しかいない。しかも平均年齢は52歳以上である。(「優秀な組立工は修士より探しにくい」『生活時報』2002年4月18日)

【黒龍江省】
　黒龍江省の国営企業では青年技術者の不足と多量の流失という問題を報じた。(「青年技術労働者の断続が国営企業を悩まさせる」『中国青年報』2002年3月2日)

　このように、熟練技術労働者の深刻な不足はあちこちで報じられた。それを満たすために、外国の技術労働者を雇うまでに深刻だった。

　　3月30日の日本の『産経新聞』によると、筑波大学と三和総合研究所などは、「日中技術者交流センターを建設し、企業をリストラされた熟練技術労働者を、中国の企業に派遣することを計画中である」。労働人事部が去年公表した調査は、中国の高級技術者の欠乏が深刻であると述べた。(「日本の高級技工は中国に進出」『中国青年報』2002年4月2日)

　一方では技術労働者への需要は大きい、他方では職業学校の卒業生の就職が難しい。この矛盾をもたらす原因は何なのか？

　　社会では中級技術人材の需要はますます高いにもかかわらず、中級技術者の提供は数、質の両方において低下している。四川省テレビ大手会社長虹企業集団の職業訓練の責任者の話によれば、

中等職業学校の卒業生には、操作能力と一定の技術理論を持つ者が少なく、職業学校教育の質に問題があるとのことである。(「企業は中級技術人材を期待する」『中国教育報』2002年3月11日)

　一部の職業学校卒業生は学んだことを使えず、……操作は農民工に及ばず、理論は大学生に及ばない。……現在大部分の職業技術学校は教科書、カリキュラムが古く、教育方法は単調だという問題がある。……ある職業学校の卒業生は企業の現場につくと、呆然とした。学校で練習した1950、60年代の古い機械と違って、新しい機械についてゼロから勉強し始めなければならなかった。(「操作は農民工に及ばず、理論は大学生に及ばず」『江南時報』2002年5月16日)

教育機会と労働市場の二つの側面での需要と供給のアンバランスの原因について、上海市教育科学研究院智力開発研究所所長は筆者のインタビュー(注:2001年4月5日)に応じて、次のように語った。

　1980年代、職業教育の発展は企業市場の需要に注目して、企業と契約を結んだ。専攻設置は契約による。卒業生の就職はよかった。職業高校に入りたい学生も多かった。
　1990年代から、変化が起こった。職業教育は全国的に政府の政策・指令によって拡大してきた。職業高校の割合が高い地域は評価され、学校は政府の指令によって行動する。結果として、(職業教育は)市場から離れた。職業教育にはいくつかの問題があった。
　まず、職業高校の「普通高校化」である。管理・投資・基礎課程の設置の面で普通高校と同じ基準を要求する傾向がある。そして、カリキュラムの問題で、職業高校のカリキュラムは多様であるべきである。もう一つは教員の問題である。上海市では技術発展が速いので、教師も追いつく必要がある。しかし、(教員の知識)は新しい産業に追いつかず、技術的に遅れている。

さらに、教育外部の問題が幾つかある。第一に、(労働者に対して)基礎知識への要求が高くなっている。職業高校生はもともと学力が低い。第二に、企業から見れば、(職業高校の卒業生は)適応能力は低い。(職業高校への進学を)両親も望ましく思っていない。第三に、大卒との賃金格差の問題である。大卒と比べて、高卒の賃金は遙かに低い。近年高等教育が急速に拡大して、上海の普通高校卒の大学への進学率は70％に達している。第四に、労働力の流動化によって、上海では、職業高校卒業生の仕事は他省から入ってきた廉価労働力によって供給されているか、あるいは就職ポストは大卒特に専科大卒、短期職業大学卒業生に奪われている。

第4節　中央レベルの政策の制約

　経済発展に寄与することをスローガンとして職業教育の拡大が進められた。職業教育拡大政策は職業教育拡大の目標値を打ち出し、マクロ的な実施策を策定し、行政的な力によって推進された。しかし、教育改革による管理運営権の下部移譲、財政改革による中央財政支出能力の弱体化によって、職業教育拡大の実現に関する職業教育の管理・運営と職業教育拡大を裏づける財政支出は、実際には全て下級政府に依拠する状況になっているのである。

　以上の議論を、整理すれば以下のようになろう。

　1970年代末から中等レベルの職業教育の拡大は教育政策の主な柱となってきた。職業教育拡大政策の背景としては、経済発展に必要とされる中級レベルの人材を養成するという経済的な要因と、大学受験競争を緩和するという社会的な要因があった。また、計画経済時代には、旧ソ連をモデルにして作られた中等専門学校と技工学校は、経済発展計画によって、計画的に中級技術者・管理者を養成し、経済回復・発展に必要な人材を供給して、一定の成果を収めた。このような背景・経験から、中等レベルの職業教育を拡大する政策的志向が強く示された。中央レベルの職業教育政策、経済発展計画の中で、職業教育の拡大によって、経済

発展を促進するという目的が強くうたわれていることが明らかである。職業教育によって、「三級分流」を行い、大学受験競争を緩和させるということはもう一つの重要な政策の目的であった。

しかし、中等職業教育は急速な拡大を遂げたと同時に、その拡大が孕んでいた様々な問題が現れてきた。1990年代末から、職業教育の拡大政策は修正せざるを得なくなった。

中央レベルの政策の問題点を考える際に、まず中央レベルの政策には二つの大きな制約があることを指摘せざるを得ない。一方では上述の目的で、職業教育の拡大方針を打ち出したが、他方では、国家からの投資を必要とする分野が多く、経済体制の改革によって、財政的な権限が弱体化され、職業教育に対する直接の投資ができず、職業教育を拡大するために必要とされる財政的な補助が国から保障できない。もう一つの大きな制約は社会・経済的なコンテクストによるものである。計画経済時代においては、中央政府が国民経済の将来について、総合的な計画をもち、それが必要とする技能労働力を過不足なく供給するための総合的な計画を作成し、それにしたがって職業教育をおこなった。このような人材養成のやりかたはまだ根強く残っており、職業教育拡大志向の土台となっている。しかし、計画経済から市場経済への移行によって、経済成長について整合的な計画自体が困難となり、労働力需要の予測の有効性を大きく減じている。しかも、職業学校は各レベルの政府の様々な部門に所轄されているために、それが計画的に調整されるとは限らない。

中央政府は職業教育を拡大するために、具体的目標を示した。さらにこの目標を実現するために、職業教育の教員の養成、財政問題を解決する方途、職業高校卒業生の就職等多くの側面にわたって、具体的な施策を示した。しかし、これを実現するのは地方政府である。

このように中央レベルの職業教育拡大政策には次のような特徴と問題点が見られる。すなわち、中央政府は職業教育拡大政策を打ち出したが、中央政府自体はそれを実現する財政的な手段をもたないために、主に行政的な権威によって、推進せざるを得なかった。また、1980年代から1990年代には職業教育拡大に、より高い目標を掲げたが、これについては十

分な根拠を示したとは言えず、ふり返って見れば政策としての合理性に疑問が生じることは否めない。職業教育拡大に関しては、農村と都市部、さらに、経済発展地域と低発展地域という地域別に異なる目標を示した。しかし、膨大な人口と様々な労働・経済事情、社会的需要を持つ各地域に対して、このような区分は画一的であると言わざるを得ない。さらに、財政的な制約によって、中央レベルから職業教育の実際に対する実効性のあるコントロールはできない。結果として職業教育の量的な拡大を求める中で、職業教育の質に関して、中央レベルの監督は弱まらざるを得なかった。こうした問題が政策の具体的な実施の上でどのような影響を与えたかについては以下の章で分析する。

注

1) 中国教育年鑑編集部編、1985年『中国教育年鑑 1980～1984』人民教育出版社、p.96。
2) 教育部・労働人事部・財政部・国家計画委員会、1983年「都市部の中等教育構造を改革し、職業技術教育を発展することに関する意見」。
3) 中共中央、1985年「教育体制の改革に関する決定」。
4) 国務院、1991年「大いなる職業技術教育の発展に関する決定」。
5) 孫琳、1997年「"八五"職教発展回顧」『職業技術教育』6、p.27。
6) Campbell, Robert, and Barry N.Siegel, 1967"The Demand for Higher Education in the United States, 1919-1964," *The American Economic Review*, Vol.57,pp.482-494.
7) Becker G.S.,1975,*Human Capital, Second Edition*, New York,Columbia University Press, p.9.
8) 例えば、次の研究がある。山本眞一、1979年「大学進学希望率規定要因の分析」『教育社会学研究』第34集、93-103頁、天野郁夫・河上婦志子・吉本圭一・吉田文・橋本健二、1983年「進路分化の規定要因とその変動―高校教育システムを中心として」『東京大学教育学部紀要』第23巻、1-43頁。矢野眞和、1984年「大学進学需要関数の計測と教育政策」『教育社会学研究』第39集、216-228頁。藤野正三郎、1985年『大学教育と市場機構』岩波書店。金子元久、1986年「高等教育進学率の時系列分析」『大学論集』第16集、41-64頁。
9) 中等職業学校の中で、中等専門学校と技工学校は1950年代旧ソ連モデルで作られた学校で、この二種類の職業学校は従来授業料が徴収されず、しかも、学生は全寮制、補助金を受けられた。1990年代教育改革を行い、この二種類の職業学校は職業高校と同じく、授業料を徴収するようになった。
10)「技工学校の生き残り」『中国教育報』2002年9月2日。

第4章　山東省における職業教育政策

　この章では、省レベルでの職業教育拡大のメカニズムを明らかにするために、インタビュー調査、資料、及びマクロデータの分析に基づき、山東省の事例を分析する。まず、山東省における職業教育拡大の背景を概観し(第1節)、その上で、職業教育拡大政策・施策・措置を整理、分析する(第2節)。さらに山東省の市別のクロスセクション・データについての分析によって、職業教育拡大の規定要因を明らかにする(第3節)。最後に省レベルの政策の問題点を述べる(第4節)。

第1節　職業教育拡大の背景

　この節では山東省の経済成長と教育発展を概観して、中国における山東省の位置づけ、及び職業教育拡大の背景を明らかにする。

1. 経済成長と産業構造の変化

(1)山東省の概観

　山東省は魯と略称し、面積は15.67万平方キロメートル。黄河の下流、中国の東部沿海に位置し、半島部と内陸部に分かれる。山東半島は北が渤海、東と南が黄海に面した中国の最大の半島である。海岸線は全国の六分の一を占め、広東省に次ぐ。内陸部は河北・河南・安徽・江蘇と隣接する。

　山東省は中華文化、儒教の発祥地であり、「文の聖人」と尊ばれる孔子、孟子、「武の聖人」と崇められる孫子、諸葛孔明の故郷でもある。

　山東省の人口は2000年に9,079万に達し、全国で2番目の「人口大省」である。山東省は済南・青島・烟台・威海等を含む17の市(地区)、139の県

140 第1節 職業教育拡大の背景

図4-1 中国における山東省の位置

(区)、1,917の郷鎮がある。最も主要な二つの都市は、山東省の中西部の内陸に位置する省都の済南市と東南部の沿海に位置する青島市である。

山東省は早く改革開放政策が実行された地域である。1984年に青島・烟台市が、1988年には威海市が沿海開放都市に指定され、国家級の経済技術開発区が建設されている。また、1988年に44の市・県・区、全省面積の40％が「山東半島沿海経済開放区」として指定され、対外開放が山東半島全域に広げられた。1991年には済南・威海市が、1992年に青島・濰坊・淄博市が国家級ハイテク産業開発区の建設を認可された。他方、1980年代には、山東省は郷鎮企業の発展が中国北方では最も早かった。1980年代には外資の導入は少なく、外資が山東省に大量に進出してきたのは1992年以降のことである。

改革開放以来、山東省の各産業は多くの年に成長が見られ、特に第三次産業、第二次産業が大きい。GDPに占める各産業の割合の時系列の推移を見ると(図4-2)、第一次産業が縮小し、第三次・第二次産業は拡大してきた。2001年に、この割合は第一次産業14.4％、第二次産業49.3％、第三次産業36.3％となっている。また第二次・第三次産業の中で、郷鎮企業・個人企業の成長は目覚ましいものであった。2001年に非公有制経

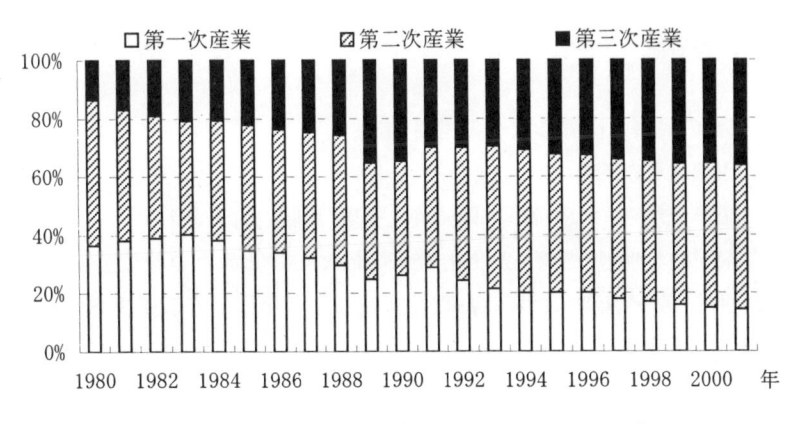

図4-2　山東省の産業別GDP構成の推移(1980～2001)

データ出所：山東省統計局『山東省統計年鑑』山東省統計出版社、1999年。山東省統計局、1999年、2000年、2001年「山東省国民経済と社会発展公告」。

済の国民経済に占める割合は32.6％に達している[1]。

(2)全国における位置づけ

　山東省は改革・開放以来高い経済成長を遂げた。特に1990年代以降全国の平均より高い成長率を保ちつづけた。第九次五カ年国民経済発展計画期(1995～2000年)に、国内総生産が平均11％の増加率を実現し、経済発展に大きな伸びを見せた地域の一つである。農業・工業ともに中国の各省の中で高い水準にある。表4-1に示すように、第三次産業の生産

表4-1　国民経済における山東省の位置づけ(1998)

	山東	全国	全国に占める割合(％)
人口(万人)	8,838	124,810	7.1
就業者数(万人)	5,288	69,957	7.6
GNP(億元)	7,162	7,955	9.0
GNP／人(元)	8,128	6,404	
第一次産業(億元)	1,216	14,299	8.5
第二次産業(億元)	3,457	39,150	8.8
第三次産業(億元)	2,489	26,104	9.5

データ出所：山東統計局『山東統計年鑑 1999年』山東統計出版社、2000年。

は全国の中で高い割合を示している。1993年から2000年の間、山東省の国内総生産は8年連続全国の第三位を保っている。

2. 教育の発展と高等教育への需要
(1)教育発展の概観

1980年代から、山東省政府は「科教興魯」(科学技術・教育によって山東省を振興する)戦略を打ち出し、経済発展における教育の地位を強調し、教育管理・教育構造・教育内容・教育方法などの全面的な改革を始めた。山東省は経済発展を遂げるとともに教育に対する投資も拡大してきた。図4-3に示したように、1970年代末から、政府の文教・科学・衛生事業への支出が成長し始め、特に1990年代に入ると、急成長をみせた。2000年に、教育経費の総支出、予算内教育経費支出は全国の第三位となっている。政府以外に各業界・民間の教育投入も増えた。各レベルの教育は変貌し、全国でも教育発展の著しい地域である。

2000年の小学校入学率は99.8％で、卒業生の中学校への進学率は、全国平均の94.9％を越え98.3％に達し、省内の139県全てに「九年義務」教育を普及させた。中学校の進学率は47.2％であり、全国平均の46.7％より高い。各種類の中等職業技術学校は1,029校で、在学者数は91.9万人である。そのうち、中等専門学校は243校、在学者数33.3万人、職業高校は484校、在学者数は42.4万人、技工学校は302校、在学者数は16.2万人である。職業学校の在学者数は後期中等教育の約50％を占めている。普通高等教育機関は58校で、在学者数は31.2万人である。2000年学生募集数は12.5万人で、全国の第3位となっている。

山東省の教育は1980年代から大きな発展を遂げた。しかし、山東省は孔子の里として、「文革期」特に「批林・批孔運動」の中で教育の被害の大きい地域であった。しかも人口が多い「人口大省」であるために、2000年に国民総生産は全国の第3位であったが、一人当たりになると、**GNP**は全国の第9位、教育経費は13位で、財政的教育経費と予算内教育支出は全国の17位となった。各レベルの入学者数・在学者数は大幅に増加した。しかし、後期中等教育への進学率はまだ50％を越えず、高等教育の供給

図4-3　山東省財政的文教・科学・衛生事業支出の状況(1976～1998)

注：山東省統計局『山東省統計年鑑 1999年』2000年から算出。

と進学需要とのギャップも大きい。

(2)高等教育の高い選抜性

既に述べたように、激しい大学受験競争の緩和は職業教育拡大政策の一つの背景である。ここで山東省の大学の選抜性について触れておきたい。中国では1977年に大学入学試験が再開されて以来、全国の大学進学志願者が同じ時間、同じ試験問題で受験するという、大学統一試験制度が行われている。

しかし、大学入学合格ラインは省・市によってかなりの差がある。これは国家の大学募集計画によって、各省・市に入学定員が設定されているからである。このような枠を設定する理由は主に二つあった。第一に、効率の観点から、大学の数が多い都市の入学定員数の枠を相対的に大きくする。第二に、機会均等の観点から、少数民族が中心となっているか、あるいは教育水準が低い省・地区でも一定の割合の学生を入学させるために、これらの省・市の大学入学合格ラインを低く設定する。これ以外

表4－2　全国と山東省の「全国大学統一試験」の合格率(万人、％)

	全国			山東省		
	募集数	応募者数	合格率	募集数	応募者数	合格率
1997	100.04	284.27	35.2	6.46	26.53	24.3
1998	108.36	320.22	33.8	6.13	29.67	20.7
1999	159.68	340.44	46.9	8.24	31.27	26.4
2000	220.61	388.48	56.8	13.52	35.09	38.5

注：中華人民共和国教育部発展規画司『中国教育統計年鑑』1997～2000年各年版、人民教育出版社1998、1999、2000、2001年。山東省のデータは山東省教育庁の資料による。

の省、特に山東省のような教育水準が高く、大学進学志願者が多い省の大学入学合格ラインは高くする。これらの結果として、「公平性があるべき大学受験は中国で大きな教育機会の不平等を生み出す根源」となっている。

　各省の大学入学合格ラインはかなりの格差がある。山東省と北京市を比べれば、1999年北京大学文系と理系それぞれの入学合格ラインは、山東省が854、839に対して北京市は575、613である。1998年清華大学の入学合格ラインは、山東省が857に対して、北京市では598である。山東省の受験者は省の重点大学に合格できなくても、かりに彼らが北京出身であったとすれば北京大学・清華大学に入学できる。このような制度の下で当然ながら、各省の「全国大学統一試験」の合格率にも大きな格差がある。表4－2に示すように、山東省と全国の合格率の間に大きな開きがあり、2000年に山東省は38.5％で、全国の56.8％より遥かに低い。これに対して北京市・上海市の合格率は7割を超えた。

　このように、山東省は一方では全国において経済発展が急速的な発展を遂げた地域であり、経済発展に伴って中等レベルの技術者が必要とされ、他方では、大学進学競争が全国で最も激しい地域の一つである。

第2節　山東省の職業教育政策

　この節では、山東省における職業教育政策の経緯、経済発展における

職業教育の位置づけを述べ、職業教育拡大の制約とこれに対する措置を整理し、職業教育の量的な拡大を概観する。

1. 職業教育政策の経緯

　改革開放以前、山東省の職業教育の発展は全国の他の地域と同じく、激しい政治的変化により二転三転してきた。1965年山東省の中等職業学校の在学者数は中等教育機関の在学者数の50.8％を占めたが、文化大革命終結後の1976年に4.6％に落ちた[2]。

　十年にわたった文化大革命が終結した後、失われた十年を取り戻し、速く経済発展を遂げようという強い願望から、山東省は1995年の国民総生産を1980年の２倍増とする経済発展目標を打ち出した。しかし、労働力の質の低さと、中級・初級技術者の不足が認識され、中級レベルの技術人材の養成が急務とされた。他方では山東省の大学進学競争の問題も噴出した。山東省の大学入学合格ラインの点数は全国の平均値より遙かに高く、そのために省内の一部の市・県は進学率を確保するために授業時間の延長、受験と関係がない授業科目の削除などの方法をとった。特に大学受験のために「複読」(卒業後、受験の準備のため、学校に残り勉強を続ける)者が大量に生み出された。1980年代に一部の市・県に対して行われた調査結果によれば、大学受験の合格者の中に「複読」者が60％を占めていた。しかもこの問題はより下の段階の前期中等学校にも蔓延した。1983年の調査によると、省内中学校三年生の中で、「超齢生」は83.7％となっており、この中での多数は大学進学の可能性が高い重点高校へ進学するための「複読」者であった[3]。

　このような現象を是正するために、1982年山東省教育庁は『全日制大学受験のための補習クラスの禁止に関する通達』と『中等学校が浪人を対象とする全日制進学補習クラス禁止の再言明に関する緊急通達』を下した。

　この問題は山東省だけではなく全国の多くの地域の中等教育にも起こったことであった。翌年、教育部は『全日制普通中等学校が党の教育方針を全面的に貫徹し、偏って進学率を求めることの是正に関する十項の規定』を下達し、山東省はこの規定に基づき各市に対して検査を行っ

た。1987年山東省教育庁は『普通中学校の教育の指導思想の正すことに関する基本的要求』を再び提出し、受験教育の是正と学生の徳・智・体の全面的な発展を求めた。

当時の状況について、山東省教育委員会の職業教育の責任者は次のように語った。

> （文革直後）高校段階ではほぼすべて普通高校だったので、大学進学競争は激しかった。他方で経済発展に必要な中級レベルの技術者は大変欠乏していた。中等教育の構造は単一で、不均衡であった……職業教育を発展させることによって、大学進学以外の道が開かれ、大学進学の競争を緩和する効果があった。近年は普通高校の定員数と大学定員数の比率を基本的に4：1と設定している……山東省の職業教育は1979年から中等教育構造改革を通じて発展してきた。発展のスピード、規模は全国でトップグループにある。（職業教育は）社会に大量な人材を送り込んだ（1997年インタビュー）。

職業教育は経済発展に必要な大量の中級レベルの人材を養成し、進学できない学生に一つのルートを開き、社会的需要にも寄与する役割を大きく期待された。この点が、職業教育拡大政策が急速に実現した原因である。上述した背景と職業教育に対する期待が、山東省が全国より中等教育構造の改革、職業教育の拡大において先行する主要なモチベーションとなった。

山東省は全国より一足早く、1979年4月に『中等教育構造改革に関する意見』を発表した[4]。同『意見』は中等専門学校・技工学校を復活・拡大し、都市部職業高校を発展させ、県ごとに一カ所の普通高校を農業技術高校へ改組することを指示した。この年まず済南市・青島市において、テストケースとして都市部の普通高校に職業クラスを附属させ、37学級を設け、408名の新入生を募集した。同年山東省革命委員会教育局（元山東省教育庁）と農業局は共に通達を下し、30校の農村普通高校を農業技術学

校に改組し、約3,000名の学生を入学させた。

　1980年に済南市は独立した職業高校の設立を開始した。1980年中央政府は『中等教育構造改革状況要旨』(教育部)を発表し、その中で、山東・遼寧・江蘇・福建省の中等教育構造改革の状況を紹介した。山東省の中等教育構造の改革は全国の先頭に立っていたことが分かる。国務院が教育部・国家労働総局の『中等教育構造改革の報告』を発したのは翌1980年10月のことだった。この報告を実施するために、翌1981年山東省人民政府は省計画委員会・教育庁等5部門の『中等教育構造をさらに展開させることに関する報告』を承認し、通達した。この報告は教育経費・教員・実習先・卒業生の進路について、より具体的に規定し、省人民政府は「実際の需要と可能性に従って、積極的に、強固かつ適切に多形式な職業教育を展開させる。短期間に、全省の職業教育を数量的に大きく発展させ、質を高め、中等教育の構造を次第に四つの現代化建設の需要に適応させる」と指示した。

　職業教育拡大政策を推進するために、中央政府はモデル省を選び、その経験を全国に紹介、推薦すると共に、各省もそれぞれのモデル市を選び出した。1982年山東省政府は青島市政府の『職業高校を発展させ、中等教育構造を改革する状況に関する報告』を各市に通達し、「各レベルの党委員会と政府は青島市のように、中等教育構造の改革の工作を、指導者の議事日程に組み入れ、措置を講じ、真剣に取り込む」ことを指示した。1982年7月、省委・省政府は省中等教育構造改革指導組『農村中等教育構造を加速的に改革する問題に関する報告』を通達し、農村において職業教育を加速的に発展させることを強調し、農村部の学校の運営、教師・経費問題の解決方法を提案し、1985年までに農村の職業学校の学生募集数が高校段階に占める比率を40％とする目標を打ち出した。その直後、教育部はこの『報告』を各省に通達し、山東省の農村中等教育改革の経験を評価した。1983年、『中共山東省委・省人民政府の農村学校教育の強化と改革に関するいくつかの問題の決定』が制定された、この『決定』は、「1985年に、省内では農村の各種技術中等学校は約580校に、都市の職業中等学校は約550学級に、在学者数は約14万人に達し、中等専門学

表4－3　山東省における職業教育政策に関する主要年表

年	政策主体・文書名
1979	省教育局『中等教育構造改革に関する意見』中等職業教育を拡大させる五つの措置
1979	省教育局・農業局『県毎に一ヶ所の普通高校の農業技術高校へ改組に関する報告』
1981	省政府・省計画委員会・教育庁等5部門『中等教育構造のさらなる展開に関する報告』
1982	省中等教育構造改革指導組『農村中等教育構造を加速改革する問題に関する報告』
1982	省計画委員会・労働局・教育庁『今後雇用の際にまず専攻と一致あるいは接近している職業技術学校の卒業生から雇うことに関する通達』
1983	省委・省政府『農村学校の教育の強化と改革に関するいくつかの問題の決定』
1984	省委・省政府『農村中等技術教育の加速に関する決定』
1985	省教育庁『普通高校の盲目的な発展の厳格な管理に関する通達』
1986	『山東省委・人民政府「中共中央教育体制改革に関する決定」を貫徹する意見』
1986	『山東省"七五"期(1985～1990年)社会主義精神文明建設規画』
1987	『山東省職業教育工作条列』
1987	省教育庁・省計画委員会・省経済委員会・省財政庁・省労働局・省人事局『職業技術教育のさらなる発展に関する意見』
1988	省教育庁・多種経営郷鎮企業局『普通中等専門学校、職業中等専門学校の農村経済建設のための人材養成に関するいくつかの意見』
1989	省教育委員会・計画委員会・科学技術委員会・財政庁・労働局・農業局・多種経営郷鎮企業局『職業技術教育のさらなる発展に関する意見』
1991	『山東省教育事業"八五"計画と十年規画』
1992	省政府『中等以下教育発展と改革に関する意見』
1992	省教育委員会『我が省の職業教育の加速的な発展に関する意見』
1994	省委・省政府『山東省「中国教育改革と発展要綱」の実施意見』
1997	省委・省政府『大いなる職業教育の発展に関する決定』
1997	全省職業学校の配置の調整に関する会議が開かれた

校と技工学校を加えた在学者数は、高校段階の40％とすることに極力努める」と述べた。翌年、中共山東省委・省人民政府はさらに『農村中等技術教育の加速に関する決定』を下達した。この『決定』は、農村中等技術学校の在学者数の、高校段階の在学者数に占める割合を、1985年に40％、1990年に60％、1995年に60％以上に達成させる目標値を掲げた。

　1983年に60カ所の普通中等学校を農業技術学校に改組し、1984年にさらに60カ所の普通中等学校を職業学校に改組した。1985年まで省内合わせて、300余りの普通高校を農業技術学校に改組した。このように職業教育発展の初期において、職業教育の拡大は主に普通高校から農業技術

学校への改組によって実現された。

　他方では職業教育を拡大させるために、普通高校の発展は厳しくコントロールされ、従来の普通高校の一部は職業高校へ改組され、一部は中学校へと降格された。山東省の経済・社会発展の「第六次五カ年計画」では、普通高校の在学者数は36万人と制限され、1983年では全省の普通高校は1977年の4,891校から903校に減少し、在学者数は1977年の134.7万人から37.1万人まで縮小したのである。

　しかし、このような普通高校の抑制と職業高校の急速な拡大政策に抵抗がないわけではなかった。一部の地域では職業教育の発展に消極的で、普通高校学生定員の規模が拡大する現象が現れた。1984年に普通高校の入学者数は前年より6万人増え、1985年さらに5万人増加した。このような状況に対して、山東省教育庁は1985年6月に、『普通高校の盲目的な発展の厳格な管理に関する通達』を発した。省政府の指示した普通高校の学生募集計画を適切に実施し、計画を越えて学生を募集する場合は、省教育庁に報告し、審査・承認を得る必要があり、一定の時期にさらなる新しい普通高校を設置することを禁じる、と指示した。その後各県市の普通高校発展の趨勢は抑制された。1986年、普通高校は前年より7校減少し、入学者数は8千人削減した。1987年には普通高校はさらに17校を減少した。入学者数は3千人減少したが、これは必ずしも問題の解決に至らなかった。「教育界では、少なからぬ人々が普通教育・進学教育こそが教育の正統、本分であり、職業技術教育は非正統で、本分以外のことである、と考えている。……一部の地域では普通高校を職業高校へ改組する中で、『改劣不改好、明改暗不改』(劣質の学校を改組するが、よい学校を改組しない。表面的に改組するが、実際に改組しない)、教員・設備を長期的に充実・強化せず、普通高校のやり方で学校を運営し、さらに学生の曲線進学(別ルートでの進学)を導く等」[5]の現象が依然として存在した。

　1985年には中共中央の『教育体制改革に関する決定』が公表され、その後全国的に職業教育が大きく発展し始めた。1986年、山東省では教育会議を開き、『中共山東省委・山東省人民政府「中共中央の教育体制改革に

表4－4　中央政府と山東省政府の1990年、2000年職業教育発展の目標

中央	山東省
中等教育の構造を調整し、職業教育を大いに発展。約五年間で多数地域での各種類高校段階の職業学校の学生募集数を普通高校の学生募集数と等しくさせ、目前の中等教育構造の不合理な状況を転換 ——中共中央『教育体制改革に関する決定』（1985年5月27日）	1990年までに、全省各種類職業学校は18.5万人を入学させ、高校段階の学生定員数の55.2％ ——『中共山東省委・山東省人民政府「中共中央の教育体制改革に関する決定」を貫徹する意見』（1986年1月10日）
2000年までに我が国教育発展の目標と任務……2000年に各種類の中等職業学校の学生の入学者数と在学者数の高校段階のそれぞれに占める割合は、全国で平均約60％、高校段階の教育が普及した都市では70％ ——国務院『「中国教育改革と発展要綱」を実施する意見』（1994年7月3日）	2000年までに、……、各種中等職業学校の在学者数を130万人とし、高校段階の在学者数の65％ ——中共山東省委・山東省人民政府『山東省「中国教育改革と発展要綱」を実施する意見』（1994年）

関する決定」を貫徹する意見』が採択された。同『意見』は職業教育の経済発展における重要な戦略的意義を強調し、職業教育の業績が各レベルの政府機関の業績を評価する上での一つの指標であるとした。また、1990年までに各種職業学校の学生の入学定員数と在学者数を、高校段階の学生それぞれの55.2％、50％とする目標を打ち出した。これは中央の1990年までに「多数の地域で各種高校段階の職業技術学校の学生募集数を普通高校の募集数と同等にさせる」という目標値を上回るものであった。1986年には『山東省「七次五カ年計画」期（1985～1990年）社会主義精神文明建設規画』が策定され、1990年までに全省高校段階の学校に占める職業学校学生募集数の割合は55％、在学者数の割合は50％とする目標値をも示した。

　1987年、全国の教育法がまだ制定されていない状況の中で、山東省政府は全国に先立って職業教育についての地方法規である『山東省職業教育工作条例』を制定した。この『条例』は職業学校の設置と審査・許可、管理体制、教育、教員、経費、学生募集、卒業と卒業生の採用・待遇・賞罰などについて、法律的に規定したものである。1990年に、山東省中等職業学校の在学生数は目標値を越え、高校段階の在学生数の51.3％を占めた。

1991年に策定された『山東省教育事業"八五"計画と十年規画』では、1995年までに職業学校の在学者数は高校段階の在校生の55％とする目標を設定した。1992年山東省人民政府は『中等以下教育の発展と改革に関する意見』を通達し、中等教育の発展に関して「本世紀末までに、各種の職業高校の在学者数を130万人、高校段階の在学者数の65％とする」目標を示した。1994年に中共山東省委員会・山東省人民政府は『「中国教育改革と発展要綱」を実施する意見』を各地・市・県・各部門に下達し、2000年までに職業高校の在学生数を高校段階の65％とする目標を示した。これは、国務院の『「中国教育改革と発展要綱」の実施意見』に示された60％の目標値より高い。

上述したように、山東省では職業教育拡大の背景が中央政府の政策の背景と合致したために、山東省における職業教育の拡大は全国に先がけるものだった。しかも、職業教育発展の初期では職業教育の発展を実現するために、中央の政策を待たずに地方の政策を作り出した。しかし、中央の職業教育拡大政策の進行に伴って、山東省は中央の政策目標を追いかける状況となった。表4－4に示した中央と省の職業教育発展の目標を比べれば分かるように、中央の政策に対応する「貫徹」・「実施」意見は、中央が示した全国の平均目標より5割高い目標値を掲げた。これは中央の政策により、経済発展地域としてより高い目標を求められたことも反映している。

省政府の指示を受け、山東省教育委員会は『我が省の職業教育の加速的発展に関する意見』(1992)を通達し、各市(地区)に国務院が提出した職業技術教育を大いに発展させる方針を貫徹・実行することを求め、経済発展水準によって市別の職業教育拡大の目標値を次のように示した。「1993年に中等職業学校の在学者数が高校段階に占める割合を、烟台・威海・青島・濰坊・淄博・済南市等経済発展が比較的に速い地域では60％以上、東営・棗荘・泰安・濱州・徳州市等の地域では55％、他の地域では50％、全省では56％とする」。

1995年から、山東省は職業教育の質の向上、職業学校における重点学校の建設に力を入れた。省教育委員会は、2000年までに、県・市・区毎に

表4－5　中等職業学校在校者数の規模変化（人／校）

	中等専門学校		技工学校		職業高校		平均	
	全国	山東	全国	山東	全国	山東	全国	山東
1990	563	629	318	446	323	456	401	510
1991	580	646	333	-	328	518	414	-
1992	617	677	354	-	346	541	439	-
1993	712	768	388	524	365	636	488	643
1994	802	916	422	522	395	740	540	726
1995	919	1,061	418	542	440	783	592	795
1996	1,031	1,137	429	518	465	807	642	821
1997	1,123	1,235	439	628	502	868	688	910
1998	-	1,288	-	612	-	916	-	938

注：教育部規画司『中国教育統計年鑑』人民教育出版社、労働部「中国労働統計年鑑」中国統計出版社各年版から算出。

　一箇所の規模が大きく、施設完備で、地方の特徴がある中堅的職業学校あるいは職業教育センターを建設し、60校の職業学校は国家級重点学校、100校は省級重点学校の水準に達する、という「161企画」を提出した。1996年『中華人民共和国職業教育法』が公布され、これを貫徹するために翌年省委・省政府は『大いなる職業教育の発展に関する決定』を制定した。この『決定』では、2000年までに、各種の中等職業学校の在学者数を高校段階の60％以上とする目標を示し、高等職業教育を大いに発展させることを提案した。1997年に、青島市で「全省職業学校の配置を調整することに関する会議」が開かれた。青島市は5校の中等専門学校の合併を推進し、職業学校の効率性を高めることをうたった。1998年に、40校の職業学校が整理統合された。

　1990年代から山東省の職業学校の規模は大きくなり、各類型の職業学校の在学者数規模は全国のそれぞれを越えている（表4－5）。

2. 職業教育の位置づけ

　上述したように、山東省では1970年代末から職業教育拡大政策が次々に出された。職業教育の拡大は政府の政策方針を示す『政府の工作報告』

の中でも触れられてきた。

表4－6に示すように、1980年代末から、各年の省『政府の工作報告』は、教育に経済発展にとって重要な位置づけを与え、職業教育の発展を強調してきた。1990年代前半まで、職業教育の発展は中等職業教育学校の発展に重点が置かれた。しかし、その後は多様な形態の職業教育を発展させる方針を提起し、1999年の『報告』では、中等職業教育を安定させ、高等レベルの職業教育を大いに発展させる方針を打ち出した。2000年から、職業教育は全国民の資質を高めるための、生涯教育の一環として扱われる傾向が見られ、後期中等教育規模の拡大は教育発展の重要な目標

表4－6 山東省政府工作報告の中での職業教育

年	主な内容
1988	【「科教興魯」の戦略的思想を確立】計画的に中等・高等教育を発展。普通教育を固め、教育の質を高めると同時に、**職業技術教育・成人教育……を強化。1992年に全省各種類の中等職業技術学校の在学者数は高校段階の50%以上**、労働者全体の質を顕著に高める ——『1988年政府工作報告』
1989	【「科教興魯」方針を突っ込んで貫徹】教育投資を増大。教育の構造、学科比率を調整 ——『1989年政府工作報告』
1991	【「科教興魯」、科学・教育をまず振興しなければならない】引き続き多レベル、**多形式の職業技術教育を大いに発展**、高等教育を改善、成人教育を積極的に発展。在職訓練を大いに展開…… ——『山東省国民経済と社会発展の十年計画及び第八次五カ年計画要綱に関する報告』
1992	【科学技術は第一の生産力。経済を振興するために科学技術教育を先ず振興】 基礎教育と**職業技術教育を強化**、高等教育を着実に発展、積極的に成人教育を整備、……。各級政府、各業界と企業・事業部門は生産を扱うように職業技術教育と職工訓練を扱い、職工陣の資質を高める ——『1992年政府工作報告』
1995	【教育を優先的に発展する戦略地位に置く】 全面的に「中国教育改革と発展要綱」を貫徹・実施。……高等教育の構造を改革、管理を強化、市場経済発展の需要に適応。……**中等と高等職業教育を強化、成人教育を大きく発展** ——『1995年政府工作報告』
1997	【引き続き、教育を優先的に発展させる戦略的地位に置く】 **職業教育と成人教育を大きく発展**、社会は学校を運営するルートを広げ、生産・建設・管理とサービスの第一線により多くの実用的な人材を養成。高等教育の管理体制の改革と構造調整を積極的に推進 ——『1997年政府工作報告』
1999	【教育を優先的に発展する戦略的地位に置く】 **職業教育を積極的に発展。中等職業教育を安定させる上で、高等職業技術教育を大いに発展**。……高等教育の改革と発展を加速……。……高等教育の学生募集規模を拡大、大学試験の合格率を約40% ——『1999年政府工作報告』
2001	"十五"期の工作の重点 科学技術教育の発展と人材陣の建設を加速 高校段階の教育規模を拡大、都市部の市区と経済発達した県・市では高校教育を普及。高等教育の資源配置を合理化、学生定員の規模を拡大、高等教育の粗就学率を13%に。生涯教育システムを改善し、**各類型の職業教育と成人教育を積極的に発展**し、ネット式の遠距離教育と各種の在職訓練を展開 ——『山東省国民経済と社会発展第十次五カ年計画の要綱に関する報告』(2001年)

注：太字は筆者による強調。

表4－7　山東省高校段階の学校類型別在学者数・入学者数の変化(人、%)

		1995	2000	年増加率
在学者数	職業高校	143,700	147,084	0.47
	中等専門学校	95,442	93,493	−0.41
	技工学校	70,251	48,008	−7.33
	職業学校計	309,393	288,585	−7.00
	普通高校	230,122	425,643	13.09
入学者数	職業高校	398,408	424,354	1.27
	中等専門学校	258,801	333,184	5.18
	技工学校	169,023	137,718	−4.01
	職業学校計	826,232	895,256	2.00
	普通高校	625,823	1,086,363	11.66

注：山東省教育庁の資料による。

とされた。

　このような政策の変化は職業教育発展の実態にも反映されている。表4－7は山東省第九次五カ年計画期(1995～2000年)における高校段階各種の学校の在学者数及び入学者数の変化を示すものである。在学者数を見てみると、この五年間で、在学者数は職業学校では年平均7％減少したのに対して、普通高校では13.1％増加した。入学者数は、職業学校の2％増に対して、普通高校は11.7％増加した。

3. 職業教育拡大の制約と対策措置

　職業教育を拡大するためには、専門科教員・経費・施設、すなわち「人・財・物」の三要素の不足がボトルネックとなる。これらの問題を解決するために省政府はどういう措置をとったか。

(1)専門科教員の養成・配置

　職業高校拡大の初期において、多数の学校は普通高校から改組されたものであった。したがって専門科教員の大量の拡充が必要とされた。有資格教員を速やかに養成することが緊急の政策課題となった。

　教員不足の問題は職業教育拡大の初期における全国的に普遍的な問題

であった。中共中央『教育体制改革に関する決定』(1985)では、職業教育を論ずるにあたって、教員問題について次のように述べている。「教員の深刻な不足は、当面中等職業技術の発展におけるきわだった矛盾である。各組織や部門が運営する学校は、とりあえず独自に専門科目の教員問題を解決し、同時に外部から教員・科学技術者を兼任教員として招いてもよいし、専門技師・熟練職人から技能伝授をしてもらってもよい。若干の職業教育教員養成の高等教育機関を設置し、また関係大学、研究機関は全て職業技術教育の教員を訓練する任務を負い、専門科目の教員について一定の安定した供給源を確保しなければならない」。翌年、国家教育委員会は『職業技術学校教師陣の建設の強化に関する意見』を下達した。『意見』は教員の量と質が職業技術教育発展の規模・テンポ、及び養成された人材の質と関わる根本的な問題であると強調し、教員養成における高等教育機関と地方政府の責任を明確にした上で、各方面の力を動員して、職業技術教育教員の安定した供給源を保証すると共に、多様なパターンとルートで在職の教員を訓練することを指示した。国家教育委員会の教員養成に関する文書はさらに『職業技術教育の専門科教員の職業資格と訓練の試行に関する通知』(1989)、『世界銀行の職業教育の借款項目：職業技術師範学院の辺境省(区)の専門科教員訓練に関する意見』(1989)等が挙げられる。

　1989年国家教育委員会の指示によって、国の職業教育教員養成の高等教育機関として、天津大学職業技術教育学院と浙江大学職業技術教育学院が設立され、いくつかの職業技術教育訓練基地も設立された。1991年に国務院は『職業技術教育の大いなる発展に関する決定』の中で、新規教員養成と現職教員の訓練、専任と兼任を結合する原則に基づき、職業技術教育、特に技術指導を行う教員の供給に関して多くのルートでの解決案を示した。具体的には教員・幹部の交代研修制度の確立、教員の採用条件の設定、教員の専門技術的職務評価の整備、教員の資格制度の実行等を規定した。1995年、国家教育委員会は『職業教育教師陣の養成計画策定・実施に関する通知』を通達し、その後、『中等職業教育教師陣の建設強化に関する意見』(1997)を制定した。

表4-8 教員養成・配置のための主要施策

年	政策主体・文書名	内容・措置
1982	省中等教育構造改革指導組『農村中等教育構造改革の加速に関する報告』	①県農林業部門の農芸師・技術員から教育能力がある者を学校に招く。②毎年農・林業大学・専門学校の卒業生の30％を農業学校に就職。同時に師範大学・工業大学・農業大学に職業教育の教師を養成するコースを設置。③文化科目を担当する教員の中で専攻が近い人に短期的な訓練を経て、専門科目を担当④社会から科学技術者、技能の高い人を招聘
1983	省財政庁・教育庁『農村職業技術教育専門科教師訓練基地の設立に関する通知』	いくつかの大学・専門学校を指定、41万元の補助金を与え、専門科教員の訓練基地を設置。省・地区(市)・県の三つのレベルの教師訓練ネットワークを設立、基礎教育を担当する教員を選び出し、訓練を行い、専門科目を担任。いくつかの大学・中等専門学校内に、専門教育訓練基地
1983	省政府『農村学校教育の改革・強化の幾つかの問題に関する決定』	関連高等教育機関に教員養成コースを増設、職業師範専科学校をつくる以外に、今後数年の間、毎年農・林・牧専攻の大専卒業生の中から三分の一を派遣、職業技術中学校の専門科目を担当
1987	『山東省中等職業技術教育条例』	教員資格・教員の養成方法・教員訓練基地の建設・教員の配置について規定
1997	省委・省政府『大いなる職業教育の発展に関する決定』	教師陣の建設を大いに強化。専門教員の養成規模を拡大、職業教育教員の養成・訓練基地を建設・完備、いくつか条件のよい省属の高等教育機関を職業技術学院に改組

　中央政府は一連の政策・措置をとったが、高等教育の改革に伴って、高等教育機関の設置・運営・管理権は省へ移りつつある。特に職業教育の教員の養成を担う単科大学はほとんど省に所属する大学である。従って、急増した職業学校で必要とされる膨大な教師陣の養成は主に省政府によって行わなければならないものとなった。既に述べたように、山東省では職業教育拡大の初期において、まず拡大したのは農業学校であった。省中等教育構造改革指導組が制定した『農村中等教育構造改革の加速についての報告』(1982)では、専門科目教員の問題を解決するために四つの方途を提案した。すなわち、①県農林業部門の農芸師・技術員から教育能力がある者を学校に招く。②毎年農・林業大学、専門学校の卒業生の30％を農業学校に就職させる。同時に師範大学・工業大学・農業大学に職業教育の教師を養成する専攻を設置する。③専門科目と関連がある基礎科目を担当する教員に短期的な訓練を経て専門科目を担当させる。④社会から科学技術者、技能の高い者を招聘する。この四つの方途は「調」（他部門から教育部門に調任する）、「配」（大学新卒者から職業高校へ分配する）、

「転」(専攻と関連がある基礎科目の担当教員は専門科目の教員に転任させる)、「聘」(社会から、適当な人材を招聘する)という四文字にまとめられた。これらの方法は職業教育拡大の初期において教員問題を解決する基本措置として定着した。

　1983年省財政庁・教育庁は共同で『農村職業技術教育専門科教師訓練基地の設立に関する通知』を下達し、いくつかの大学・専門学校を指定して、41万元の補助金を支出し、専門科教員の訓練基地を設置した。同年、教育庁は教員問題の解決の主な方法とした「農・林・技術部門から選び出すこと」から「高等教育機関で計画的に養成する方法」へと転換すると表明し、省に所属する大学あるいは中等専門学校に、教員養成のための二年制高等専門科を設け、この年に320名の学生を入学させた。その後、省・地区(市)・県の三つのレベルの教師訓練ネットワークを設立し、基礎教育を担当する教員を選び出し、専門教育を担任させるための訓練を行い、いくつかの大学や中等専門学校内に専門教育訓練基地を設けた。さらに、「積極的に条件を作り、関連高等教育機関に教員養成専攻を増設し、職業師範専科学校をつくること以外に、今後数年の間、毎年農・林・牧専攻の大専卒業生の中から三分の一を派遣し、職業技術中学校の専門科目を担当させる」と省政府は指示した(『農村学校教育の改革、強化の幾つかの問題に関する決定』1983)。

　1987年『山東省中等職業技術教育条例』が地方の職業教育法として公布された。その中には教員の養成について一章を設け、中等職業学校の教員の学歴は大学本科卒で、技術性の強い専門科目の教員は大学専科卒でもよいと定めた。教員の養成については、省計画・教育行政部門は高等教育機関の学生定員計画と卒業者配分計画を策定する際に、職業学校教員の養成を統一的に計画し、職業学校の基礎科目を担当する教員と専門科目の教員の養成についてそれぞれの方法を示し、高等教育機関は計画的に職業技術師範部、専攻あるいはクラスを設け、職業学校教員訓練センターとともに計画的に教員の養成・訓練を行うことを要請した。「職業学校に配置された大学卒業生は必ず教職に就かせ、いかなる部門・機関も彼らを引き抜き、教員以外の仕事をさせることを禁じる」とされた。

このように職業教育急速の拡大に必要とされた教員の養成に、政府部門は様々な方策を講じた。しかし、そうした訓練の規模は限られているために、需要を満たすまでには大きな困難がある。

山東省教育委員会の職業教育の責任者は職業教育の教員問題について次のように語った。

> 専門科教員の不足が大きな問題である。正規の学歴資格を持っている教員は25％未満で、普通高校のそれより低い。教員問題は職業教育発展にボトルネックとなっており、解決しなければならない。高等職業教育の発展によって教師陣の質を向上させることを期待している……教員の質は職業教育の質と直接関わっている。職業高校の多くは底辺の普通高校から改組してきたもので、現在基礎科目を担当する教員の水準は比較的低い。専門科教員に関しては、省政府が訓練センターを設け養成する措置がとったが、量的には満足できない。……職業高校の教員の水準は国家教育委員会の基準より遥かに低い（1997年インタビュー調査）。

表4－9に示したように、全国的に見れば、職業高校の専任教員の学歴合格率（本科大卒であること）は1987年では20％未満であり、山東省では15％に及ばなかった。1997年では、全国のその平均は33.9％に、山東省では36.1％に達した。職業高校の専任教師の合格率と普通高校のそれとはかなりの格差がある。これが『「中国教育改革と発展要綱」に関する実施意見』（国務院、1994）で示された「2000年までに職業中等学校の教員の60％が職業資格基準に達する」という目標とも大きなギャップがある。教員の質の問題は職業高校の教育水準を高める上で大きなボトネックとなっている。

(2)経費の調達と施設の整備

職業教育拡大のもう一つの必要条件は教育経費の調達と施設の整備である。

表4-9 普通高校と職業高校の専任教員学歴合格率の変化(%)

年	全国平均		山東省	
	職業高校	普通高校	職業高校	普通高校
1987	19.9	40.1	14.4	28.3
1989	21.6	43.5	16.4	33.5
1991	23.4	47.2	18.3	39.5
1992	24.6	49.1	20.4	43.1
1993	26.0	51.1		
1994	27.8	53.4		
1995	29.0	55.2		
1996	31.2	58.0		
1997	33.9	60.7	36.1	63.8

注:教育部教育発展規画司『中国教育統計年鑑』人民教育出版社、各年版により算出、作成。1986、1987年は職業中学校を含めている。

　中央政府は職業教育経費の解決について、1980年の『中等教育構造の改革に関する報告』(教育部・国家労働総局)、1983年の『都市部の中等教育構造の改革、職業技術教育の発展に関する意見』(教育部・労働人事部・財政部・国家計画委員会)では、職業教育経費のルート、主管部門を明確化し、学校の「勤工倹学(実際の労働生産から得られた収益を教育経費にあてる)」を提唱し、職業教育に対して中央財政から5千万元の補助費を支出すること等を示した。1986年に国家教育委員会『中等職業学校の経費問題に関する補充規定』は次の規定を設けた。すなわち、職業教育経費を教育経費の中での一つの特別項目として扱い、地方の教育事業予算に組み入れる。中等職業学校学生一人あたりの経費は普通高校のそれより多くする。多ルートで職業教育経費を集める。さらに、1991年に『中等職業技術学校は学費を徴収する暫行規定』(国家教育委員会・国家物価局・財政部・労働部)が公布され、1991年から職業学校学生に対して学費を徴収することになった。同年、国家教育委員会は『人民銀行の職業教育の特別項目貸付金の使用に関する通知』を下達し、職業教育経費を増やすもう一つのルートが開かれた。国務院が1991年に下達した『職業技術教育の大いなる発展に関する決定』では、各レベルの政府機関・財政行政部門・関連業務の主管行政部門及び企業は、財政・政策面から職業技術教育の発展を援助

し、職業技術教育への資金投入の増大に努力すること、多様な措置をとって職業技術教育の財源を拡大し、国家投資以外では貸付金の利用を提唱し、また集団・個人及びその他の民間活力による職業技術教育への寄付を奨励すること等を提唱した。

このように中央政府は教育経費を調達する方策を示し、財政的な支出としては一時的な補助金を支出したにすぎなかった。職業教育を拡大させるための資金は地方政府が調達しなければならないことになっている。

山東省政府は職業教育経費を賄うために次のような方策を採った。1979年省教育局・農業局の『「県毎に一校の普通高校の農業技術中学校への改組に関する報告」の中で、普通高校から農業技術高校に改組された学校に対して、省財政から8万元の「開校費」を支出し、この改組は3年間で実現することを指示した。1983年以降は改組された学校に対するこの補助金は、省と市が分担するようになった。すなわち、省財政から5万、市政府は3万元を支出することとした。1982年に制定した『農村中等教育の構造改革の加速に関する報告』(山東省中等教育構造改革指導組)では、各地は財政計画を作成する際に、職業技術教育経費を全体的に計画配分しなければならない、「普通高校から改組した農業技術中学校・農業中学校に対して、従来高校の経費をこれまでどおり支出するのに加えて、農業技術中学校の経常専門教育費として、クラス毎に4千元を、県・市の地方財政によって手配、解決する」と定めた。1983年山東省教育庁・財政庁が通達を下し、モデルとなる16校の農業技術中学校と6校の都市職業中学校に対して、補助経費を与えた。1983年に省政府が下達した『農村学校教育の改革・強化のためのいくつかの問題に関する決定』では、普通高校に対して調整を行い、職業教育を大きく発展させることを示した。職業教育経費については、「普通高校から改組された農業技術中学校に、一校当たり創立費8万元を支出し(省から5万、市から3万を支出する)、経常的職業教育経費を、クラス毎に毎年農業技術中学校は4千元、都市部職業中学校は5千元」を支出するとした。翌年、省政府は『農村中等技術教育の加速的発展に関する決定』の中で、中等職業学校の学生の1人当たり経常費、基本建設の投資基準、教育施設・設備、図書資料等の基

表4-10 山東省政府の職業教育拡大のための財政的措置

年	政策主体・文書名・主な内容
1979	省教育局・農業局『県毎に一校の普通高校の農業技術中学校へ改組に関する報告』
1981	省計画委員会・文化教育委員会・教育庁・労働局・財政庁の5部門『中等教育構造のさらなる展開に関する報告』
1982	省中等教育構造改革指導組『農村中等教育の構造改革の加速に関する報告』
1983	省教育庁・財政庁：模範的な16校の農業技術中学校と6校の都市職業中学校をモデル学校にさせるために、補助経費を与えた。
1983	『農村学校教育の改革・強化のためのいくつかの問題に関する決定』
1984	省政府『農村中等技術教育の加速的発展に関する決定』
1985	省政府『国務院「教育附加費の徴収の暫行規定」の貫徹に関する通達』
1987	『山東省中等職業技術教育条例』
1989	省教育委員会・計画委員会・科学技術委員会・財政庁・労働局・農業庁・郷鎮企業局『職業技術教育の一層の発展に関する意見』
1990	省政府『世界銀行の職業教育ローンのプロジェクトを実行するための協議書』
1991	省教育委員会・財政庁『都市・農村の職業技術教育の特別支出金の管理方法』
1991	省教育委員会・物価局・財政庁と労働局は国家教育委員会等『中等職業技術学校授業料の徴収のための暫定規定』を伝達
1992	省教育委員会『我が省の職業教育の加速的発展に関する意見』
1994	省委・省政府『山東省「中国教育改革と発展要綱」の実施意見』
1997	省委・省政府『職業教育の発展に関する決定』
1997	省政府は職業教育特別費6,000万元を支出し、経済発展の遅れた県・区の職業教育の発展を補助

準を示し、農村中等職業教育の質を確保する方向を示した。こうして1980年から1985年までの間に、省・地区(市)財政から3千万元を支出し、385校の普通高校を職業高校に改組した[6]。

1985年以後に、省政府が制定した『「国務院の農村学校の運営経費の調達に関する通達」の貫徹・実行に関する意見』と『国務院の「教育附加費の徴収の暫行規定」の貫徹に関する通達』では、農村の職業高校の経費は教育費附加を徴収することによって賄い、都市部の職業高校の経費は市の財政支出と教育附加費の徴収によって解決することを示した。1986年、省教育庁、財政庁は『国家教育委員会・財政部の「中等専門学校の経費に関するいくつかの原則的な問題の通達」の通知』を発し、入学定員規模を拡大することを奨励するために、中等専門学校の経費は次第に学生数に

よって、予算を配分し、定額は主管部門と同レベルの財政部門によって定める、と指示した。

1987年に公表した『山東省中等職業技術教育条例』は職業教育経費に関しては「各級人民政府によって統一的に計画し、多くのルートで解決し、規定に従って年々増加するべきである」と示した。1989年山東省教育委員会・計画委員会・科学技術委員会・財政庁・労働局・農業庁・郷鎮企業局は共同で『職業技術教育の一層の発展に関する意見』を下達し、その中で、各ルートで職業技術教育経費を集めることを提唱し、農村部では教育附加費の10％、都市部では企業の職員・職工の年収の0.8％を徴収し、職業教育の経費にあてる、学内工場の経営、集体・個人の出資を奨励する、などのことを示した。教員訓練、設備増加のために、1990年、山東省は世界銀行の職業技術教育の援助プロジェクトより320万ドルを借款し、山東省政府は同額の資金を職業教育資金として支出した。1991年山東省教育委員会・財政庁共同で通達を下し、当年から職業教育に対して専門的な補助項目を実行することを決めた。同年、山東省教育委員会・物価局・財政庁・労働局は共同で、国家教育委員会等が制定した『中等職業技術学校の授業料徴収の暫定規定』を通達し、山東省の実情に合わせて、授業料を徴収する基準を定めて、徴収される授業料は全て学校の運営経費にあてることを示した。

「国民経済・社会発展第八次五カ年計画期」期間(1990～1995)では職業教育に対する、政府の財政的な支出は40億元余りに達した。さらに政府による財政的な支出は限界があるために、他の方途も講じた。

> 山東省職業教育経費を解決する基本的なルートは次の六つの方途にまとめられる。即ち、①「財」、国家・省・市政府の財政的支出による資金。②「税」、教育附加費(教育発展のために設立した一種の税収である)。③「産」、学校内工場の生産による収入。④「費」、学費(授業料)。⑤「集」、各種の集金。⑥「社」、社会による寄付である(1997年インタビュー調査)。

山東省は全国的に職業教育経費の調達の方策を着実に講じた地域の一つである。しかし、これらの措置の実行は主に市の財政によって実現するものである。以上の職業教育財政に関する措置を整理することによって、省政府は一定の補助金を与え、経常的教育財政支出は市・県の財政が負担する仕組みとなっていることが確認された。

　『中華人民共和国職業教育法』(1996)の実施に向けて、1997年、省委・省政府は『大いなる職業教育の発展に関する決定』を公表した。その中で各レベルの政府・主管部門・雇用主は職業教育の発展に財政的な支持を与え、職業教育の経費の安定的な出所を有し、経費を絶えず増加させることを求めた。同年、経済発展の遅れた地域の職業教育をサポートするために、6,000万元の特別費を支出した。これは教育体制改革以来、省財政からの一番大きい額の職業教育特別費である。

　2000年では、山東省の職業中等学校学生一人当たり予算内事業費は1,681元で、一人当たり公用経費は129元である。普通高校のそれぞれは1,161元で、111元である。職業学校は普通高校よりコストが高いことが分かる。

(3) 検査・認定、評価措置

　職業教育の急速な量的拡大の中で、職業教育を一定の質に保つために、下級行政機関に対する検査・認定・評価の措置が必要とされた。

　職業教育拡大初期の1984年に、省委・省政府『農村中等技術教育の加速に関する決定』の中で、農村中等職業教育の質を保つために、学生の一人当たり教育経常費・基本建設費・教育設備・生産機械・図書資料などの基準を示した。既に述べたように、中央、省政府は職業教育拡大政策を実施するために職業教育のための補助金を設けた。山東省では職業教育拡大の初期に、普通高校から職業高校へ改組する農業技術中等学校に対して「開校費」を与える措置をとった。これら改組された職業学校に対する検査と認定が行われた。1984年に山東省教育庁は8項の基準を定め、まず基準に達することを要求した127校の職業技術学校に対して、検査を行った。合格率は81.9％、不合格率18.1％という結果だった。翌年、前

回の検査で不合格の学校及び、認定を受けると申し込んだ学校に対する検査を行った。1985年までに、118の県(市、区)の143校の農業技術学校は省の合格基準に達した。1986年に省教育庁は農業技術中学校に対して第三次検査を行い、各県の第二番目の農業技術学校及び以前合格できなかった学校を検査した。

　1985年、省教育庁は17校の中等専門学校に対して調査を行った。検査された学校に関しては、「統一的な企画が欠け、指導体制は乱れ、学生募集と修業年限は混乱し、経費は普遍的に不足で、教員が欠乏し、学校の自主管理権は不足」などの問題が指摘された。1986年都市部の職業教育の質を高めるために、省教育庁は『山東省職業中等専門学校学校運営の基本条件に関する暫定規定』を制定し、学校の指導層の建設・教員の配置・教育計画・教科書・教育設備・図書・校舎・学校規模などについて規定した。

　1986年に、国家教育委員会が制定した『普通中等専門学校設置の暫定的方法』では、「各省・自治区・直轄市の教育行政部門は本地域の学校に対して定期的に検査と質の評価を行い、……労働部門、学校主管部門は……、技工学校の訓練の質に対して、定期あるいは不定期の検査を行う」と示した。翌1987年、国家教育委員会は監督工作座談会が開かれ、その会議の『紀要』は、教育行政部門の中で中等、初等教育に監督制度を設置することが必要であると述べ、省レベルで教育監督機関の設立が要求された。これに従って、省教育庁は『山東省普通中等専門学校についての検査評価内容と基準』(1987)を発し、全省の中等専門学校について検査、評価することを通達した。同年、省労働局の『技工学校の訓練の質を高めることに関する若干問題の暫定規定』も制定された。1992年、省政府は『山東省教育監督の暫定規定を実施する方法』を制定した。

　職業教育の急速な拡大に伴って、その拡大の基盤とされる教師・教科書・施設・設備の増加は追いつかない状況であった。これに加えて学生の学力が低い等の原因で、職業教育の質の保証が問題となった。中央政府は職業教育の質を高めるために、地方に一定の財政的な補助を与え、教員訓練基地の設置などの措置をとった。しかし、財政・教育管理権が地

表4-11 職業教育に対する検査・認定措置

年	政策文書と措置
1984	省委、省政府『農村中等技術教育の加速に関する決定』
1984	省教育庁は8項の基準を定め、全省のまず基準に達すること要求された127校の職業技術学校に対して、検査を行った。合格率は81.9%であった。
1985	省教育庁は17の校の中等専門学校に対して調査を行った。
1985	省教育庁は農業技術中学校に対する検査を行い、1985年までに、118の県(市・区)の143校の農業技術学校は省の合格基準に達した。
1986	省教育庁『山東省職業中等専門学校学校運営の基本条件に関する暫定規定』
1986	省教育庁は都市部の18校の中等専門学校に対して検査を行い、17校が合格した。
1986	省教育庁は農業技術中学校に対して第三次検査を行い、各県の第二番目の農業技術学校及び以前合格できなかった学校を検査した。
1987	省教育庁『山東省普通中等専門学校についての検査評価内容と基準』
1987	省労働局『技工学校の訓練の質を高めることに関する若干の問題の暫定規定』
1988	省編制委員会・山東省教育庁『山東省中等師範・職業学校・中小学校などの機関設置、定員基準の意見』
1988	省教育庁は全省の114個県、市の職業教育に対して検査、評価を行った。顕著な成績を収めた24県と69名の個人に対して表彰した。
1992	省政府『山東省教育監督暫定規定を実施する方法』
1995	省教育委員会「161企画」
1995	省教育委員会は第一・二回省級重点職業学校と承認された学校を審査し、第三回省重点級職業学校を選出し、118校が選出された。38校は国家級重点学校と承認された。

方移譲しつつある状況の中で、中央政府がストレートに問題を解決する力は弱化した。地方政府は職業教育の質の重視に対する積極性を引き出すために、「間接指導・補助」を行う方策をとった。

　1990年から国家教育員会・労働部は一連の評価基準を決め、職業高校・中等専門学校・技工学校に対して評価措置をとった。各学校を省重点学校と国家重点学校という2レベルに分けた。評価の項目は学校運営条件・学校管理・教員・授業・卒業生への対応・経費等である。評価された学校には名誉だけではなく、ある種の権限をも与える。1991年に全国で206校の職業高校が国家教育委員会によって第一陣の省級重点職業高校として承認されたが、その中では山東省が全国で一番多く、18校が選ばれた。1994年第一次国家級重点職業学校の選定を行い、全国で249校が選出されたが、そのうち山東省は20校が承認され、全国の第一位であった。1996

年、さらに国家級の重点学校の評価が始められ、最初に全国で296校が承認された。その中で山東省は38校を占め、全国の首位となった。2000年に、1000余り校の職業学校のうち、国家教育部、省政府により97校が国家重点級学校、244校が省・部級の重点職業学校に承認された。

このように、山東省は1980年代に職業教育の質を高めるために、職業学校を最低基準に達せしめるための検査・認定措置をとった。これに対して、1990年代には主に重点学校の選出・承認に重点を置いた。これらの措置によって、山東省では全国でも早く職業教育の基準が形成され、しかも一部質の高い職業高校が建設された。しかし、この二種類の措置にはいずれも大きな制約があった。

まず、検査・認定措置に関しては、第一に、職業教育発展の初期において、一部の職業学校に対する検査を行った。しかし、下級行政機関に一定の目標値を示して、量的な拡大を追及する拡大期では、検査・認定を実質的に緩和せざるをえない。しかも大量の職業高校に対しては、実行することはできない。第二に、1985年に、職業技術中学校、1992年に中等専門学校の設置・閉校・専攻設置などの審査・承認権が市(地区)に移譲される[7]ことによって、省からの検査・認定措置の実効性は損なわれた。省教育委員会職業教育の関係者は、市(地区)の職業教育の検査について次のように語った。

> 市(地区)・県では職業高校より普通高校を重視する傾向がある。大学進学率を基準として教育に対する評価をするという考え方はいまだにある。ある市・県の大学進学率が高くなると、この地域の教育工作が良くできたと思われるし、社会的な評価も高くなる。しかし、職業高校の地域の経済発展に対する効果はすぐには見えない……。基準があってもしっかり監督しないと意味がない。財政的な制約があるが、(下級政府が)重視していないのが重要な原因である(1997年インタビュー調査)。

選出・承認措置は、一部のモデル学校を作り出す措置であり、「省級、

国家級重点学校」の基準に達するためには、大量のコストがかかる。省級重点職業高校の教育経費の側面での基準は、「重点職業高校の学生1人当たり経費は当該地域の普通高校のそれより2倍高くすることである」とされている。重点職業学校の建設を奨励・補助するために、1995年省の財政支出から300万元を支出し、さらに1997年までに全省で2.7億元を支出し[8]、1999年にも1.5億元を支出した。この措置では一部の質の高いモデル学校を作り出すことができるとしても、職業高校の質を広く高めることは期待できない。しかも、限られた職業教育経費が一部の職業学校に集中することによって、職業高校の間の格差は一層拡大せざるをえない。

　結果的にこの二つの措置は職業教育の質を普遍的に維持向上させるには、あまり効果的ではなかったといえよう。

4. 職業教育拡大の帰結

　ここで山東省における職業教育拡大の帰結を概観する。

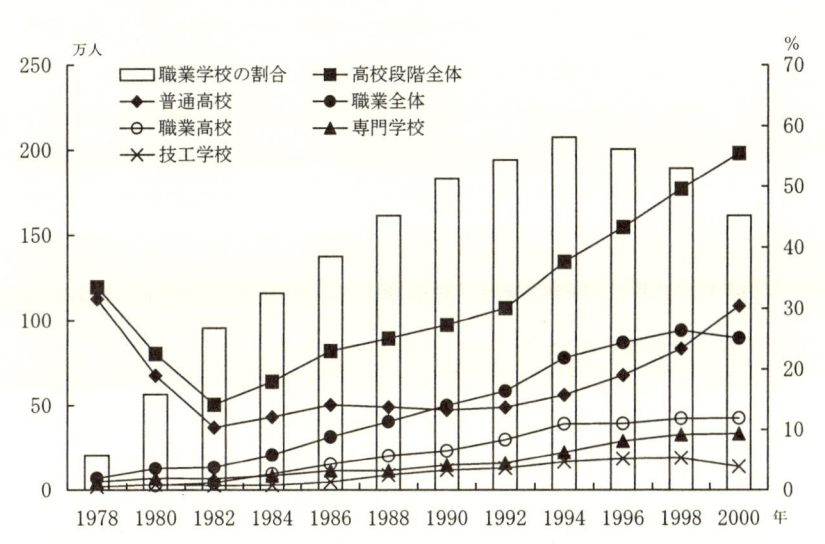

図4-4　山東省における後期中等教育の在学者数の構造的変化(1978～2000)

データ出所：呂可英・尹均栄編『山東教育四十年』山東教育出版社、1989年。山東統計局『山東統計年鑑』各年版、山東出版社。山東省教育庁『山東省教育事業統計資料』2000年。
注：職業学校の割合は右目盛、その他は左目盛。

図4-4に示したように、山東省の後期中等教育発展の趨勢を見れば、1970年代末から1980年代の初めに、急速に低落した時期があった。この傾向は全国的にも見られた。この時期を小島(1999)は中国の高校発展の衰退期と名付け、これが経済発展初期における金儲け主義の横行に起因があると分析した[9]。経済発展のスタートに当たって、大量の単純労働力が必要とされ、目前の利益を考えて、一部の中卒者は高校への進学意欲を失ったという仮説は一定の説得力がある。しかし、この時期は大学進学競争を緩和するために、普通高校の一部を職業高校へ改組させ、一部は中学校に降格させた。他方では、中学校から高校への進学試験が再開され、普通高校の選抜性が高くなった。すなわち、高校、特に普通高校に対して抑制政策を採ったのであり、これがより大きな原因となっていると私は考える。1982年以後には、後期中等教育は拡大の一途を辿った。この拡大の構造を見てみると、1990年代半ばまでは主に各種類の職業学校の拡大によるものであった。普通高校の在学者数は1970年代末急速に減少し、1980年代半ばにやや増えたが、1990年代までにほぼ横ばいで、その後、職業学校の拡大趨勢の鈍化に対して伸び始めた。職業学校別で見てみると、職業高校は三種類の職業学校の中で拡大の幅がより大きい。後期中等教育学校の在学者に占める職業学校の割合は1994年に58.1%に達し、1978年の10倍強となった。しかし、この割合は1990年となっても51.3%で、2000年には45.2%に低下し、いずれも省政府の目標値に達していないことは明らかである。

　後期中等教育の構造の転換は、前期中等教育卒業者の進学に影響することは言うまでもない。**図4-5**に示したように、1980年代後半から1990年代後半の間に、中学校卒業者数には大きな変化が見られないが、後期中等教育の拡大によって、高校への進学率は1996年に約55%に達した。しかし、その後中卒者の急増によって、2000年には50.9%に下がった。学校類型別の進学率を見てみると、1988年から1998年の十年間には、職業学校への進学率は普通高校より高かった。職業教育拡大期に、職業学校は中卒を大きく吸収した。言いかえれば、後期中等教育の拡大の大きな部分は職業学校の拡大によって担われたことが改めて確認で

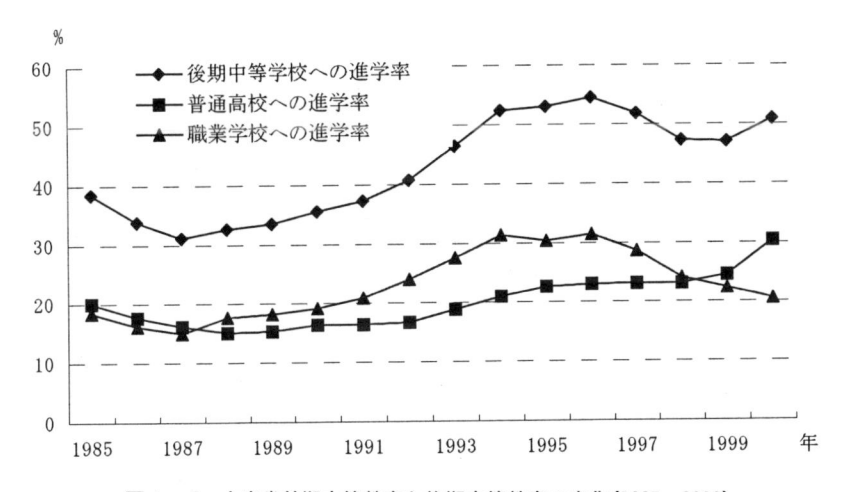

図4－5　山東省前期中等教育と後期中等教育の変化(1985～2000)

データ出所:前図と同じ

きる。

　他方、職業教育の拡大は普通高校卒業者の大学進学率にどのような変化をもたらしたか。ここで高等教育機関には、テレビ大学などの「非伝統」的な大学を含めず、正規の四年制の本科大学と三年制の専科大学との関連を見る。**図4－6**に示したように、20年余りの間に、高卒の大学進学率[10]の変化は大きく三つの時期に分けられる。第一期(1978～1984年)では、進学率は3、4％から20％を超えた。しかし、それは、高等教育の拡大より、主に普通高校の削減による高校卒業者の縮小によってもたらされたものである。第二期(1984～1992年)には、高卒の進学率はむしろ下がった。これは普通高校の増加が起因であった。1993年からの第三期はこの進学率が大きく上がった時期である。この時期の前半は、高等教育の拡大と普通高校の抑制の相乗した結果と見ることができる。後半では普通高校卒が増えたために一時的にこの進学率は30％以下に落ちたが、1999年から2年間で高等教育は大きく拡大し、普通高校の増幅より大

図4-6 山東省職業教育の拡大と高卒進学率の変化(1978～2000)

データ出所：前図と同じ

きかったために、普通高校卒業者の進学率はやっと40％を超えた。しかし、これは全国のそれの50％、北京・上海市などの70％よりまだ低いのである。このように職業教育の拡大、後期中等教育の構造の変化は、高卒者の高等教育機関への進学率に大きな影響力があることは明らかである。

第3節 市(地区)別職業教育発展の格差とその規定要因

　職業教育の発展の格差は省別の中だけではなく、省の中の各市(地区)にも見られる。この節では、山東省各市(地区)の職業教育発展の格差とその規定要因を分析する。

1. 就学率と職業学科構成の格差

　改革・開放以来、山東省の経済・教育は大きな発展を遂げてきた。しかし、膨大な人口を抱えているために、就職の圧力が強く、また、東部と

西部農村地域の間には経済発展の格差が存在し、教育の発展に地域的不均衡がある。

表4-12に示すように、一人当たりGNPが一番高い威海市は、最も低い菏沢市の8倍近くとなっている。高校進学率は一番高い東営市の95.4％に対して、一番低い菏沢市のそれは僅か26.4％であり、各市の後期中等教育進学率の標準偏差は17.2％である。これは中国の経済、教育発展の格差は省別だけではなく、省の中での市（地区）の間でも大きく、経済発展が進んだ地域においても格差が存在していることを示している。後

表4-12　1997年山東省市(地区)別各類型の後期中等教育の進学率(％)

	後期中等教育		各類職業学校		職業高校		普通高校	
上位五市	東営	95.39	東営	51.07	東営	26.03	東営	44.32
	済南	68.47	済南	47.44	青島	24.06	莱蕪	35.25
	威海	65.72	煙台	36.78	煙台	21.69	淄博	32.61
	煙台	63.51	青島	34.32	済南	20.62	威海	32.34
	青島	58.33	威海	33.38	威海	19.61	煙台	26.72
中位市	淄博	57.95	濰坊	26.21	濰坊	17.63	濱州	24.27
	濰坊	47.29	淄博	25.34	淄博	13.36	青島	24.01
	莱蕪	46.82	泰安	23.34	泰安	12.59	日照	23.03
	泰安	45.06	棗荘	21.16	済寧	12.52	棗荘	22.05
	棗荘	43.21	済寧	19.45	棗荘	12.34	泰安	21.72
	濱州	43.04	濱州	18.78	濱州	11.45	菏沢	21.38
	済寧	39.63	徳州	17.06	徳州	10.54	濰坊	21.08
下位五市	徳州	35.21	日照	11.75	臨沂	7.76	済南	21.03
	日照	34.77	莱蕪	11.57	日照	7.67	聊城	20.80
	臨沂	30.02	臨沂	11.49	莱蕪	7.54	済寧	20.17
	聊城	29.76	聊城	8.96	聊城	3.41	臨沂	18.53
	菏沢	26.44	菏沢	5.06	菏沢	1.88	徳州	18.15
	平均	48.86	平均	23.71	平均	13.57	平均	25.15
	標準偏差	17.15	標準偏差	12.83	標準偏差	6.84	標準偏差	6.82

注：(1)後期中等教育の進学率＝(後期中等段階各類学校への進学者数)/(中学校卒業者数)×100×(1994年小学校卒業率)。各種職業学校への進学率＝(各種職業学校への進学者数)/(中学校卒業者数)×100×(1994年小学校卒業率)。職業高校の進学率＝(職業高校への進学者数)/(中学校卒業者数)×100×(1994年小学校卒業率)。普通高校の進学率＝(普通高校への進学者数)/(中学校卒業者数)×100×(1994年小学校卒業率)
(2)山東省統計局『山東省統計年鑑1997』山東統計出版社、1998年。山東省教育庁『山東省教育事業統計資料』1998年による算出。

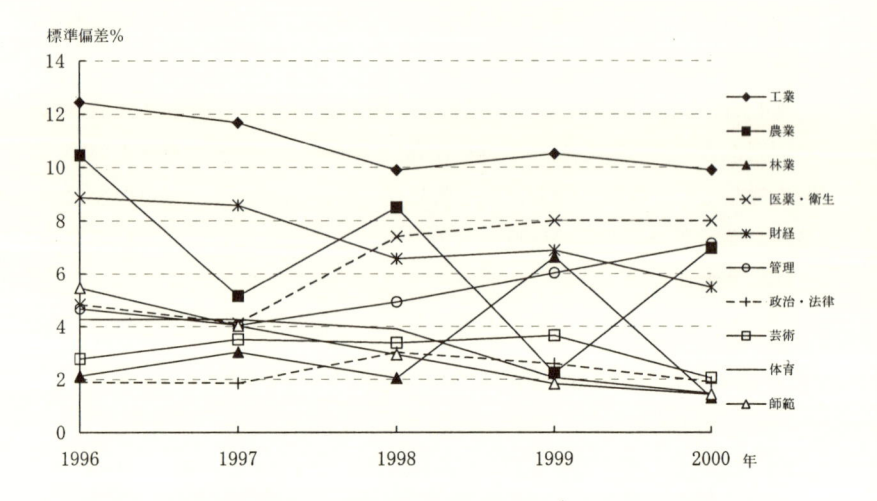

第3節　市（地区）別職業教育発展の格差とその規定要因

図4－7　市別の職業学校学生入学者に占める各学科の割合の標準偏差の変化

データ出所：山東省教育庁の資料による

期中等教育を類型別に分けて進学率の標準偏差を見てみると、職業学校の進学率の標準偏差は12.83％であり、普通高校のそれの6.82％より高い。後期中等教育発展の格差は職業教育発展の格差に大きく反映されている。これは省別での分析の結果と同じ傾向である。

さらに、市別の職業学校入学者数に占める各学科の割合の標準偏差の変化を見てみると（図4－7）、時系的に見れば、職業学校の拡大が頂点に達した1996年の時点で、多数の学科の標準偏差が比較的に大きく、その後の職業学校入学者の減少に伴って、多数の学科の標準偏差が小さくなっている。学科別に見てみると、コストの高い工業科と医科と、コストの低い財経科・管理科の標準偏差が高い。このような結果から、各地は異なるアプローチで職業教育を拡大させたことが推測できる。この省別分析で見られた傾向は省内の地区別にも見られた。

2. 市別でみた職業教育拡大の規定要因

ここで、表4－13に示す変数を用いて、市別の職業教育拡大の規定要因を分析する。

第4章　山東省における職業教育政策　173

表4-13　変数名とその定義

	変数名	定義
従属変数(P)	後期中等職業学校進学率	(職業高校・中等専門学校・技工学校への進学者数)／中学校卒業者数×100×1994年小学校卒業率
	職業高校進学率	職業高校への進学者数／中学校卒業者数×100×1994年小学校卒業率
	普通高校進学率	普通高校への進学者数／中学校卒業者数×100×1994年小学校卒業率
独立変数(X)	経済発展水準	1人当たりGNP
	第一次産業発展水準	1人当たり第一次産業GNP
	第二次産業発展水準	1人当たり第二次産業GNP
	第三次産業発展水準	1人当たり第三次産業GNP
	財政的支出能力	一人当たり財政的支出
	財政的教育費支出水準	1人当たり財政的文化・教育支出
	都市部職工収入	都市部職工平均年収入
	農民収入	農村住民の年平均収入
	中卒進学率	職業高校・普通高校の進学者数／中学校卒業者数×100
	職業高校固定資産水準	職業高校一人当たり固定資産
	普通高校固定資産水準	普通高校一人当たり固定資産
	普通高校教員資源	普通高校の専任教師数／在学者数×100
	職業高校教員資源	職業高校の専任教師数／在学者数×100
	大学合格率	大学入学者数／大学志願者数×100
	新規高卒志願者の割合	新規高卒者志願者数／大学志願者数×100

データの出所：山東省統計局『山東統計年鑑』1998年版、山東出版社。
山東省教育庁『山東省教育統計年鑑』1995、1998年版、山東省学生募集委員会の統計資料。

　分析は従属変数である進学率をロジット変換し、独立変数には対数変換を行い、回帰分析式を以下のように設定して行う。pは進学率、xは独立変数である。

$$\mathrm{Ln}[p/(1-p)] = a + b \cdot \log X$$

(1) 職業教育と経済発展

　まずマクロ的な経済構造を表す経済発展水準、産業構成を独立変数として回帰分析を行った(**表4-14**)。

モデル1-1とモデル1-2の回帰分析の結果を見てみると、経済発展水準は普通高校より職業高校の進学率に強い規定力を持っており、経済発展水準は、普通高校より職業学校の拡大をもたらしたことが明らかである。続いて、産業別の経済発展水準との関係について単回帰分析を行う。まず、モデル2-1、3-1、4-1から、第二次・第三次産業は職業学校の進学率に強い規定力を持っていることが分かる。モデル2-2、3-2、4-2の結果によって、第二次産業のみが普通高校に強い規定力を持っていることが分かる。さらに各産業の発展水準を独立変数とした重回帰分析の結果(モ

表4-14 経済発展と職業教育に関する回帰分析の結果

独立変数	従属変数:後期中等職業学校の粗就学率				
	1-1	2-1	3-1	4-1	5-1
(N)	(17)	(17)	(17)	(17)	(17)
定数	-6.82	-4.70	-4.72	-4.40	-4.76
経済発展水準	2.93****				
第一次産業発展水準		2.77*			-.07
第二次産業発展水準			2.21****		1.9***
第三次産業発展水準				2.32****	.46
R2乗	.80	.22	.80	.63	.81
F値	58.97	4.11	59.38	25.72	17.84
F検定	***	*	****	****	****

独立変数	従属変数:普通高校の粗就学率				
	1-2	2-2	3-2	4-2	5-2
(N)	(17)	(17)	(17)	(17)	(17)
定数	-2.92	-2.18	-2.32	-1.76	-2.23
経済発展水準	.96***				
第一次産業発展水準		.87			.16
第二次産業発展水準			.78****		1.45****
第三次産業発展水準				0.49	-.98**
R2乗	.45	.11	.52	0.15	.69
F値	12.16	1.88	16.21	2.56	9.60
F検定	***		****		****

注:*10%、**5%、***1%、****0.1%で有意

デル5-1、5-2)を見てみると、各産業の中で、第二次産業は職業学校と普通高校の進学率に何れも強い関係を持っており、職業高校のそれがより強いことが明らかである。

このような結果から次のことが考えられる。すなわち、経済発展に伴って、後期中等教育の拡大が実現し、その中でも職業学校の拡大は著しい。各市(区)の後期中等教育進学率の格差は主に職業学校の格差によってもたらされていると思われる。

(2)家計収入と職業教育

さらに賃金水準、家庭所得を独立変数として回帰分析をおこなった(**表4－15**)。

都市部職工収入は職業学校と普通高校の進学率に何れも正の規定力を持っており、しかも職業学校進学率への規定力がより大きい(モデル1-1、1-2)。モデル2-1、2-2から、農民収入は職業学校の進学率に対してプラスの規定力を持っているのに対して、普通高校への進学率に統計的に有意な規定力は見られない(モデル2-2)。都市部職工収入と農民収入という二つの変数を投入して行った重回帰分析(モデル3-1、3-2)の結果から、職業学校の進学率と普通高校の進学率の何れに対して、都市部職工収入の規定力の方が強いことが分かる。さらに経済発展水準を加えて、三つの独立変数を一緒に入れると(モデル4-1、4-2)経済発展水準のみが正の規定力を持つことが明らかである。

上述の結果から次のことが考えられる。都市部職工の収入と農民の収入は、職業学校への進学需要をもたらした。都市部職工収入が高い地域では経済発展の水準も高く、職業学校の進学率に対する職工収入の規定力は、経済発展水準の規定力を反映しているとも言える。職業教育への需要と普通高校への家計需要を考える際に留意しなければならない点としては、職業教育拡大政策が推進される背景の中で、普通高校が制限され選抜性が高くなったために、普通高校へ進学できずに、やむを得ずに職業高校を選択する可能性が大きいということがある。すなわち、職業高校への進学者には普通高校への需要者が含まれていると考えられる。

表4-15 家計収入と職業教育に関する回帰分析の結果

独立変数	従属変数:後期中等職業学校の粗就学率			
	1-1	2-1	3-1	4-1
(N)	(17)	(17)	(17)	(17)
定数	−14.65	−13.01	−18.42	−10.41
都市部職工収入	7.54****		6.28****	2.71
農民収入		7.54****	3.86*	.18
経済発展水準				2.14**
R^2乗	.66	.37	.74	.77
F値	29.31	8.70	19.86	14.85
F検定	****	****	****	****

独立変数	従属変数:普通高校の粗就学率			
	1-2	2-2	3-2	4-2
(N)	(17)	(17)	(17)	(17)
定数	−2.19	−3.32	−5.49	−0.33
都市部職工収入	.02**		2.52**	−.82
農民収入		1.42	−.06	−1.75
経済発展水準				.01**
R^2乗	.41	.07	.38	.60
F値	10.55	1.10	4.34	6.51
F検定	**		**	***

注:*10%、**5%、***1%、****0.1%で有意

(3)高等教育との関連

表4-16の高等教育との関連に関する回帰分析結果から次のことが明らかである。モデル1-1、1-2から大学合格率が職業学校の進学率とプラス的な相関を持っており、普通高校進学率に統計的に有意な関係を持っていないことがわかる。経済発展水準の変数を入れても(モデル3-1、3-2)、この関係は失われない。モデル2-1の分析結果から、大学進学志願者に占める新規高卒の割合が高ければ、職業学校への進学率は高い。これに対しては普通高校に関してはこのような関係はない(モデル2-2)。モデル4-1、4-1から、経済発展水準という変数を入れると、志願者に占める新

表4−16　高等教育との関連に関する回帰分析の結果

独立変数	従属変数：後期中等職業学校の粗就学率			
	1-1	2-1	3-1	4-1
(N)	(17)	(17)	(17)	(17)
定数	−6.04	−16.56	−8.44	−9.53
大学合格率	3.42**		1.57**	
新規高卒志願者の割合		8.37**		1.68
経済発展水準			2.64****	2.75****
R2乗	.29	.29	.81	.81
F値	6.13	6.26	39.70	29.00
F検定	**	**	****	****

独立変数	従属変数：普通高校の粗就学率			
	1-2	2-2	3-2	4-2
(N)	(17)	(17)	(17)	(17)
定数	−1.85	−4.24	−2.75	−1.54
大学合格率	.53		−.16	
新規高卒志願者の割合		1.71		−.85
経済発展水準			.99**	1.05***
R2乗	.04	.07	.45	.46
F値	.57	1.04	5.75	5.95
F検定			**	**

注：*10％、**5％、***1％、****0.1％で有意

規高卒者の割合という変数は職業学校と普通学校の進学率への規定力を失うことが分かる。

　大学志願者に占める新規高卒者の割合が高いことは、過去の高校卒業生の中からの大学受験者が相対的に少ないことを示す。他方で大学合格率が高いことは大学受験競争がある程度緩和されることを意味する。

(4)財政的基盤と政策的要因

　ここで財政的基盤と政策的要因を分析する(**表4−17**)。

　モデル1-1と1-2、モデル2-1と2-2の分析結果を比較すると、財政的支

表4-17 財政的基盤と政策的要因に関する回帰分析の結果

独立変数	従属変数:後期中等職業学校の粗就学率				
	1-1	2-1	3-1	4-1	5-1
(N)	(17)	(17)	(17)	(17)	(17)
定数	-11.66	-13.1	-0.82	-8.29	-9.46
財政的支出能力	3.74****				
財政的文教費支出水準		5.67****			
職業高校教員資源			-1.44		
職業高校固定資産水準				3.32***	
中学進学率					4.47****
R2乗	.71	.66	.12	.43	.75
F値	37.11	29.22	2.02	11.07	44.63
F検定	****	****		***	****

独立変数	従属変数:普通高校の粗就学率				
	1-2	2-2	3-2	4-2	5-2
(N)	(17)	(17)	(17)	(17)	(17)
定数	-3.91	-4.02	-3.62	-3.67	-3.87
財政的支出能力	1.08**				
財政的文教費支出水準		1.48*			
普通高校教員資源			3.05**		
普通高校固定資産水準				1.42**	
中学進学率					1.65****
R2乗	.30	.22	.34	.33	.50
F値	6.27	4.31	7.74	7.53	15.23
F検定	**	*	**	**	****

注:*10%、**5%、***1%、****0.1%で有意

出能力と財政的文化・教育の支出能力の何れもが、普通高校より職業高校の進学率に強い規定力を持っている。モデル3-2と3-1の結果を見てみると、普通高校の教員資源が普通高校の進学率にプラスの規定力を持っていることに対して、職業高校の教員資源は職業高校の進学率との間に統計的に有意ではないがマイナスの関係を持っていることが分かる。モデル4-1と4-2の分析結果から、職業高校と普通高校の固定資産水準とそれぞれの進学率とは正の関係を持っている。さらに、モデル5-1と5-2の

結果に示しているように、中卒者の進学率は普通高校より職業高校の進学率に規定力が大きい。

　市政府の財政的支出が高ければ高いほど職業高校の進学率が高いことは、職業教育の拡大は市政府の財政的な支えを必要としていることを意味する。それと同時に職業教育進学率の格差は後期中等教育進学率の格差をもたらすから、財政的支出が高ければ高いほど、後期中等教育全体の普及をもたらす。しかし、これは職業教育の拡大に必要な財政基盤が与えられることを意味するものではない。有意ではないというものの、職業高校の教師資源と職業高校進学率のマイナスの関係は、職業高校は教員資源の十分な裏づけのないままに、拡大を図った可能性があることを示している。中卒進学率と職業高校進学率との相関が大きいことは、増加した中卒者の多くが職業高校によって受け入れられたことを示すものであろう。

第4節　省レベルの政策の問題点

　この節では、省レベルで職業教育政策の展開の抱えた問題をまとめてみる。まず、職業教育拡大の背景に関しては、省レベル、特に調査地である山東省では、中央政府の職業教育拡大政策の背景と合致する側面があった。すなわち、まず経済発展を達成するために、技術労働者を養成することが急務となっている。特に経済体制の改革、地方分権に伴って、各省は技術労働者の確保が重要な政策的な課題となっている。第二には、高等教育がエリート段階にある中国では、大学受験競争の激しさは差があるものの、各省に普遍的に存在している問題である。このような背景の中で、これらの問題を解決することが、各省にとって職業教育拡大政策の目的となっていった。さらに、中央の職業教育拡大政策の強力な推進に伴って、特により高い職業教育拡大の目標を示された状況の中で、多くの省では中央の目標を達成することも一つの目的とされていた。

　しかし、市場経済への移行、教育体制の改革によって、省レベルの政府が計画経済時代に果たしえた機能が大きく変わってきた。中央政府の

職業教育拡大政策を実施する際に、色々な制限が受けることとなった。まず、国営企業・外資企業・郷鎮企業・合弁企業など多様の形態の企業が存在する。また経済発展の計画の策定・実行権は市・県に移譲しつつある。この二つの原因のために、省政府は各市・県の労働需要の事情を確実に把握できなくなった。これは労働需要計画およびこれに基づいた人材養成計画をつくることができなくなっていることを意味する。他方では、1985年から本格的に始まった教育体制改革によって、高校レベルの教育に対する財政的な支出は市、県政府によって負担することとなり、省政府は職業教育に関する財政力を持たないために、一時的な補助金の支出しかできなかった。このような状況の中で、省レベルの政府は行政的な威信によって、下位の市(地区)の高校段階教育に占める職業学校の入学定員数の割合を定め、普通高校の拡大を制限するなどの具体的な措置をとることによって職業教育の拡大を推進した。しかし、職業高校の財政的な問題は、省政府からの財政的な支出によって解決できないために、具体的な措置は主に下位の市(地区)に対する指令的な計画、あるいは誘致措置によるという方途をとったのである。こうした省の政策は結果的に、国の目標を達成するために職業教育を拡大してきたが、地域の実際の需要との乖離をひき起した。省政府は一方では市、県の職業教育の拡大を求め、他方では職業教育を一定の質を守ろうというジレンマを抱えているために職業学校に対する監督機能が空洞化せざるを得なかったのである。

注

1) 山東省統計局『2001年山東省国民経済と社会発展公告』。
2) 中国教育年鑑輯部編、1991年『中国教育年鑑 1990』人民教育出版社。
3) 呂可英・尹鈞栄、1997年『山東教育四十年』山東教育出版社。
4) 孫琳、1997年「"八五"職教発展回顧」『中国職業技術教育』6. p.27。
5) 呂可英・尹鈞栄編、前掲書、p.444。
6) 馬酥・郭思民編、2001年『邁向21世紀的山東教育』山東教育出版社 p.80。
7) 山東省人民政府、1985年『中等、初等学校指導管理体制に関する暫定規定』、山東省人民政府、1992年『中等以下教育発展と改革の意見』。
8) 馬酥・郭思民編前掲書、p.82。

9) 小島麗逸、2001年「統計分析から見た教育の発展段階」小島麗逸・鄭新培編著『中国教育の発展と矛盾』御茶の水書房 p.18。
10) 1999年までに職業高校の卒業者が2年の職歴を持てば、大学受験の資格が与えられる、と制度的に規定された。2000年に職業高校卒業者は職業大学への受験が許可された。ゆえに、ここで、普通高校の卒業者だけを分母にする。分子となる高等教育機関の募集者数は、浪人を含めている。山東省では毎年大学の入学者に約3割の浪人を含んでいる。したがって、実際の普通高校新規卒の大学進学率はより低い。

第5章　市・学校レベルでの職業教育拡大政策の具体化と問題点

　既に述べたように、教育改革の進行に伴って、管理権の下級政府への移行と共に下級管理機関の責任も強化された。山東省では、省政府は主に全省の職業教育発展のプランを策定し、重要な政策・方針を決定し、職業教育の教員養成、高等職業教育発展の研究、全省の職業教育発展のマクロ的な調整・管理を行う。市(地区)、県政府は該当地域の職業教育発展に関して、学校の配置・専攻設置・学生募集及び卒業生の就職、教員配分、教育経費の投入等を統一的に計画・調節・管理する、という役割が課された。

　このような管理体制の下で、地方政府はマクロ的な政策形成主体であると同時に、職業教育について自ら実質的なプロバイダとなっている。地方政府特に市レベル政府は、一方では、中央政府と省政府の政策に従う立場にある。他方では、地域経済の発展に一定の視野をもつと同時に、実際の労働需要をも身近に、かつ具体的に把握し、市民からの中等教育機会への需要に接する立場にある。しかも、経済発展の中で、インフラストラクチャーの整備など多部門への投資が必要とされ、教育部門においても九年義務教育の普及、膨大な高等教育進学需要を満たすための、高等教育への投資も必要とされる。ゆえに市政府が職業教育を拡大させるために必要とされる財政的な資源には、大きな制約がある。

　このような状況の中で市レベルの政府はどのような行動をとった、あるいはとりえたのか。またその結果、どのような問題が生じているのか。この章では、山東省済南市・青島市を例として、市レベルで職業教育拡大政策の実現化のメカニズムを分析する。

　具体的には、まず済南市・青島市の経済成長と職業教育発展を概観し(第1節)、市政府の職業教育発展の目標と制約及び措置を整理した上で

(第2節)、職業教育が現実に抱えた問題とコンフリクトを分析する。さらに市レベルでの職業教育の問題の構造的要因をまとめる(第3節)。分析は主に、済南市・青島市の政策文書とインタビュー調査の記録に基づいて行う。分析の対象となるのは主に2001年の済南市、1997年の青島市でのインタビュー調査の結果である。対象者は上記の両市の教育局(委員会)の職業教育行政関係者、及び済南市・青島市の各5箇所の職業高校の責任者である。

第1節　済南・青島市の職業教育政策

1. 経済成長と構造的変化

　済南市・青島市は山東省の最も重要な二つの都市である。済南市は山東省の政治・経済と文化の中心となる省都であり、面積は8,227平方キロメートルで、人口は558万(1997年)である。青島市は山東省の東部に位置し、面積10,654平方キロメートル、人口700万余りである。済南市・青島市は山東省において経済発展と教育発展の先進的な地域と見なされている。

　図5-1に示すように、済南市と青島市の経済は1980年代に緩やかに、

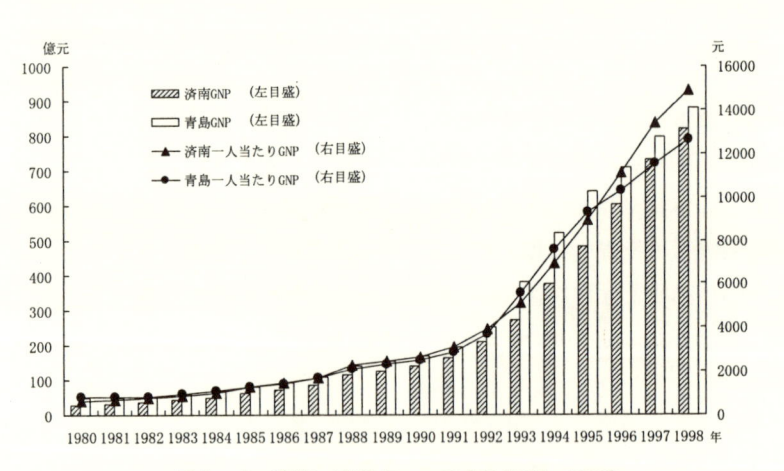

図5-1　済南、青島市GNPの成長(1980～1998)

データ出所：山東統計信息港済南分港(http://www.china139.com/web)。

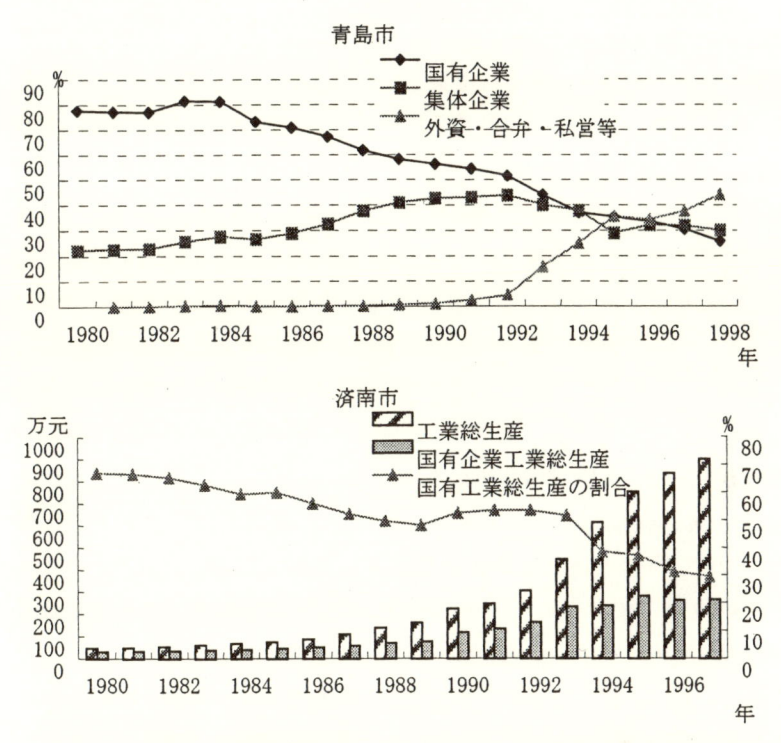

図5－2　青島、済南市の国民経済、工業生産に占める国有企業の割合の変化

データ出所:『青島市統計年鑑』青島出版社、『済南市統計年鑑』済南出版社、1999年版。

1990年代に大きな成長を見せた。青島市のGNPは済南市より高かったが、1990年代半ばから済南市の一人あたりGNPは青島市を越えた。済南市と青島市の国内総生産は何れも山東省の約10％を占めている。済南市と青島市の産業別構成の変化を見てみると、次のような趨勢が読み取れる。1985年から1998年の間に、両市の第一次産業の割合は約10ポイント下がっており、両市の第二次産業の割合は共に横ばいであるが、近年この割合が減っている。両市で国内総生産に占める割合が大きく拡大したのは第三次産業である。両市の産業構成は年によって差があるものの、構造的に大きな差異がないことは明らかである。

しかし、工業発展のパターンには両市で大きな差異がある。2001年に済南市の重工業と軽工業の比は63:37であるのに対して、青島市は39:61で

ある[1]。すなわち、済南市は重工業中心であるのに対して、青島市は軽工業が中心である。済南市は機械・化学・パルプ・電子・電力・紡織・建設材料・医薬・冶金など製造業を基盤としているが、卸・小売・貿易・運輸・郵便・電信・金融・保険・科学技術教育及び社会的サービス業などの第三次産業も発達している。1997年国内総生産は、全省17の市(地区)の中で、青島市につづき第二位に位置している。青島市はビール・繊維産業に歴史があり、近年はゴム・機械・電気製品・電子部品などの産業が急激に発展している。さらに観光産業が第三次産業の一つの主柱となっているのが青島市の一つの特徴である。青島市のもう一つの特徴は、外資の利用と対外貿易の活発さである。2001年に青島市の経済の輸出への依存度は44.7％である。輸出入額は済南市の9.1億ドルに対して、123.6億ドルに達しており、全省の輸出額の52.4％を占めた[2]。青島市の発展はいわば「外向き」のパターンであるといえよう。

　図5-2に示すように、1980年から1990年代末の間に、済南市と青島市の国民経済、工業生産総額に占める国有企業の生産額の割合は、大きく縮小した。これに対して大きく成長したのは集体と外資・合弁・私営などの非国有所有制の企業である。このように産業構造、特に国民経済に占める国有企業の割合の変化は、従来の国営企業の労働需要による人材需要の予測方式と、それをベースとした職業教育のありかたに、大きな変容をせまることは言うまでもない。

　1997年の経営形態別の都市就業人口構成を見てみると(**表5-1**)、総就業者人口に占める国有企業の就業者の割合は両市の何れも全省の61.6％より低いが、両市を比べれば、済南市の割合は青島市より高い。これに対して、総就業者人口に占める外資企業の就業人口の割合をみると、済南市は全省のそれと同じく2.6％であるが、青島市はこの割合がはるかに高く、10.1％に達している。

2. 職業教育の発展

　済南市・青島市では他の地域と同じく、1970年代末から1980年代の初めに、職業教育が回復・発展し始め、1980年代後期から大きな発展を見

表5-1 1997年済南、青島市経営形態別都市就業人口の構成(万人)

	総就業者人口	国有企業	集体企業	外資系企業	その他
済南	135.32	75.12 (55.5)	29.06	3.53 (2.6)	27.61
青島	137.26	70.77 (51.6)	23.02	13.89 (10.1)	29.58
山東省	1,121.34	690.4 (61.6)	193.60	28.9 (2.6)	208.44

注：(1)データ出所、(株)総研編　中国国家統計局監修『中国富力』かんき出版、1999年。
　　(2)括弧内は総就業人口に占める割合。

せてきた。1999年に、済南市では、各種職業学校の在学者数は7.8万人に達し、高校段階の在学者数の56％、入学者数の61.1％を占めている。設置された専攻は112に達し、その中で第三次産業と関連する専攻は学生定員計画の70％を占めている[3]。青島市の各種職業学校の入学者数は4.4万人で、高校段階の62.4％を占めている。100余りの専攻が設置されている[4]。

　済南市・青島市は山東省の主要な都市であるため、両市の多数の中等専門学校と技工学校は省教育庁及び他の省政府部門に管轄され、省内の各地から学生を募集し、それらの学校の卒業生も省内各地に就職する。

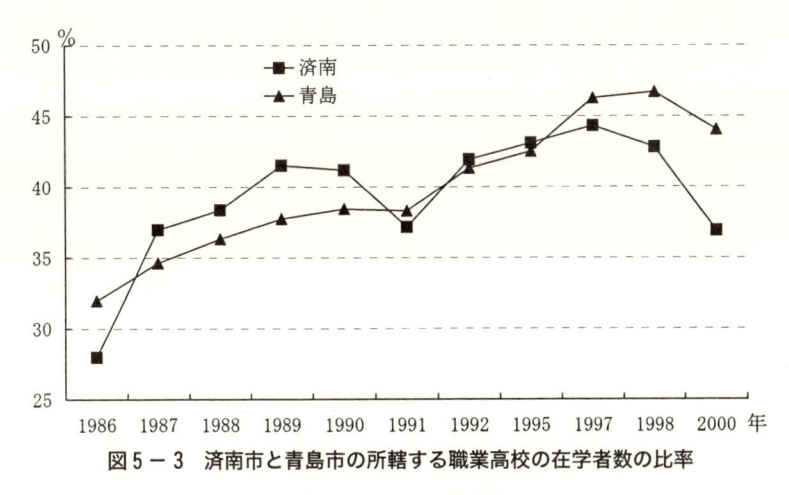

図5-3　済南市と青島市の所轄する職業高校の在学者数の比率

データ出所：山東省教育委員会(庁)の各年の統計資料。

これに対して、市教育局に所轄される職業高校と普通高校は、市内から学生を募集し、その卒業生も市内に就職するよう限定されている。figure5－3の両市の職業高校と普通高校の在学者比の推移を比較すれば分かるように、1990年代前半までの多くの年では職業高校の割合は済南市の方がやや高かったが、1995年までに、両市のこの割合はほぼ等しく40％前後で横ばいとなった。職業高校の在学者の割合は、済南市は1990年代末から下がり、2000年に36.9％にまで落ちた。これに対して青島市は2000年に44.1％で、1998年より減少したが、比較的高い割合を保った。

3. 職業教育発展計画・目標

市レベルの政策を見るために、毎年行われる市人民代表大会で、市政府により行われる『政府の工作報告』(以下『報告』と略す)と市経済計画委員会が策定する『社会経済発展計画』(以下『計画』と略す)の中に示された教育・職業教育発展の目標を整理し、それぞれを省と中央の目標と比較する。

済南市の1993～2000年各年度の『報告』と『計画』(表5－2)、及び青島市の1998～2002年の各年度の『報告』(表5－3)に示された教育発展の目標を見てみると、両市はいずれも、教育の発展は市の振興と経済成長を実現するための戦略であると位置づけている。

済南市では、1993年に既に『報告』の中で、地方の高等教育を積極的に発展させる方針を示し、1995年の『計画』は高等教育を着実に発展させることを強調した。1995年の『計画』の中で、市区の後期中等教育の普及を唱え、2000年の『報告』は高校段階の教育を拡大させることを示し、特に『計画』は高校段階での普通教育を拡大させることを明確にした。職業教育を発展する方針が多数の年度の『報告』・『計画』で提起されたが、1997、1998年は触れられず、1999、2000年には生涯教育・多様なパターンの職業教育が提唱された。

青島市の場合、1998年から2002年の青島市の五年度の『報告』の中で、全ての職業教育の発展を強調した。青島市政府の2000年と2001年度の『報告』では、高校段階の教育の普及、高等教育の拡大が目標とされた。

表5-2　1990年代済南市の教育発展の目標

	済南市政府工作報告
1993	1993年政府工作の主な任務　「科学・教育によって市を振興する」方針を堅持し、科学技術の進歩と人材の養成を加速。……基礎教育を強化、職業技術教育・成人教育・**地方の高等教育を積極的に発展**、労働者の資質を高めることと初、中級人材の養成を重要な位置に置き、経済建設の需要に適応
1995	1995年政府工作の指導思想と主な任務　"科学教育により市を振興する"ことを堅持し、科学技術教育事業を強力に発展、……経済建設の需要によって、<u>職業教育・成人教育と職工訓練を大いに発展</u>、労働者の資質を高める。**一層高等教育を発展**、より多くの建設人材を養成
1997	1997年政府工作の指導思想と目標任務 　……科学教育により市を振興する戦略の実施を加速
1999	科学教育により市を振興する戦略を実施。引き続き有効的に基礎教育を強化、<u>職業教育・成人教育と職場訓練を発展</u>、大学入試に合格しなかった学生に対して継続的に教育を与えるルートを開拓
2000	教育を優先的に発展させる戦略を堅持、素質教育を全面的に推進。九年義務教育を普及した成果を固め、**市区の高校段階の教育を拡大**、教育の質を高める。……中小学校の構造配置を調整、銘柄学校を拡大。成人教育工作を強化、<u>多様な形式の職業教育と技術訓練を大いに発展</u>
	済南市国民経済と社会発展計画
1994	1995年経済と社会発展の重点　……教育事業に関しては、……<u>積極的に中等職業技術教育を発展</u>……。引き続き成人教育・労働就業訓練・職工の職場での訓練を改善、労働者の資質を高める
1995	科学技術教育を全面的に振興、経済と社会の調整的な発展を促進……。全市九年義務教育を基本的に普及、**市内の四区の高校段階の教育を基本的に普及**。普通高校を一層改善、都市と農村部の職業技術教育を<u>積極的に発展</u>、**高等教育を着実に発展**……。<u>引き続き成人教育と職場訓練を改善</u>、労働者の資質を高める
1996	社会主義精神文明建設を強化、社会の全面的な進歩を推進 引き続き基礎教育を強化、<u>職業技術教育、成人教育と職場訓練を大いに発展</u>、労働者の資質を全面的に高める
1997	社会主義精神文明建設を強化、社会の全面的な進歩を推進 引き続き教育改革を深化、次第に受験教育から素質教育へと変わり、労働者の資質を全面的に高める
1998	各条項の社会事業の投入を強化、経済と社会の調整的な発展を促進。　科学教育により市を振興する戦略を真剣に実行し、科学技術・教育、……等各条項の社会事業を加速
1999	教育構造を調整、学校運営の規模を拡大、経済と社会発展のためにより多くの適用人材を養成
2000	2001年経済社会発展の主な任務　科学技術・教育及び社会事業への支持を強化……。教育構造を調整・合理化、**高校段階特に普通高校教育を発展**、学校運営の質を高める

注：(1) 済南市政府の各年の『政府工作報告』、市計画委員会の各年の『国民経済と社会発展計画実行状況と翌年計画草案に関する報告』により整理・作成。
　　(2) 下線と太字は筆者によるものである。

表5－3　青島市の教育発展の目標(1998～2002)

年	内容
1998	さらに経済成長の方式の転換を促進し、着実に国民経済の質を高める。全面的に科学・教育により市を振興する戦略を実施、教育の改革と発展を加速。基礎教育を引き続き強化、……小、中学校で全面的に素質教育を推進、<u>職業技術教育と成人教育を積極的に発展</u>、障害教育を重視。教育への投入を増大
1999	科学・技術と教育・衛生などの事業を積極的に発展。科学技術により市を振興する戦略を実施、……絶えず教育の質と運営の効率を高める。……<u>大いに職業教育、特に高等職業教育及び成人教育を発展</u>
2000	科学・教育により市を振興する戦略を実施、技術革新を推進。さらに教育を優先的に発展させる戦略を着実に実施。全面的に素質教育を推進、小、中学校での基礎教育の水準を高める。……**全省で率先して高校段階の教育を普及**。……**高等教育の入学規模を拡大**、<u>職業教育の水準を高め</u>、……一群の模範的中核的な職業学校を作り、一群の経済発展に適応する中堅的な専攻を創設
2001	科学技術の革新を加速、教育を優先的に発展させ、経済発展に技術的な支えを提供。教育構造を調整、民営教育事業の発展を激励、**2002年までに全市の高校段階の教育を基本的に普及、率先して2005年で高等教育のマス化を基本的に実現**、<u>職業教育と継続教育を加速的に発展</u>
2002	着実に市民の生活のレベルと総合資質を高め、人的な全面発展を促進。着実に教育を優先的に発展させる戦略的な地位に位置付け、教育に対する投資を増大……。大いに各段階、各類型の教育を発展、全面的に素質教育を推進、<u>特に多様な職業教育と成人教育を発展</u>、労働力の総合的資質と競争能力を高める

注：(1) 青島市政府の各年『政府工作報告』より作成。
　　(2) 下線と太字は筆者によるものである。

　このように、済南市政府は普通高校教育、高等教育の拡大に、より早くポジティブに取り組んだ傾向が見られる。高校段階の教育の普及、高等教育の拡大、多様なパターンの職業教育の実施という新たな政策的な動きは、時間的な差があるものの済南市・青島市にいずれにも見られる。続いて、中央、省、市政府により策定された職業教育発展の目標を比較する(表5－4)。

　中央政府では、教育部・国務院の政策文書、及び教育部の指導者の講演、教育部の会議の決定から明らかなように、中央政府は1990年代後半から後期中等教育の拡大を強調し始めた。従来の普通高校の拡大に対する厳しいコントロールは、やや緩和されるようになった。しかし、この拡大は「高等教育規模の拡大に従い、適度に発展させる」とされ、後期中等教育に占める職業学校の在学者の割合は依然として60％から50％に保つ方針を示している。

山東省政府が策定した職業教育発展の目標としては、2000年までに、職業学校の高校段階の在学者数に占める割合は60％以上とし、その後策定した2005年までの目標では中央政府の目標より「低くならない」という基準を示している。山東省は経済発展地域として、全国平均より高い目標値が要求されたが、これは以前に省政府が策定した計画の中にも体現されている。2005年までの目標は、省政府は中央政府の目標と一致を保つという政策志向を反映するものだが、ややトーンが弱くなっていることがうかがわれる。

　済南市、青島市政府の職業教育発展の目標を見てみると、1996年に策定された2000年の目標としては、両市はいずれも職業学校の在学者数は高校段階の65％を占めるとされた。前章での分析からわかるように、済南、青島市は山東省の経済発展地域であり、職業教育発展の目標は省の平均値より高い目標値が要求されたのだが、両市ともに省の目標を達成しようという政策志向が見られる。

　しかし、1990年代終わりに中央と省政府が職業教育発展の目標値を引き下げ、普通高校の拡大に対するコントロールが緩和されたことに伴って、両市政府の各々の政策志向も変化している。これについては第3節で述べる。

4. 職業教育拡大の位置づけ

　では、市レベルにおいては、職業教育にどういう目標が設定され、どのような役割が期待されたのか。これを上述の市政府が公式に掲げた職業教育発展の目標、及び市政府の政策担当者に対するインタビュー調査の記録に基づいて分析する。

(1)労働需要の側面

　既に述べたように済南市・青島市の『政府の工作報告』ではいずれも市の経済発展における教育の機能を強調し、職業教育は技術労働力を養成する重要な手段と位置づけられている。経済成長に伴って、技術労働力が必要とされ、特に山東省の中心都市である済南、青島市では中級レベ

第1節 済南・青島市の職業教育政策

表5－4 1990年代後半に各レベルの

中央	山東省
職業教育を積極的に発展、普通高校教育の規模を適度に拡大。全国高校段階における各種類の学校の在学者は2,125万人に到達、毎年の増加率は5.2％。大都市と沿海経済発展地区では高校段階の教育の普及。普通高校は高等教育規模の拡大に従い、適度に発展、約850万人に到達、1995年より13.8万人増加、年の増加率は3.6％。職業教育は中学校後に重点を置き、小学校後、中学校後と高校後の三級分流を行う。高校段階の各種の職業学校の在学者は約1275万人に到達、1995年より335.7万人増加、年の増加率は6.3％。全国高校段階各種の職業学校の在校者数は高校段階全体の60％ ――『全国教育事業"九五"計画と2010年発展規画』（教育部 1996年4月10日）	職業教育発展計画を策定、発展目標を明確にする 教育構造を更に調整、中学校卒業後を重点として異なる段階での教育分流を推進、職業学校と職業訓練を並行して進める。そして他の教育と互いに連携、調整的に発展する職業システムを設立・整備。2000年までに、高校段階の在学者数に各種の中等学校に占める割合は60％以上 ――『職業教育の大いなる発展に関する決定』（中国共産党山東委員会・山東省人民政府1997年5月26日）
職業教育と成人教育を積極的に発展、高い素質を備えた労働者と初・中級レベルの人材を多く養成、特に農業と農村の施策のための教育を充実させなければならない……中卒後の教育の様々な分化の方法を引き続き採る。各地の実情を考慮、積極的に中等教育の発展を進める。全国高校段階の職業教育と普通教育の現在の比率を保持、『中国教育改革と発展要綱』が掲げた目標を達成（注：要綱では60％という目標値を示した） ――『21世紀に向けての教育振興行動計画』（教育部 1998年12月24日）	（「山東省職業教育条例」2001年1月審議可決）、この条例に従って、山東省は次のいくつかの重点的な工作を提出した。一、中等教育の内部構造を合理化、中等職業学校の入学定員は国家規定の比例より低くならないこと。二、2001年高等職業学校の学生募集数は前年より倍増 ――「山東省職業教育条例が審議可決された」『中国教育報』2001年1月17日
社会主義現代化建設における基礎教育の戦略的地位を確立、基礎教育を優先的に発展することを堅持。高校段階の教育を大いに発展させ、高校段階の教育の調整的な発展を促進。大中都市と経済発達地域において次第に普通高校段階の教育普及、……高校規模を拡大。社会力量を励まして、多様な形式を取り入れ高校段階の教育を発展。普通高校と中等職業高校の合理的な比率を保持、調整的な発展を促進 ――『基礎教育改革と発展することに関する決定』（国務院 2001年5月29日）	現代的職業教育体系を形成、完成、人材を成長させるための「立体交差橋」を組み立てる。中等職業教育を主体とし、初・中・高等職業教育が相互に繋がり、調和的に発展、次第に社会主義市場経済体制に適応、市場の需要と就業に密接に結びつき、構造が合理的で、融通性と開放性があり、自主的に発展する現代的な職業教育体系を形成……、中等職業教育と普通高校教育の比率を大体同等に ――『大いなる職業教育改革と発展の推進に関する決定』（山東省人民政府2002年9月26日）
社会主義現代化の建設に占める職業教育の重要な地位を深刻に認識、「十五期」における職業教育改革と発展の目標を明確。大いに職業職業教育の改革と発展を推進……。「十五期」において初歩的に社会主義市場経済体制に適応、市場の需要と労働就業に密接に結びつき、構造が合理的で、融通性と開放性があり、特色が鮮明で、自主的に発展する現在的な職業教育体系を形成中等職業教育を重点とし、中等職業教育と普通高校教育の比率を大体同等に ――『大いなる職業教育改革と発展の推進に関する決定』（国務院 2002年9月24日）	

注：下線と太線は筆者が加筆したものである。

第5章　市・学校レベルでの職業教育拡大政策の具体化と問題点　193

政府が制定した職業教育発展の目標の比較

市レベル	
済南市	青島市
「利教興市」戦略を実施し、国民経済発展を促進教育事業……。2000年に、市区と経済発達の郷鎮の高校段階での教育を基本的に普及……。中等職業教育に関しては、普通高校を引き続き質を高める上で、さらに中等専門学校・職業高校と農村職業技術教育をしっかり運営、学歴証書と職業資格証書を並んで重んじる制度を実行。経済と社会発展の需要に従って、専攻設置を調整、教育実践を強化、学生の実際の操作能力を高め、高等職業技術教育を発展する方式を積極的に探索、現代的知識を備え、先進的実用的技術をマスターする高級技術人材を育成。2000年まで、各種の中等職業技術学校在学者は9万人に達し、高校段階の在学者数の65％ ――『済南市国民経済と社会発展第九カ五年計画及び2010年長期目標』（1996年） "十五"期経済社会発展の主要な任務 科学・教育で市を振興させる戦略を実施する足並みを加速し、科学技術・教育と経済発展との高効率的な融和を推進 「高素質・大教育」の構造を建設 適切に基礎教育を強化。……高校段階の教育構造の調整を加速、2005年までに、全市高校段階の教育を基本的に普及。市区では普通高校教育を普及、努力して、80％の中学校卒業生を普通高校に進学させ、より多くの中学校卒業生に普通高等教育が受けられるための条件を創る。全面的に素質教育の内容を把握、堅固な基礎知識、健康な心理素質、強い実践能力と創造能力を備える学生を養成 ――『済南市国民経済と社会発展第十ヶ五年計画要綱』（2001年2月27日）	2000年までに、市区と城鎮（農村の中心部）は高校段階の教育を普及し、各種の職業学校の入学者数、在学者数は高校段階教育に占める割合は65％。 ――『青島市国民経済と社会発展第九カ五年計画』（1996年） 教育発展を加速、人材養成基地を建設 ……高校段階の教育の規模を拡大、2002年までに高校段階の教育を基本的に普及。普通中学校の建設を強化、2003年、市区の高校は基本的に省レベルの模範化学校基準に達する。中等職業教育を発展、職業教育のモデル学校、専攻をつくるプロジェクトを実施。高等教育を大いに発展。高等教育の入学定員の規模を拡大、2005年に高等教育の在学者数は10万人増え、全省を率いて、高等教育のマス化を実現 ――『青島市国民経済と社会発展第十次五カ年計画要綱』（2001年） 2002年10月17日に開かれた「青島市職業教育工作会議」で、青島市は、今後大いに職業教育を発展、中学後の分流を重点とし、「十五」期に、高校段階での普通教育と職業教育の比率を1：1に保持することを堅持 ――「青島市：職業教育を重視することは経済を重視すると同等である」、『中国教育報』、（2002年10月18日）

ルの技術労働者への需要はより大きいと思われる。経済体制の改革に伴って、地方政府は当該地域の経済発展に関する政策的裁量権と責任が共に拡大してきた。中国では、新規大卒の一部は省外・市外へ就職できるが、新規高卒の多数、特に職業高校の卒業生は戸籍の所属市で就職することとなっている。すなわち、高卒の就職範囲は市の単位で遮断されている。中級レベルの技術者の養成と確保は経済成長の基礎となるだけではなく、将来該当地域の産業発展の方向を左右する。この意味で、市政府が職業教育に大きな役割を期待するのは理由のないことではない。

市政府の職業教育の責任者はインタビュー調査に対して、職業教育拡大初期の背景及び職業教育に対する期待を、次のように語った。

> 1970年代末から1980年代初期にかけて、中級レベルの人材の不足は深刻だった。当時は、後期中等教育はほとんど普通高校で、職業高校は経済発展の需要を満たすために発展し始めた（済南市教育局の職業教育行政関係者）。

> 青島市においても、経済発展のために中級レベルの技術労働者の養成が必要だった。職業教育は経済・社会の発展と就業を促進させる重要なルートである。職業教育を発展させることは教育構造を合理化させ、労働者の資質を高める手段である（青島市教育委員会職業教育行政関係者）。

(2) 学生の進路の「分流」

職業教育にはもう一つ役割が期待された。済南市教育局の責任者は以下のように述べた。

> 1980年代初期、大学進学競争が激しく、いろいろな問題をもたらした。市の普通高校の入学定員は大体大学入学定員数の4倍と設定して、高校段階で職業高校を拡大してきた結果、大学受験競争は大きく緩和された。（職業教育を発展させることによって）、大

学受験を緩和させることは1980年代によく提起されたが、現在は労働力の資質を高め、学生に多様な発展の可能性を与える、という言い方に変わってきた。

青島市教育委員会職業教育行政関係者の話によると、

　　(青島市では)、大学受験競争が過熱化し、普通高校の卒業生だけではなく、クラスの担当の先生にも大きな精神的なプレッシャーをかけた、……社会的需要は多様であり、人間が持つ能力もさまざまだ。そしてわが国では高等教育を受けられる人が一定の時期にはまだ少数である。……職業高校教育が、大学に合格できない学生に一種の職業能力を身につけさせることは、学生、社会の双方に意味がある。

このような認識は、職業高校の校長からも聞かれた。

　　……職業高校に入る時劣等感を持っていた学生でも、一定の時期を経て、元気が出てきた学生が結構いる。職業高校に入って、社会に直ぐに役に立つ技術を身につけ就職できることが、個人・社会にとっていいと思う(済南B校校長)。

　　学生の能力・興味・特徴は様々であり、必ずしも進学という一つの道を歩んでいくわけではない。我が校の一人の学生は従来勉強が嫌いだったが、職業高校に入って、機械に触ることが大好きになり、去年市職業高校の学生の技能競技会で賞をもらった(青島C校副校長)。

上述のように市レベルで職業教育に対する期待と認識は、国レベルと省レベルの政策の目的と一致した側面があることがうかがえる。これが職業教育拡大の実現の条件となったと思われる。

済南市・青島市での政策担当者に対するインタビュー調査では、職業教育は異なる能力と進路希望を持つ学生に大学進学以外にもう一つ選択肢を与えることが一般に強調された。職業教育は学生の進路分化の側面をプラス志向で扱い、解釈するという基本的な姿勢として浸透していることには間違いないと言えよう。

さらに、**表5－4**の中央、省、市各レベル政府の職業教育拡大目標の比較を見てみると、中央レベルの政策文書では、職業教育を通じて学生の進路を分化することが次のように明確に書かれている。『全国教育事業"九五"計画と2010年発展規画』(教育部、1996)では、「職業教育は中学校後に重点を置き、小学校後、中学校後と高校後の三級分流を行う」。『21世紀に向けての教育振興行動計画』(教育部、1998)では、「引き続き中卒後の教育が様々に分化する方法を採る、各地の実情を考慮して、積極的に中等教育の発展を進める」とされている。これは省レベルの政策文書にも見られる山東省委・山東省人民政府が制定した『職業教育の大いなる発展に関する決定』(1997)では、「教育構造をさらに調整し、中学校卒業後を重点として異なる段階での教育分流を推進し[5]、職業学校と職業訓練を並行して進める」と記されている。

これに対して、済南市と青島市の政策文書にはこのような記述は見られなかった。

このようなギャップは、中央、省、市政府がそれぞれ微妙に異なる立場にあることを示している。すなわち、中央と省政府の政策は政治的な判断による部分が大きいのに対して、市レベルの政府は、市民からの中等教育機会への需要に直接接する立場にある。大学進学競争を緩和させるために、「学生進路の分化」を学生の選択機会を広げる側面に力を入れ、「分化」という言い方を避けている。また、中央、省政府の普通高校の発展に対するコントロールが緩和されると、市政府は市民からの普通高校への進学需要の圧力の下で、普通高校教育を容認する姿勢が見られる。このような政策的傾向は青島市より済南市の方が顕著である。

(3) 上級政府に対する対応

　市レベルで職業教育拡大の目的は、経済発展に必要な人材を養成し、大学進学競争を緩和する、という「本来」の目的以外に、また一つ「派生」的な目的が存在することは否定できない。すなわち、市レベルの職業教育の拡大の規模は中央、省政府が設定した目標を達成することが目的とされた。特に職業教育大拡大時期には、中央政府の目標に基づき、省政府は省の目標を定め、さらに各市の目標を示した。市政府にとっては次第に高くなる目標を達成すること自体が「目的」となってしまった。これが結果として職業教育拡大の本来の目的との乖離を生み出すことを招いた、と言えよう。

5. 職業高校行政

　以上のような位置づけの下で、済南、青島の両市は職業高校拡大政策を進めた。職業高校に関する制度的枠組み及び財政制度は二つの市とも基本的には第4章で述べた山東省全体範囲を大きく逸脱するものではない。しかし、そうした制度は、既に述べたように十分な財政的裏づけを伴ったものではなかったし、同時に労働市場との関係あるいは家計による進学需要が高揚したという点においても問題を孕んでいた。

　こうした問題点に対して、各市は独自の対応をとることを迫られる。この対応において、済南と青島の両市の間には明確な差異があった。すなわち、済南市はほぼ省政府の方針通りに、言い換えればその政策をこえた対応をとらなかった。これに対して、青島市では1980年代から独自の措置をとってきた。これを受け継いで、1994年に「四統籌」(次の四つのことに対して市政府が統一して企画する)措置として、①職業教育経費の徴収、②技術等級の考査、③「連携弁学」(企業と連携して学校を運営すること)、④人材需要の予測を行ったのである。以下では、こうした青島市の独自の対応を中心として述べる。

(1) 財政的基盤の強化

　前述のように財政的基盤の不十分さが職業高校拡大政策の基本的な制約であった。しかも、職業学校の多くは底辺普通高校を改組して作られたものであった。職業学校を作り、発展させるためにまず直面する問題は、教育費用の調達の問題である。しかし省政府の財政的支出によって必要な経費を満たすことができないために、市政府は自ら資金を調達しなければならないことになる。

　青島市の「四統籌」プロジェクトの第一は、「職業教育経費の徴収を統括的に計画配分する」政策であった。1988年から青島市は企業・事業単位に対して職工・職員の年間総給料の0.5％を職業教育経費として徴収するとし、1989年からこの割合を更に0.8％に上げた。この経費は市財政と労働部門が各企業の職工・職員の賃金総額から徴収し、一括して市教育委員会に渡し、統括的に配分する。1996年には青島市の地方職業教育法規である『青島市職業学校管理条例』が公布され、この条例の中でこの措置はさらに制度化され、青島市の実情に従い、職業教育の発展に対する政府・事業部門・業界・企業・学校の各自の責任を明確に規定し、経費の援助等に関する企業の義務を強化した。経費の徴収を確保するために、この『条例』の第五章第三十六条では、「本規定に従って職業教育経費を納めない場合、統一徴収部門は期限を定め、正当な理由なしに期限を越えるものに対して、一日につき千分の三の滞納金を加える」と定めた。さらに1995年から、職業学校卒業生を雇う三資企業（外資企業・合資企業・個人資本企業）に対して、養成費を徴収するようになった。

　青島市は山東省、さらに全国でいち早く職業教育経費を徴収したのであるが、この措置は1989年後済南市を含む山東省の各都市、ないし他の省でも実行されるようになった。ただし、済南市においては、

　　　職業教育経費を統一的に徴収する措置をとったが、青島市のように完全に実施されるまでには至らなかった（済南市教育局職業教育行政関係者）。

とのことであった。

(2) 労働市場とのリンク

第二の領域は職業高校と労働市場とのリンクである。

産業構造の変化、企業所有制の多様化などによる労働市場の需要に対する予測の有効性の欠如は職業教育の拡大と経済成長の間に齟齬を生み出す。具体的には、職業教育の専攻設置・学生定員計画・卒業生の就職などに問題を生じさせる。

a 職業資格制度の実施

労働市場の問題に対する青島市の対応の第一は「四統籌」プロジェクトの一つである「技術等級の考査・認定を統括的に計画配分する」ことである。1989年から青島市で技術レベルの考察・認定を全体的に計画配分することを試み始めた。市教育委員会は技術レベルの審査を行い、労働部門は考査の基準を決め、証明書を発行する。職業資格の整備によって、技術レベルの考査・認定を受ける職業高校の学生は急増し、1996年には95％の職業高校新規卒業者が各種の技術考査・認定を受けた。そして考査・認定の標準化がますます重視された。資格制度の実施によって職業教育の質を標準化させようとし、資格制度の強化によって教育と労働部門が連携して、職業高校卒業生に労働市場に参入する「通行証書」を与え、より順調に就職させることを期待したのである。

b 企業との連携の推進

第二の対応は「四統籌」プロジェクトにおける「『連携弁学』を統括的に計画配分する」ことである。

青島市では、職業教育拡大の初期において、企業との「連携弁学」を提唱した。1991年に、市政府は市職業教育指導組が提起した『職業学校の「連携弁学」の急速な発展に関する意見』を通達し、学校運営に関する連携の形式、企業と学校の職責・指導体制・評価体制を具体的に規定した。1995年から職業学校の校長の企業兼職を試み始めた。校長達に企業に関連する知識・技術・管理方法を学ばせ、企業の人材需要を理解させる。他方で

は、職業学校の学生は連携関係を結んだ企業での研修を通じて、企業を理解した上で就職し、企業側も研修生から優秀な者を選抜することができるというシステムによって、職業高校卒業生の就職を促進させようとした。「連携弁学」を通じて、研修実践の場所だけではなく、職業高校に対する労働需要の情報、就職のポストの提供を期待した。

c 卒業生の就職の斡旋

職業高校卒業生の就職に関連して、青島市は「職業高校卒業生の就職を統括的に計画配分する」措置をとった。この措置は、国家教育委員会が発布した『「青島市職業教育発展のための三つの措置」を発することに関する通達』(1990)で、評価された。1980年代から1990年代の初めまで、職業高校の卒業生の就職を統一的に計画配分する措置がとられた。しかし、その後、卒業生の就職の斡旋は、就職促進事業という形で行なわれた。毎年、職業学校学生の就職を促進させる「職業学校卒業生の就職斡旋会」が開かれた。1999年に「青島市人材市場職業学校卒業生の就職斡旋機構」が設立され、職業高校卒業生を雇用側に推薦し、全市職業学校卒業生の就職状況を把握する役割を果たしてきた。

d 労働力需要の予測と計画的養成

「人材需要の予測を統括的計画的に配分する」ことも、「四統籌」プロジェクトの一つの側面である。市政府は人材需要の予測システムを確立し、2年毎に各業種の人材需要の予測を行い、専攻の設置を調整する根拠とする措置をとった。市教育局は学校を配置する時、専攻設置を統一的に考案する。各学校は経済発展の需要により新たな専攻を開設することができる。その場合は市教育局の認可を経る必要がある。青島市政府は1990年代の後半から重点学校の建設に伴って、さらに重点学校と重点専攻の設置を統括的に計画配分するという措置をとった。すなわち、「人力・物力・財力」を全体的に計画配分し、重点職業学校・職業訓練センターを建設する。これらの基幹学校によって、全市の職業教育の水準を高めようとする措置でもある。

(3) 進学機会の統制・誘導

対応の第三の領域は中学生の進学機会の直接・間接の統制・誘導である。

a 進学機会の統制

第一に、青島市政府は職業高校と普通高校の在学者の比率をマクロ的にコントロールする政策をとった。市教育委員会は普通高校と職業高校の入学定員計画を策定し、普通高校の定員外の学生募集を厳格に制限した。

青島市全体の職業教育発展の目標を達成するために、青島市政府はさらに下級の市(区)の目標を定め、それぞれの職業学校の入学定員数を示した。青島市の経済発展「九五」計画においては、2000年までに、市区と城鎮(農村の中心部)は高校段階の教育を普及し、各種の職業学校の入学者数、在学者数は高校段階教育のそれぞれに占める割合は65%にするという目標を提出した。この目標を達成するために、各市(区)に「各市、区教委は職業学校の学生募集工作への指導を強化し、適切な実行に移し得る定員計画を策定し、宣伝を強め、1997年職業教育学生募集の任務の完成を保証する」と指示し、それぞれの具体的な目標を示した(表5－5)。

表5－5 1997年青島市(区)高校入学定員計画

市(区)	中卒の高校への進学率(%)	高校段階に占める職業系学校入学定員数の割合(%)
平度	65.0	65.7
莱西	54.8	60.6
即墨	53.9	69.8
胶南	51.6	63.2
胶州	66.7	62.8
城陽	55.7	66.6
崂山	63.0	71.8
黄山	83.1	62.8
合計	58.8	65.0

注：青島市教育委員会『各市、区の職業学校の入学定員計画を公表することに関する通知』(1997)により作成。

このように、職業教育を振興・発展させるために、1980年代初めから青島市政府は一連の政策を策定した。これらの具体策は青島市が中央、省の職業教育拡大政策を実行させるために定めたものである。職業教育を拡大するために、青島市政府は積極的に市レベルの政府の機能を発揮したとみることができる。

b 職業高校への誘導

第二に行われたのは中学生の職業高校への誘導である。職業学校への入学を第一志望とし、かつ経済的に困難な学生に対して、入学試験に合格すれば奨学金を与えることとした。一部の第二次産業にかかわり、かつ入学者確保の難しい専攻を志望する学生に対しては、より高い奨学金を設けた。そして、一部の重点職業学校に他の市からの志望者を募集することを許可した。さらに、中学校最終学年の学生に対して職業指導、職業高校への見学を行い、「職業学校学生の募集に関する諮問大会」、「職業学校学生の公募相談会」などを通じて、中卒の職業学校への進学を促進するなどの政策がとられた。

(4) 済南市と青島市の比較

以上のように、職業高校拡大政策の実施過程で生じる問題への対応において、済南市と青島市の間に明確な相違があった。

こうした点では、青島市は中国全体の中でも突出しており、その一部は国家教育員会により先進的な事例として全省、全国に紹介された。例えば、1990年国家教育委員会が発布した『「青島市職業教育を発展させる三つの措置」を発することに関する通達』では、青島市の三つの措置、すなわち「職業教育経費の徴収」、「職業高校生に対する技術等級の考査」、「職業高校卒業生の就職」を統一的に計画配分することを、各省に勧めた。1997年に、国家教育委員会は『「青島市1996年職業教育学生募集状況の総括」の発送に関する通達』を下達し、全国的に職業学校の学生定員に減少の傾向が生じている状況に対して、増加を維持している青島市の経験を、各省に紹介した。

これに対して済南市でも青島市の経験を取り入れ、1989年に職業教育

経費の徴収を統一的に計画し、配分する措置をとった、卒業生の就職配分措置も講じた。しかし、

> 済南(市)は青島(市)のように多くの具体的方策を制定しなかった。制定された措置も確実に実施されていない(済南市教育局職業教育行政関係者)。

また、職業教育目的の税を徴収するための強い保障措置が制定されず、完全に実施されていないことは前に述べたとおりである。

この差異をもたらしたのはまず次のような経済的、社会的な要因によるところがあると考えられる。

済南市と青島市は何れも山東省の経済発展の上位地域であり、産業構造及びその変化もほぼ同じである。しかし、両市の第二次産業の構成を比べると、済南市は冶金工業・機械工業などの重工業、青島市はビール・繊維産業などの軽工業の割合が大きい。これらの業種に必要とされる技術のレベルが異なり、仕事に役に立つ技術者を養成するために必要とされる施設・設備及びコストが異なる。その上で、青島市は沿海都市として、済南市よりいち早く対外開放都市と指定され、対外貿易と外資企業はより活発であり、外資企業は職業高校卒業生の受け皿となっている[6]。

他方では、済南市における後期中等教育の発展は青島市より高い。2000年度中卒の高校への進学率は済南市78.5%で、青島市72.1%である。ちなみに、両市は小学校、中学校の入学率、進学率は何れもほぼ100%である[7]。省都として済南市においては山東省に所属する高等教育機関が集中している。従来高等教育機関の管理及び設置権は中央、省に所属して、全日制高等教育機関の省別、市別の入学者数の定員も中央、省政府によって割り当てられていた。1997年に職業短期大学の設置、管理権は市政府に与えられ、高等教育への定員に関しては市政府も一定の影響力を持つようになった。1997年に、全日制高等教育機関合格率が済南市と青島市は何れも3割強で、ほぼ同じであるが、2001年に済南市の全日制高等教育機関の合格率は青島市より高く72%に達し、全省平均の54.5%

より約18ポイント高かった[8]。成人高等教育への志願者数と合格率も連続して全省の第一位となった。これは済南市には省所属の大学が多いために、これらの教員を利用し、他の類型の高等教育を行いやすいからだと思われる。と同時に市民の高等教育への需要が高いことも現れている。

その上、省都である済南市は人材の蓄積の程度が比較的高く、中級以上の技術者数は省全体の48％を占めている[9]。しかし、これは済南市の技術労働者が十分であることを意味しない。済南市では技術労働者、特にレベルが高い技術労働者は大変不足しているという報道もある[10]。

第2節　職業高校をめぐる問題の構造

以上に述べた省・市政府の政策の下で、職業高校はどのような問題に直面しているのか。

上述のように済南市と青島市が1990年代末から職業教育の拡大に取り組む姿勢には差が見られた。しかしそれまでに両市とも職業教育を拡大させるために多くの措置をとっていたことは事実である。そうした政策のもとで、職業教育は現実にはどのような問題に直面したのか、市政府が取った措置はこれらの問題を解決できたのか。これについて、2001年に済南市で、1997年に青島市で、市教育局（委員会）及び済南市・青島市

表5－6　インタビュー調査対象校

市	学校名	特徴	インタビュー対象者
済南	済南A校	重点校	副校長
	済南B校	普通校	副校長
	済南C校	重点校	副校長
	済南D校	普通校	副校長
	済南E校	重点校	財務主任
青島	青島A校	重点校	副校長
	青島B校	重点校	副校長
	青島C校	重点校	副校長、教務主任
	青島D校	重点校	副校長
	青島E校	普通校	副校長

のそれぞれ5つの職業高校を対象にインタビュー調査を行い、それに基づき分析を行った。

調査校はすべて市区に位置し、済南市の調査校のうち3校、青島市の調査校のうち4校は重点職業高校であり、一般の職業高校より教育条件がよいことに留意すべきである（表5-6）。既に述べたように、済南市は、1990年代半ばから職業教育の質を高めるために、職業学校の重点学校の選出、認定制度を実施した。重点高校は学校の経費、施設・設備、及び学生の就職状況に関して、一定の基準に達しなければならない。1997年の時点で山東省751箇所の職業高校と中等専門学校のうち重点校は206箇所、青島は73箇所の職業高校と中等専門学校のうち重点校12校であった[11]。すなわち、重点校は約2割にすぎない。

以下では、このインタビュー調査を通じて明らかになった現実の職業高校の問題点を以下の三つの視点からとらえる。すなわち、1.財政的基盤と教育の質に関する問題、2.労働市場との関わり、そして、3.進学需要である。

I 財政的基盤

前述のように、公的な財政基盤の不備が職業高校拡大政策のもっとも重要な問題点であった。これは学校レベルではどのような問題を起こしているのか。

(1) 外的な要因
(IX) 基本的な制約——公財政支出の不足

既に述べたように、教育体制改革によって、中等教育の運営・管理等の権限が中央から下位政府へ移譲され、基礎教育（初等教育・中等教育を含め）の経費は主に地方の財政的支出によって担われるものとなっている。職業教育経費に関しては、職業教育拡大初期に省政府は補助金を支出した。しかし教育体制の改革、及び職業教育の急速な拡大に伴って、これが次第により下位の政府に担われるようになっていった。

省政府は1980年代職業教育拡大の初期において、職業教育を拡大させ

るために市別に職業学校に改組する学校数を基準に補助金を与えた。職業教育は一定の規模に達するとこの補助金は省政府と市政府が共に支払うように変化した。さらにその後、職業教育管理権の市、県(区)への移譲にしたがって、この補助金は市、県(区)財政に一任する状況になった。しかし、

> 職業高校の発展の初期において普通高校から職業高校へ改組するために(省政府は)補助金を与えてくれた。現在はこういう経費はなくなった。……省政府が制定した制度として、職業学校に対して、毎年都市部でクラス毎に5千元、農村部でクラス毎に4千元の補助金を支払う施策は一部の地域で実施されたが、一部地域では実施されていない(済南市教育局職業教育行政担当者)。

現在では、市が職業高校に与える補助金は教職員の給与費と、設備・備品の拡充に用いる裁量的経費(「専項経費」)に分かれる。しかし、上述のように財源自体が停滞する中で、「専項経費」は大きな制約を受けている。「専項経費」に関しては、

> 近年、職業教育の「専項経費」はあまりない。今年約200万元の"専項経費"が設けられたが、この経費は主に職業学校の学生募集事業と基幹専攻の建設のためであって、(一般の職業高校に用いられるものではない。従って)、基本建設費を除けば、職業学校の教員と職員の給料は約学校経費の80%を占め、「専項経費」は20%程度を占めるに過ぎない。(他方で)、市政府による教育経常費支出に関しては、職業高校と普通高校とは同じである。しかし、教育特別項目の経費は、実際は普通高校に対する投入が大きい(同上)。

言い換えれば、職業高校の固有の施設・設備は公的助成ではほとんど保障されないことになる。

表5-7に示すのは2000年済南市・青島市教育部門所属の普通高校と職

表5－7　2000年済南、青島市教育部門所属の普通高校と職業高校の
学生一人当たり予算内教育事業支出

	学生数 （万人）	予算内教育事業費 支出（千元）	学生一人当たり 費用（元／人）
普通高校			
済南	47.9	60.4	1,260
青島	68.4	115.7	1,691
（全国）			(1,315)
職業高校			
済南	24.2	44.8	1,853
青島	56.9	124.4	2,185
（全国）			(1,350)

注：済南、青島市のデータ出所は山東省教育庁の資料、全国のデータは教育部『2000年全国教育経費執行状況統計公告』による。

業高校の学生一人当たり予算内教育事業支出である。済南市、青島市の職業高校は何れも普通高校より高く、青島市は済南市より高く、経済発展地域として済南市と青島市の職業高校の学生一人当たり予算内教育事業支出は全国のそれよりも高いことが分かる。しかし、普通高校より職業高校のコストが高いことを考慮すると、これでも職業教育を実施するための十分な財政的な支出とは決して言えない。

(2)市政府の対応
　　(IY)目的税の導入

　前節で既に述べたように教育経費については省・市政府は教育経費を備えるために多様な措置を策定し、政府による財政的な投入は着実に拡大した。特に青島市は1988年から企業・事業部門に対して職工、職員の年間総給料の0.5％を徴収するとし、1989年からこの割合を更に0.8％に引き上げた。済南市は青島市の経験を取り入れ、1989年に職業教育経費の徴収措置をとった。しかし、国有企業の経営不振によって、職業教育経費の徴収措置の実施も必ずしも実現することができなかった。他方で、職業高校が大量に設立され、施設・設備に必要な投入量は膨大である。しかもこの投入は「一次的な投資」ではなく、施設・設備の更新に経費が

必要である。

(3)構造的要因
このような財源の不足は、様々な構造的影響をもたらしている。
(Ⅰa) 授業料への依存とその限界
[Ⅰa1] 財政の不足を補うためにまず考えられるのは授業料の徴収である。

重点校の済南E校の財務主任は同校の財政状況について次のように述べた。

> 教職員の給料は教育局から資金が割り当てられる。学校の収入は教育局からの補助と学校自身の収入が半々である。2001年我が校は授業料での収入は約300万元、教職員給与を除く支出は305万元であった。

すなわち、この学校では、設備・備品費をほとんど授業料収入に頼っている。しかし、済南E校のように授業料に依存しうる学校は必ず多いわけではない。

> 我が校は学生募集数が比較的多く、収入も他の学校より多い。他の学校では、教育局からの割り当てる資金がより大きな割合を占めており、約6～7割である。学生募集が困難な学校は7～8割になると思う。我が校のような学校は済南市で約2、3箇所にすぎない(済南E校財務主任)。

それは一般に、職業高校で普通高校より高い授業料を設定することが現実には困難な学校が多いからである。重点校ではない済南B校の場合、

> 学校の経費状況は厳しい。重点普通高校・中等専門学校は計画外の学生の応募によって、高い授業料を徴収することができる。

しかし我々職業高校の場合は計画内学生数さえ集まらない（済南B校副校長）。

[Ⅰa2] それでも入学者数を拡大させる高校もある。

済南市での調査によると、一部の職業学校は財政上の理由から、できるかぎり多数の学生を入学させた。その結果、入学試験の選抜度が低下、あるいは実質的には無試験入学となった。

> 学生の教養基礎知識は不足している。入学定員の確保が困難であるために、去年から済南市の職業高校の一部は試験なしで入学できるようになった。高等教育拡大によって、職業高校の学生の水準はより低くなり、入学者の格差もより大きくなり、授業の実施さえ難しくなった（済南A校教務主任）。

こうした点で、進学需要での制約と財政上の困難が結びついているのである。

（Ⅰb）学校の営利事業

公的資金の不足を補うもう一つの財源となっているのは学校内に設置された営利企業である。

[Ⅰb1] 職業高校生の「勤工倹学」、すなわち学生を労働に参加させ、教育面において教育と生産労働の結合を、経済面において学校財政の補充を目的とした制度が、職業高校創設の当初から提唱された。1993年に公表された『中国教育改革と発展要綱』（中共中央・国務院）は「連合の学校運営を提唱し、産学共同のルートをとり、さらに多く貸与を利用し校営産業を発展させ、学校の自己発展能力を増強し、次第に校営産業により学校運営を賄う方向に向かっていかなければならない」と述べた。校営産業の運営は職業高校の技術を発揮し、学生の実習の場所を提供する側面がある。しかし、教育経費の不足を対処するために、学生を過度の長時間労働へ参加させることは、教育の質の低下を招くのを避けられない。

このような営利事業は、済南、青島市の職業高校では広く行なわれて

いる。

> 教育局は教員の給料しか補助していない。施設・設備費は校内企業、授業料などによる。わが学校には二つ工場がある(服装、印刷工場)。服飾工場は区教育局と連合して運営している(済南B校副校長)。

> 学校の収入は三つの部分から成り立つ。すなわち、授業料・教育局の補助(教員の給料分)・校内企業の営利である(済南D校副校長)。

しかし、こうした学校の営利事業は必ずしも効率性が高いわけではない。

> 我が校には印刷企業があるが、その効率性と利益は低い(済南D校副校長)。

それでも営利事業が財源となり得るのは、学生の「実習」を現実には無償の労働として利用しているからに他ならない。また同様の理由で、学生を企業に「実習」に行かせる高校も少なくない。これは、職業高校の教育の質に大きなマイナスの影響を与えている。

[1b2] 職業高校の実習も教育の質に影響する。済南市の職業教育について、市教育局の職業教育行政関係者は次のように語った。

> 職業教育の拡大時期に設立した職業学校は、職業教育の拡大に貢献した。しかし、同時にこれらの学校こそ職業教育の評判を凋落させる原因となった。これらの学校は教育の質を保証できない。職業高校は自らを陥れたとも言える。職業高校卒業生の就職が難しい状況の中で、先手を打ち、学生が採用される可能性の高い職場で働かせ、卒業生をより多く就職させるといった理由で、実習期を繰り上げた学校が少なくない。そのために、学生の在学中の勉強時間は実際の授業計画より大幅に短縮された。一部の職業学

校では、授業を一年で終らせ、二年目から実習する。三年目が終わって、卒業証書を与える。学生の親の中には子供が普通高校に入れば多かれ少なかれ知識を得ることができるが、職業学校に入れると勉強できないだけではなく、悪い習慣に染まる恐れがあると言う人もいた。市教育局は実習時期が長すぎないように注意してきたが、あまり効力を発揮していない。

青島市でも、校内企業は学校財政の収入源の一つとなっていた。

> 現在学校はいくつかの企業と協力関係を作っている。学生の実習先を探すことはかつて難しかったが、現在企業が学校に来て、"実習生"を求めることがある。学生の実習は"有給実習"であり、学生・学校・企業の三者にとって有利である(青島E校副校長)。

筆者が行った青島の5校の学生に対するアンケート調査の自由記入欄には、「実習時期が長く、内容も単純労働であるため、自分の学力に懸念を抱いている」と書いた学生が少なくない。他方で生産性の高い企業では改革が実施され、効率性を求めており、学生の実習には、

> 一般的にあまり熱心ではなく、一部の学校では実習場所が問題となっている(青島市教育委員会職業教育関係者)。

このように職業教育の急速な拡大に伴う資金の過不足の中で、学校の財政を補充するために、「実習」の時間は『教学大綱』[12]に決めた時間数を大幅に越え、学習した内容とあまり関係がない単純労働へ学生を参加させた。これは学生の学力低下を招くことが避けられない。

(Ⅰc) 施設・設備の不足

上述のような状況の中で、施設・設備に対する資金は不足せざるを得ない。

比較的財政状況の良好な済南E校の支出(給与費を除く)を**表5-8**に示

表5-8 済南E校の2001年の支出

項目	金額(元)
学校車輌3台、車輌保険、ガソリン、補修費等	6万
新授業ビル内学生用テーブルと椅子480セット	6万
教職員閲覧室、図書館に補充する各種類の専門書、雑誌、新聞	10万
授業費、残業費、教職員福利費	100万
事務用品	9万
事務室ファイルの戸棚、事務用テーブルと椅子の更新	15万
教員、学生用薬費	6万
学校インターネットの建設	30万
新授業ビル・メディア授業システム	12万
新授業ビル・メディア言語システム	15万
新授業ビル・ネット閲覧室	36万
事務、授業ビルの修繕	23万
生物実験室設備	25万
衛星テレビ受信機	3万
「教職員の家」の設備	4万
各実験室の補修	5万
計	305万

す。これを見ると、労働市場における技能需要に対応するために必要と思われる経費であって、特に冗費と思われるものはない。

　この済南E校では、人件費に対する施設・設備費の比率はほぼ5：5であったが、前述のように他の非重点校では8：2となっているところも少なくない。言い換えれば、そうした学校では施設、設備費はE校の場合の4分の1程度となることになる。その水準では通常の授業を行うのにも不足し、新しい分野の設備を導入することは極めて難しいことになる。

　　　職業教育を制約する要因は、教育の質、一定数量の志願者、経費などの問題である。……海外輸入車を修理する技術を把握するために、学生に最新の検測・測定機械を取り扱わせる必要があるが、これらの機械を購入できないため、学校で訓練することができない。訓練用車も足りない(青島B校副校長)。

経費の問題に対して様々な措置をとってきたが、この問題はまだ職業教育の阻害要因となっている。……実習には校内実習と企業実習がある。校内の実習には設備が不足し旧式化している。将来に必要な人材を養成するためには、学校は最新型の機械を使わなければならないが、現実には、企業で不要となった機械を使用している。企業での実習も、工場は生産効果を重視するため、学生を単純な労働力として使う傾向がある（青島C校副校長）。

　コンピュータ室の設置と調理科実習用原材料の消耗が激しいため経費が不足している。比較的先端的な専攻の実習機械の整備が必要であるために、これらの専攻が設置された学校の教育経費の不足はより厳しい（青島A校副校長）。

　このように教育経費の不足、及びこれによってもたらされた施設・設備の不備は青島市の重点職業高校にも見られた。

（Ⅰd）適格教員の不足

　職業教育経費の不足は上述に触れたように職業教育を実施する上で必要な施設・設備の欠如をもたらしただけではなく、適格教員・必要な実習場所の不足をも招いた。

[Ⅰd1]　職業高校の多数は底辺の普通高校から改組されたものである。教員の配置、施設等の教育条件は元々低かった。職業高校に改組された後、これらの教員が教養科目あるいは専門科目の教員になった。既に述べたように、職業高校拡大の初期から教員養成が強調され、教員養成のための訓練養成センターなどが設立され、中央・省・市の政府機関は教員養成のために様々な措置をとった。しかし、急速に拡大してきた職業学校の教員の需要に対応しきれず、教員の供給と需要には大きなギャップが生まれた。

　教員の人数が不足しており、特に「達標」（基準に達する）教員が

足りず、専門科教員の問題が大きい。専門科教員の不足は直接に教育の質に影響を与えている（青島市教育委員会職業教育関係者）。

こうした状況の中で、青島C校の教務主任は次のように新規大卒の技術的実践的能力、適任能力の欠如を提起した。

若い教員の再訓練が必要である。大学では理論教育を重視する反面、実践能力はあまり重視されていないから、配置された大学卒業生がすぐに職業高校の教員になるのは無理だ。……専門科教員の人数は不足しており、しかも学歴レベルは低い。緊急の場合、教員は大学へ派遣され、大学で勉強しながら教えている。

青島B校の副校長は学校の教員状況について次のように述べた。

教員の学歴は四大卒者が48％である。専門科教員の多数は普通高校から転職してきた者である。教育方法は普通教育の方法に偏っており、実践的な能力は低い。連携関係がある企業から提供された教師は実践能力が高いが、理論レベルや教育方法に問題がある。

[Ｉd２] こうした問題は、職業高校の教員の確保について一般的な問題であるが、上述の財政的な問題は、その解決を特に困難にしている。

（済南市では）、職業学校の教員の学歴合格（本科大卒）率は普通高校より低い。特に専門科教員が量的、質的に不足しており、近年では入学者数の減少に伴って、学校の収入はさらに減少した。（その結果）教員の福祉やボーナスが保障できず、教員のやる気にも影響を及んでいる（済南市教育局職業教育行政関係者）。

新規大卒を採用するにしても、待遇が悪いために企業と競合できない。

専門科教員はまだ不足している。大学卒業生には人気がないために、新規大卒の専門科教員の採用は難しい。(そのために)現職教員の質を高めるために、大学・専門学校へ派遣して研修させている(済南D校副校長)。

しかし、こうした現職教員の再教育も、昇給などのインセンティブが不足すれば、あまり効果的とはならない。

II 労働市場とのリンク

職業教育政策の主な目的の一つは、中級レベルのマンパワーを養成し、経済発展に効率的に寄与することである。これを実現できるか否かは、職業教育を受けた学生の労働市場での受容、身についた専門知識と仕事とのマッチングの結果と関わっている。

(1)外的要因
(IIX1)労働需要の変化

言うまでもなく、職業高校の卒業生の就職は労働需要そのもののあり方に関わる。前述(第4章第1節)のように山東省の経済成長率は全国のそれをも上回り、1990年代ではほぼ平均10%以上を維持してきた。中でも青島市、済南市の経済成長率は高く、1998年から2001年の間にGNPの成長率の平均はそれぞれ12.6%、13.8%[13)]、と飛躍的な拡大を遂げてきた。これは当然旺盛な労働需要を生んだ。若年労働力の失業率は低く、調査対象校でも卒業生の間に就職すること自体についての問題が多いという認識はない。

(IIX2)就業構造の急速な変化

他方で経済成長は急激な産業構造の変化をともなっている。第1節で述べたように、第2次産業の比率は一定しているが、第1次産業の比率は低下し、第3次産業の比率は大きく拡大した。同時に国営企業の構成比は大きく減少し、かわりに民間企業(集体企業など)の比率が拡大し、

さらに外資系企業の比率が大きく拡大した。新しい雇用拡大の中心に外資系企業による製造業およびサービス業に移りつつある。こうした背景から若年労働力に要求される知識・技能も大きく変化している。

> かつて、卒業生の就職先は「定向」（企業との契約によって就職）であり、就職先の多数は国営企業であった。近年一方では国営企業の不景気により採用が大幅に削減している。他方では一部の国営企業は高学歴者を求める傾向がある。現在学生の就職先の多数はサービス業で、私営・外資企業が多数である（済南D校副校長）。

こうした変化への対応が、職業教育のもっともクリティカルな課題となる。

(ⅡX3)青島市における労働需要

以上に述べた変化について済南市と青島市との間には相違がある。すなわち第1節で述べたように青島市では外資系企業の拡大がより著しく、また観光などの新しいサービス業が拡大している。このような状況は、職業高校卒業生への需要にも直接影響を与えている。例えば、

> 近年、ホテルが大量に建設され、管理・サービスを専攻する卒業生の需要は急増した。1986年から卒業生は需要に応えられなくなり、売り手市場となっている。卒業生の就職は問題がない（青島A校副校長）。

(2)市政府の対応

第1節で述べたように、労働市場とのリンクを強化するために市政府は主に三つの対応策をとった。

(ⅡY1)労働需要の予測と計画配置

労働市場の急速の変化に対応するために、市政府は労働力需要の予測と計画的養成措置をとった。これは青島市の職業教育の「四統籌」プロ

第5章 市・学校レベルでの職業教育拡大政策の具体化と問題点 217

ジェクトの一つの重要な側面である。具体的には、市政府は2年毎に各業種の人材需要の予測を行い、学校を配置する時、専攻設置を統一的に考案する。また、「職業高校卒業生の就職を統一的に計画配分する」措置をとり、職業学校卒業生の就職斡旋機関を設立した。

(IIY2)職業資格制度

職業教育と労働市場とのリンクを強化するために、いま一つ重要な措置は資格制度である。「技術等級の考査を統一的に計画配分する」ことは青島市の「四統籌」プロジェクトの一つである。1989年から青島市では技術レベルの考察・認定を全体的に計画配分することを試み始めた。1990年代初めに国家により労働市場での職業資格制度の実施、職業学校への職業資格導入が提唱され、職業高校卒業生に労働市場に参入する「通行証書」を与え、より円滑に就職させる。と同時に職業訓練されていない普通高校職業生の就職を制限することが期待された。

(IIY3)教育過程での企業との連携(「連携弁学」)

いま一つ対応は中央、省政府も提唱した企業との連携の推進措置である。青島市では、職業教育発展の初期において、企業との「連携弁学」(企業と連携して学校を運営すること)を提唱した。1990年代青島市はその措置をさらに強化し、「『連携弁学』を統一的に計画配分する」ことは「四統籌」プロジェクトの一部分となった。済南市も、職業学校と企業の連携関係の構築を重視して、職業高校卒業生の就職を促進する措置をとった。

しかし、次のような構造的要因が存在するために、これらの措置は十分に機能しえなかった。

(3)構造的要因

(IIa)労働需要の変化への対応の制約

上述のような産業構造の変化は職業高校に大きな問題を生む。従来の職業高校の卒業生は企業、特に国有企業と職業高校との安定的な関係に支えられていた。

職業学校の卒業生の就職について、企業と連携して学校運営を

する学校の卒業生は、一般に"契約"に従って就職するため、問題がない（青島市教育委員会職業教育関係者）。

C校卒業生の就職状況についての副校長は次のように述べた。

> 公共バス会社・交通運輸会社と「連合弁学」（学校と企業が連合して、学校を運営）するので、多数の学生の就職は問題がない。

青島D校の場合は、

> 学校は企業の人事担当者を学校に招き、学生との話し合いを通じて学生の就職先を決める。今年はこうして約70％の卒業生の就職先が決まった（青島D校副校長）。

【lla1】　しかし、連携関係を結んだのは国営企業が多数であるために、国有企業の改革に伴って、一部の卒業生の就職に問題が生じた。

> 経済改革によって、企業の人事制度も変化した。連携先の一部は国有企業から独立採算の業者となったために、一部の専攻の卒業生の就職が問題となった（青島C校副校長）。

> 市場経済体制の下で、企業の破産、大幅な産業構造の転換がありえる。そういう場合は、企業は早急に専攻設置と課程内容を変更する意見を提出し、受け入れると予定した卒業生を他の企業に推薦することを要求した（青島市教育委員会職業教育関係者）。

【lla2】　他方で、新しく作られた企業の多くは不安定で、従来のような職業高校と企業との安定的な関係を作ることが難しい。
　多数の私営企業、外資系企業の採用は卒業生の研修が必要とされ、研修生の中の優秀な者を選ぶ仕組みとなっている。

研修を早く実施すると学生の就職に有利と考えるため、各学校の研修期はますます早くなり、一部の学校は学生入学1年半後に既に研修をし始めた(済南C校副校長)。

[IIa3] こうした状況は、職業高校の専門的な教育の価値の低下につながる。しかも、

国営企業の経営は不景気のために、学生の研修を受け入れるところは少ない。私営・外資系企業は研修生から優秀生を採用すると言っているものの、研修後の採用率は低い。例えば本市のG商社等の大手デパートでは会社研修した学生の採用率は約5％にすぎない。廉価な労働力を雇うためだ。……各企業での研修を通じて就職協議を達成するのは約40％である。他の学生は自営業、アルバイトなどをする(済南D校副校長)。

こうした形で「連携弁学」制度は形骸化し、職業高校の卒業生の雇用は不安定なものとなる。

(IIb) 専攻科目設置の混乱

[IIb1] 前に述べたように、職業高校の多くはその運営を授業料収入に大きく依存しており、学生の確保がその将来に決定的な意味をもつ。そのため労働市場の変化をさきどりして入学者にアピールする努力をする。

本校は幼師(幼児師範)専攻が中心だったが、環境芸術・コンピューター美術等の新しい専攻を設置した。新しい専攻を設置する際に学校から市教育局の許可を得ることが必要であるが、教育局は学校の経営を維持させるために大方ほぼ学校が申請すれば認めている(済南A校副校長)。

専攻設置に関して、学校が新たな専攻設置を申請すれば、ほとんど承認される。今年評価基準が公表されたが、未だ実施にうつされていない。この結果、全市20箇所の職業高校がコンピュター専攻を設置している。そして、財会、経営・販売等の専攻も多く設置されている(済南B校副校長)。

　専攻設置は一般的に、まず学校が市場の需要を考察し、入学定員を設定する。その後市教育局の審査を受ける必要があるが、大抵認められる。今年国家教育部『中等職業学校専攻目録』が頒布され、我が校は『目録』に載っていない専攻の設置を申し込んだが、最終的に市教育局と相談して許可をもらった(済南C校副校長)。

[Ⅱb2]　こうした環境では、学校間の競争も激化する。
　青島D校の副校長は次のように述べた。

　市場需要は飽和状態になる恐れがある、同じ専攻が設置された学校、例えばJ職業高校との競争も激しい。実習期に入ると、早めに就職のための宣伝、活動に着手しなければならない。

この危機を感じとり、各学校は対策を考えた。

　就職への適応能力を高めるために主専攻と副専攻を設けた。学生の労働市場での競争力を高めるために、学校は従来の18専攻から現在6専攻に絞っている(青島D校副校長)。

[Ⅱb3]　こうした状況の結果として、一部の分野では供給過剰が生じている。
　例えば青島市では前述のように観光関係の労働需要があったが、これに対する職業高校の対応は次第に過大となった。青島A校の副校長は学校間の競争について次のように述べた。

近年旅行専攻を設置する学校が増加し、昨年ホテル管理・サービス専攻を設置している学校が全市で40箇所になった。大学も旅行専攻を設置した。近い将来、ホテルの建設を近年のように大規模に行うのは不可能になるであろうから、ホテル管理・サービス専攻は困難に直面することが予測される。……財会（財務・会計）専攻は二・三年前"人気専攻"だったが、現在学生の就職難が既に起こっている。

　このように財会専攻は就職難に直面していると言われた。しかし、1997年の青島市区の職業高校定員計画を見てみると、52校のうち15校が財会専攻を設置しており、しかも学生を募集し続けている。

[IIb4]　しかし、さらに重要なのは、職業高校の教育の質とそれに対する社会の評価の低下である。

　　現在入学定員を確保するのは難しいから、一部の学校は学生を集めるために、自身の教育能力がなくても、勝手に人気になっている専攻を設置する。一部の学校は、入学者を集めるために虚偽の手段をとった。卒業後の就職が保証できるなどの宣伝に学生の親がだまされ易い。実際にこれらの学校の授業料は高く、教育水準が低い（済南A校副校長）。

(IIc)マクロ的計画・質の保証の限界

　以上に述べた専攻設置における混乱を避けるためには、マクロ的な計画、質の保証の制度が不可欠である。そうした要求は職業高校自身からも聞かれる。

　　専攻設置を統制するのはいけないが、市政府のマクロ的コントロールが必要である（済南D校副校長）。

学校の専攻設置に関して、市教育局はよりマクロ的に指導すべきである。学校の労働市場に関する情報は限られているから（済南C校副校長）。

しかし、政府のこの点に関する対応には大きな限界がある。

[Ⅱc1]　第一に職業高校と労働市場との関係について、実態を把握する体制が弱い。済南市、青島市のいずれにおいても高校卒業者の就職状況についての体系的な統計はない。

　　　　職業高校卒業生は卒業後直ちに就職するわけではないし、転職するケースも多い。職業高校卒業生の就職の実態を把握するのは難しい（済南市教育局職業教育関係者）。

筆者の青島市での調査でも、市教育委員会職業教育関係者によると、青島市も職業高校卒業生の就職率に関する統計データがないことが分かった。

　　　　学生の就職の時期が違うし、転職も多く、就職率の具体的な統計は難しい。学生の就職状態に関する追跡調査をしたが、中断した（青島E校副校長）。

こうした点は事実としても、こうしたデータの欠落は政策へのフィードバック機能が弱く、体系的な「計画」の根拠が薄弱であることを示している。

[Ⅱc2]　第二は、市政府の能力と権限の問題である。
済南市教育局の職業教育行政関係者は専攻の設置について次のように述べた。

専攻設置・認可権はかつて省、市がマクロ的にコントロールした。しかし、近年職業高校の発展は困難が多いため、教育局は一般的に学校が専攻設置の申請をすれば、ほぼ申請どおりに許可を与える。学校は生き残るために、学生募集が確保できるような新しい専攻を設置するとしている。このやり方は「大きな網を張って魚を捕る」と比喩されている。各学校の学生募集をめぐる戦いが一種の「無秩序競争」状態となっている。

青島市教育委員会教育行政関係者は、青島市の職業高校専攻の設置状況について次のように述べた。

> 職業高校、専攻の配置は基本的に市の経済発展の需要に対応できる。「専攻配置を統一的に計画配分する」ことは市教委の「四統籌措置」の一つであった。市教委は学校配置・専攻配置を総合的に調整する。学校は経済発展のニーズによって専攻設置の要望を市教委に出して、許可をもらえれば新しい専攻を設置することができる。しかし、人気のある専攻を持たないと学校が生き残らないために、市教委は専攻を統一的に計画配分する時は学校側の事情も配慮しなければならない。

専攻設置の調整権限が市に与えられたとしても、財政的な裏づけを持たない一方で、職業高校の学生数を一定程度に保持しなければならないとすれば、強力なコントロールを行なうことは実質的に困難になりつつあることがうかがえる。こうした意味で、「統一的に配分」という政策には大きな限界が生じている。

[Ⅱc3] 第三は、教育資格と教育の質の保証に関する問題である。

既に述べたように、中央・省・市レベル政府は何れも職業高校卒業生の就職優遇措置として職業高校卒業生に職業資格をとらせる一方で、雇用主に職業資格を重視させる、という政策をとってきた。

済南A校副校長の次の話によればこれはある程度機能しているとい

う。

　　　　双証書(卒業証書・資格証書)制度の実行が、職業高校卒業生の就職に有利である。しかし、経済的効果を追求するために、一部の私営・外資企業は廉価な労働力を雇い、国有企業は高い学歴を持つ者を採用する傾向があるために、資格制度は必ずしも全面的に実行されていない。しかも資格制度自身が完全ではないために、職業高校の専攻を全てカバーしきれない。

　政府が雇用側の新規高卒の採用に、資格あるいは訓練された経歴を重視させる制度を強化すべきである、という声は多数の済南と青島の調査校の責任者から聞かれた。
　こうした資格とも連動して専攻ごとに教育目的・カリキュラム・教育条件を明確に設定された。これが前述の『職業高校専攻設置目録(リスト)』制度である。学校は教育部が発布した『目録』の範囲内の専攻を設置する場合は、主要な管理部門の審査を受け、省あるいは市(地区)レベルの教育行政部門の審査・許可を得る必要がある。『目録』以外の新たな専攻を開設する場合は、学校側が根拠を示した上で申請を提出し、省レベルの教育行政部門の審査許可を経て設置する。済南市での調査によれば、この『目録』は既に整備されている。しかし実際に専攻の設置に際してそれが強制されているわけではない。それは現実には市政府が前述の事情によってこれを強制することができない状況におかれているからである。
　こうした状況は、職業高校における教育の価値への信頼を低下させる結果を生じさせている。

(Ⅱd)卒業生の資質・志向と比較優位性

　いま一つの要因は、職業高校の入学、卒業者の労働市場における比較優位性の低下に関わるものである。
　[Ⅱd1] この点についての第一の問題は入学者の資質に関わる。
　高校進学率が低い段階では、職業高校への進学者も高い学力をもつ生徒であった。また、就職に対する意識も高かった。しかし、これが年々

変化しつつある。
　まず、済南市の職業高校卒業生の就職状況を見てみる。済南市教育局職業教育行政関係者は、全般の状況について次のように述べた。

　　　職業教育発展の初期において、職業高校の選抜性が比較的に高く、……職業高校の急速な拡大によって、就職状況は厳しくなっている。

　青島市においても、職業高校は普通高校の入学合格ラインと大きな格差がある。青島市教育委員会の資料によると、1996年、普通高校の入学試験の合格点は490点であるのに対して、職業高校は300点であった。職業高校は専攻別によって、選抜性・学生の学力の差があるものの、全般的に普通高校より低いことは事実である。
【Ⅱd2】　第二は職業志向である。卒業生の期待と現実の就職機会がうまく適合しない。
　済南D校の副校長は2000年度の学生就職状況を次のように語ってくれた。

　　　130名の卒業生が就職活動をした。面接で合格した者は121人である。合格して結局行かなかった人がいるために、実際の就職者数は正確に把握できない。一般的に、現在、卒業生は就職ができるが、専攻との対応には問題がある。もう一つは、学生の仕事に対する期待が高い面もある。

　一つの要因は、卒業生のホワイトカラーの就職志望である。青島B校の副校長は次のように指摘した。

　　　卒業生は大体就職できる。できない場合は学生の高望みによるもので、希望が高すぎるから。去年信号交換施設から50人の募集があったが、応募者は一人もいなかった。

青島E校にも同じ現象があった。

> 近年、学生の就職意識が変わっており、食品工場への就職を希望する者は少ない。食品工程産業の求人があったが、学生の応募は少ない。

いま一つは都市での就職への希望である。済南市では、済南B校の副校長は次のように語った。

> 学生の就職には大きな問題はないものの、専攻との対応には問題がある。基本的に就職先があるものの、学生が行きたくないという場合がある。例えば市区出身の卒業生のほとんどは立地が郊外あるいは農村である企業には行きたくない。

[IId3] 第三は、労働市場における職業高校卒業生の地位の比較優位性である。

職業高校の普通高校卒業生に対する比較優位性があるか否かが問題となる。「まず訓練、後に就職」政策によって政府は普通高校卒業生の就職を制度的に制限した。しかし、雇用側は必ずしもこの政策に従うわけではない。では、普通高校卒と比べて、職業高校卒の労働市場での受け入れは有利か、そしてどう評価されているのか。

これについては二つの相反する見方があった。すなわち、

> 就職競争の中で普通高校と比べて職業高校卒業生の就職は悪くない。企業の評価によると職業高校の卒業生は勤勉に働くという点で優れている（済南A校副校長）。

これに対して、済南B校の副校長は異なる見方を示し、次のように述べた。

職業高校の専門性はあまり強くない。普通高校の卒業生は資質、適応能力がよいから短期訓練を受ければ、同じ仕事ができると思う。……サービス業に就職するためなら、普通高校卒で短期訓練を受ければできる。職業高校でやるべきことではない。

この問題は極めて重要であるが、両者がどのような根拠でこのように考えているのかは必ずしも明確ではない。しかし、職業高校の優位性を主張する側も必ずしも専門性の高さを理由としているのではなく、その職業への志向性を理由としている点は着目される。

[Ⅱd4] 第四は強くなりつつある進学希望である。

職業学校の新規卒業生は2001年から大学試験を受けられるようになったために、職業高校の中で大学進学コースと就職コースに分けたり、あるいは進学準備の授業を設けたりした。職業学校の中で職業教育の普通教育化の現象も現れた。この現象は済南市だけではなく、他の地域にも起こった。例えば、広東省広州市人民代表大会常務会の調査によると、2001年広州市の職業学校卒業生の4割が高等教育機関に進学した[14]。

済南、青島市でも職業高校に進学準備コースが設けられている。済南B校の副校長は以下のように語った。

現在多数の職業高校は入学の2年目あるいは3年目の時、学生を就職コースと進学コースに分けているが、私達の学校は規模が小さく、学生数も少ないので、コース分けができない。現在、入学の2年目で、月曜日から金曜日の夜と土曜日の午後、大学入学のための補習指導を行う。去年補習クラスに参加した学生の29人は、全員職業大学に入学した。

しかし、言うまでもなく、職業学校で進学準備という、本来普通高校が果たすべき機能をも果たすようになれば、普通高校との境界が曖昧になる。これは職業学校の本来の目的から大きく逸脱していると言わざる

を得ない。

それだけではなく、本来の職業教育と労働市場との関連性を薄めることになる。

【Ⅱd5】 他方で、高等教育修了者との競合も重要な要因となっている。
特に1990年代後期から高等教育の急速な拡大により、大卒特に専科大学卒業生の就職が厳しくなってきた。従来職業高校卒業生の従事していた仕事が大卒者によって代替され、これも職業高校卒業生の就職問題に一層拍車をかけた。こうした状況はとくに、職業高校の専攻のうち先端分野に関わる専攻での就職状況を難しくしている。済南B校の副校長は次のように述べた。

> 就職先の仕事と専攻との対応率は低い。販売などまだいいが、コンピューター専攻はあまりよくない。コンピューター専攻はかつてブームになったが、しかし、就職は難しくなってきた。コンピューター関連の仕事は主に大卒に奪われた。

Ⅲ 教育機会市場での問題

(1) 外的要因

(ⅢX) 普通高校進学需要の拡大

山東省全体について、1980年代から1990年代にかけて、後期中等教育への進学需要が拡大してきたことは既に述べた(第4章)。特に1980年代から1990年代前半にかけての拡大は、職業高校の拡大によるところが大きかった。これは済南、青島市についてもあてはまる。後期中等教育への進学需要は引き続き拡大している。また、1990年代後半から高等教育機関の入学定員の拡大によって、普通高卒の進学の可能性が高くなった。したがって、1990年代後半からは、普通高校への需要が一層高くなった。こうした進学要求の変化は、職業高校の学生の獲得に極めて大きな制約となることは言うまでもない。

(2) 市政府の対応

これに対して前述のように市政府はいくつかの対応策をとっている。

(IIIY1) 普通高校入学定員の制限

省政府に定めた職業教育発展の目標を達成するために、済南市と青島市は共に職業高校と普通高校の在学者の比率をマクロ的にコントロールする措置をとってきた。1990年代末までに、普通高校と職業高校の入学定員計画を策定し、普通高校の定員外の学生募集を厳格に制限した。

(IIIY2) 職業高校への誘導措置

第二に行なわれたのは職業高校への誘導である。職業学校への志望者に奨学金制度を設けること、中学校最終学年の学生に対して職業指導、職業高校への見学を行うこと、「職業学校学生の募集に関する説明会」、「職業学校学生の公募相談会」を実施すること、などを通じて、中卒の職業学校への進学を促進する措置をとった。

(3) 構造的要因

ではこうした状況の中でどのようなことが起こったか。

(IIIa) 普通高校抑制の限界

まず、第一の要因は普通高校との入学者をめぐる競合である。前述のように、職業高校の比率を保つという中央、省政府の政策を受けて、済南、青島市政府は普通高校の増設を抑制する方針をとった。しかし、この政策には以下の点で限界があった。

[IIIa1] 第一に、普通高校側から定員拡大への強い要求がある。前述のように、高校は一定の授業料を徴収し、学校内の費用にあてることができる。こうした費用のかなりの部分は学校の建設費、あるいは教職員の福祉にあてられるから、高校の側には定員を拡大する強いインセンティブがある。特に進学希望者が集中する重点普通高校では、定員枠を超え、より高い授業料を徴収して、合格ラインに達していない学生を入学させる、いわゆる「高価生」から「賛助費」を徴収することがあった。ゆえに、普通高校の拡大への意欲は強い。

[Ⅲa2] 第二に、普通高校への進学を認めさせようとする圧力は、父母の間に強まっており、これが政治的な圧力を形成している。

> 現在社会的に職業高校に対する偏見がある、親はリストラされ、経済的に困っているが、無理してでも子供を普通高校、大学へ進学させたがる（済南A校副校長）。

一方では、現在の中卒者の多数は一人っ子であり、しかも彼らの両親は「文革」期で高等教育を受ける機会が失われた世代であるために、子供に対してより高い期待を寄せている。他方では、職業高校の卒業生は普通高校の卒業生と比して、就職により有利であるという根拠が見られない。また、普通高校や職業高校で終わるより、大学へ進学したほうが実際に手にする私的利益あるいは「期待利益」がより大きいと考えられれば、子供を職業高校へ進学させ、大学進学を断念させることは親達に受け入れられがたいことは当然である。

[Ⅲa3] 第三に、定員が一定の水準に設定されても、一部の職業高校では定員が満たされなければ、希望者数の多い普通高校が定員を越えて学生を入学させることに対抗できない。済南市教育局の職業教育行政関係者は済南の状況をこう述べた。

> 職業学校の第一志望者は600名前後しかなかった。これに対して、普通高校への第一志望者数は１万９千人であった。そのため、普通高校の定員計画数は１万３千人であったが、実際には１万４千人を入学させた。

こうした背景から、市政府は普通高校の拡大を実質的に抑制できない状況に直面している。特に、済南市でその傾向が強い。このような状況を一人の校長は次のように捉えていた。

> 市政府は学生募集制度の面で、普通高校への志望に青信号を出

し始めている(済南A校副校長)。

(Ⅲb)職業高校の供給過剰

職業高校は普通高校との競争に対抗しがたい。同時に職業高校間の競合も著しい。

> 中学校卒業生は限られ、毎年済南市の中等職業高校への進学者は約4,000人である。しかし中等専門学校を除いても、職業高校だけで約50箇所がある。入学者を集めるために激しい競争がある。去年ある学校は3、4人しか集まらなかった(済南C校副校長)。

> ……去年学生募集を行った職業高校は72校、今年は50校である。現在中卒者も成人学校の募集対象にされている。中卒の主な進学先は普通高校・職業系学校・成人学校と三つに分かれており、(入学者を集めるための)競争は一層激しくなっている。職業高校の定員数と入者数は少なくとも3：1となっている(済南B校副校長)。

> 今年、学生募集状況がよくない学校がかなりあった。二、三年続いて入学者が少なかった学校は、閉校させるしかない。今年、中卒者は24,000人である。3,000人を「登録入学」(試験なしで、登録すれば入学できる)で職業高校に入学させた(済南市教育局の職業教育行政関係者)。

[Ⅲb1] したがって、職業高校の収容定員を削減することが必要だという意見は職業高校関係者の間からも出ている。

> 入学者の多少は学校の経営と関わっているから、市教育局は区に所属する職業高校を削減させるべきである。これらの学校を縮減させれば、「入学者を奪う戦い」を防ぎ、職業高校の質を高めることができる(済南B校副校長)。

【Ⅲb2】 しかし、現実には、職業高校の定員を削減することは難しい。

　　　　職業高校と普通高校の入学者数を一定の比率を保ち、多くの中卒を職業高校へ進学させるために、去年、学校が自主的に定員計画を出して、教育局が審査する方式をとった。各職業高校の定員計画数をとりまとめると、約24,000人であった。これの実現は不可能である。そこで我々は校長達を説得し、14,000人までに圧縮した。それでも、職業学校の入学者数は約8,000人しかなかった。今年は計画を立てることができない（済南市教育局職業教育行政関係者）。

　このように、市政府は一方では、職業高校の比率を確保するという目的の下に、職業高校への進学者を確保しようとするのであるが、他方でそのために入学定員を削減させるために努力をしなければならない、というジレンマに立たされるのである。

　　(Ⅲc)入学者の縮小と質の低下
【Ⅲc1】 以上のような状況の中で、職業高校への進学需要は縮小している。

　職業高校の発展初期、すなわち、1970年代末から1980年代の始めにおいて、普通高校が多数を占めており、大学進学率は全国平均でわずか5％前後であった。普通高校へ進学しても、大学進学への進学の可能性は極めて限られ、就職状況も厳しかった。これに対して、職業高校を卒業すれば、就職優遇政策の下で就職が保障された。済南市は全国と同じく職業学校の選抜性の高い時期があった。

　表5-9に示すように、1979～1985年まで、職業高校の入学者数は、定員計画の通り、あるいは計画数より上回っていた。1985年の各類型別の学校への志願者と募集者数の倍率を比べれば、普通高校の入者数は定員計画を満たさなかったのに対して、各類型の職業学校の入学者数は定員計画を上回った（表5-10）。志願者数と入学者との倍率は、中等専門学校は重点普通高校を越え圧倒的に高く、職業高校も一般普通高校より

第5章 市・学校レベルでの職業教育拡大政策の具体化と問題点 233

表5-9 職業教育拡大初期における済南市職業高校の志願状況

	定員計画者数	志願者数(第一志望)	入学者数
1979	240		240
1980	200		200
1981	700		666
1982	2,000		2,011
1983	2,600	3,439	2,754
1984	3,600	5,099	3,895
1985	4,000〜4,300	4,706	7,298

出所：済南市教育局の資料による。

表5-10 1985年済南市後期中等学校学校類型別の志願状況

	定員計画数	入学者数	志願者数と入学者数の比率
省・市重点普通高校	6,120	5,957	1.72
一般普通高校			1.20
中等専門学校	372	448	5.45
技工学校	1,073	1,107	
職業中等専門学校	4,000	4,706	2.35
職業高校			1.41

出所：済南市教育局の資料による。
注：職業中等専門学校は、一部の職業高校を改組したものである。

高い。すなわち、職業学校の選抜性が普通高校より高く、職業教育への需要が高かった。

しかし、2001年済南市の職業学校の志願状況を見てみると（**表5-11**）、第一志望者数は、33箇所の職業学校を合わせて617人にすぎない。100人以上の学校は僅か2箇所であり、第一、二、三志望者の総計が100人を超える学校は12校しかない。これに対して、**表5-12**に示す4箇所の重点普通高校の第一志願者数は定員計画数をいずれも大幅に超えている。
[IIIc2] これは同時に質の低下を意味する。

省重点学校の青島A校の副校長は次のように述べた。

　　　　本校の入学試験の合格ラインは、青島の職業高校の中で高い方

だ。人気専攻は重点普通高校のそれとほぼ同じ、……でも、やはり、最も優秀な学生は重点普通高校への進学を希望する。

表5-11 2001年済南市職業学校の志願状況(人)

学校	第一志望者	第二志望者	第三志望者	計	学校	第一志望者	第二志望者	第三志望者	計
B	409	417	1,638	2,464	Z	0	7	40	47
A	29	505	1,528	2,062	J	0	9	35	44
D	3	83	422	508	O	0	15	23	38
C	6	96	320	422	S	0	2	27	29
AE	152	22	47	221	W	0	5	17	22
F	1	44	170	215	AC	0	3	19	22
AD	0	23	154	177	AB	1	7	13	21
L	1	24	144	169	P	0	6	14	20
AH	2	26	115	143	U	0	5	6	11
N	13	30	61	104	V	0	2	8	10
G	0	14	88	102	AG	0	1	5	6
H	0	25	76	101	Q	0	0	2	2
K	0	11	62	73	T	0	0	2	2
X	0	13	51	64	AA	0	0	2	2
M	0	14	45	59	I	0	0	1	1
R	0	11	47	58	AF	0	0	0	0
E	0	16	40	56	合計	617	1,445	5,260	7,322
Y	0	9	38	47					

注:済南市教育局の資料による

表5-12 2001年済南市部分重点普通高校学生募集状況

学校名	定員計画数	第一志望者数	第一志願者倍率
重点普通高校A	800	1,700	2.13
重点普通高校B	800	1,900	2.38
重点普通高校C	1,100	1,600余り	1.45
重点普通高校D	1,200	1,500	1.25

注:済南市教育局での聞き取り調査による。D校は市重点高校で、他の三校は省重点学校である。

同じ省重点学校の青島B校の副校長は既に危機感を抱いていた。彼は次のように述べた。

> 現在、コンピューター応用・電子技術類の短期訓練センター等がたくさんつくられ、我が校は競争にさらされている。……職業教育を軽視する傾向が社会にまだ根強いから、学生の応募もあまり理想的ではない。特に電機・溶接専攻の学生の募集が困難である（青島B校副校長）。

普通校の青島D校では、競争力が低いために、

> 学生を低い点数で入学させた……（青島D校副校長）。

(Ⅲd) 青島市に特有の要因

[Ⅲd1] 前述のように、青島市の職業高校生の授業料免除、中学校最終学年の生徒に対する宣伝などの措置は一定の機能を果たしたと考えられる。

> 電工・電機専攻の卒業生が求められているが、学生の募集は難しい。今年、電機専攻を志願しかつ経済的に困難な学生に対して、授業料免除制度を設けた。市教委は免除された授業料総額の半分に相当する補助金を学校にくれる（青島B校副校長）。

また、普通高校の定員抑制も済南市より厳しく行なわれた。その結果、1996年頃から中国全体で職業学校の学生定員に減少の傾向が生じていたにも関わらず、青島市では、職業高校学生定員は増加を続け、国家教育委員会に高く評価された[15]。1996年、青島市では各種類の職業学校の入学者数は高校段階のそれの60％以上を占め、1997年に64％に、1998年に65％に達し、『青島市国民経済と社会発展第九次五カ年計画』(1996)に掲げていた2000年までに各種の職業学校の入学者数を高校段階教育の65％と

236 第3節 構造的帰結と新しい展開

表5－13 済南、青島市の職業高校と普通高校の在学者のドロップアウト率(％)

年	職業高校		普通高校	
	済南	青島	済南	青島
1997	0.7	1.7	0.6	0.8
1998	1.1	1.8	0.5	0.8
2000	1.2	3.1	0.4	0.4

注：山東省教育庁の資料により算出。

するという目標を繰り上げて達成した。

しかし、1999年にはこの割合は57.9％へと低下に転じた。市政府は2000年の目標を、55％に修正したが[16]、現実にはこの目標も達成されなかった。2002年に2005年までの目標を高校段階に占める職業学校の在学者数を50％に引き下げている。

[Ⅲd2] また、職業教育への進学は、完全に需要側の家計からの選択によるものではなく、供給側の強制的な要素があったことを否定できない。

1990年代後半に青島市の職業高校への進学率は済南市より高かったが、**表5－13**に示すように職業高校の在学者の中途脱落者(drop-out)は青島市の方が済南市より高い。しかも青島市と済南市の職業高校のドロップアウト率は何れも普通高校のそれより高いことが明らかである。

第3節　構造的帰結と新しい展開

以上の済南市、青島市における職業高校政策の展開はどのような帰結をもたらしたのか。まず、前節での分析を踏まえて職業高校の機能不全を生み出す要因の構造をまとめる。

1. 要因の構造

図5－4に示すように、職業教育の構造的な要因は主に三つの視点から捉えられる。すなわち、Ⅰ 財政・制度的要因、Ⅱ 労働市場、Ⅲ 教育機会市場の要因である。

第一に、財政・制度的な要因である。職業教育政策の基本的な制約は

I 財政・制度的要因

IY 職業教育のための目的税の徴収

IX 基本的な制約――公財政支出の不足

- Ib. 学校の営利事業
- Ia. 授業料への依存・限界
- Ic. 施設・設備の不足
- Id. 適合教員の不足

II 労働市場

IIY1 労働需要の予測と計画配分
IIY2 職業資格制度
IIY3 教育過程での企業との連携

IIX1 労働需要の変化
IIX2 就業構造の急速な変化

- IIa 労働需要の変化への対応の制約
- IIb 専攻科目設置の混乱
- IIc マクロ的計画・質の保証の限界
- IId 卒業生の資質、志向と比較優位性の欠如

III 教育機会市場

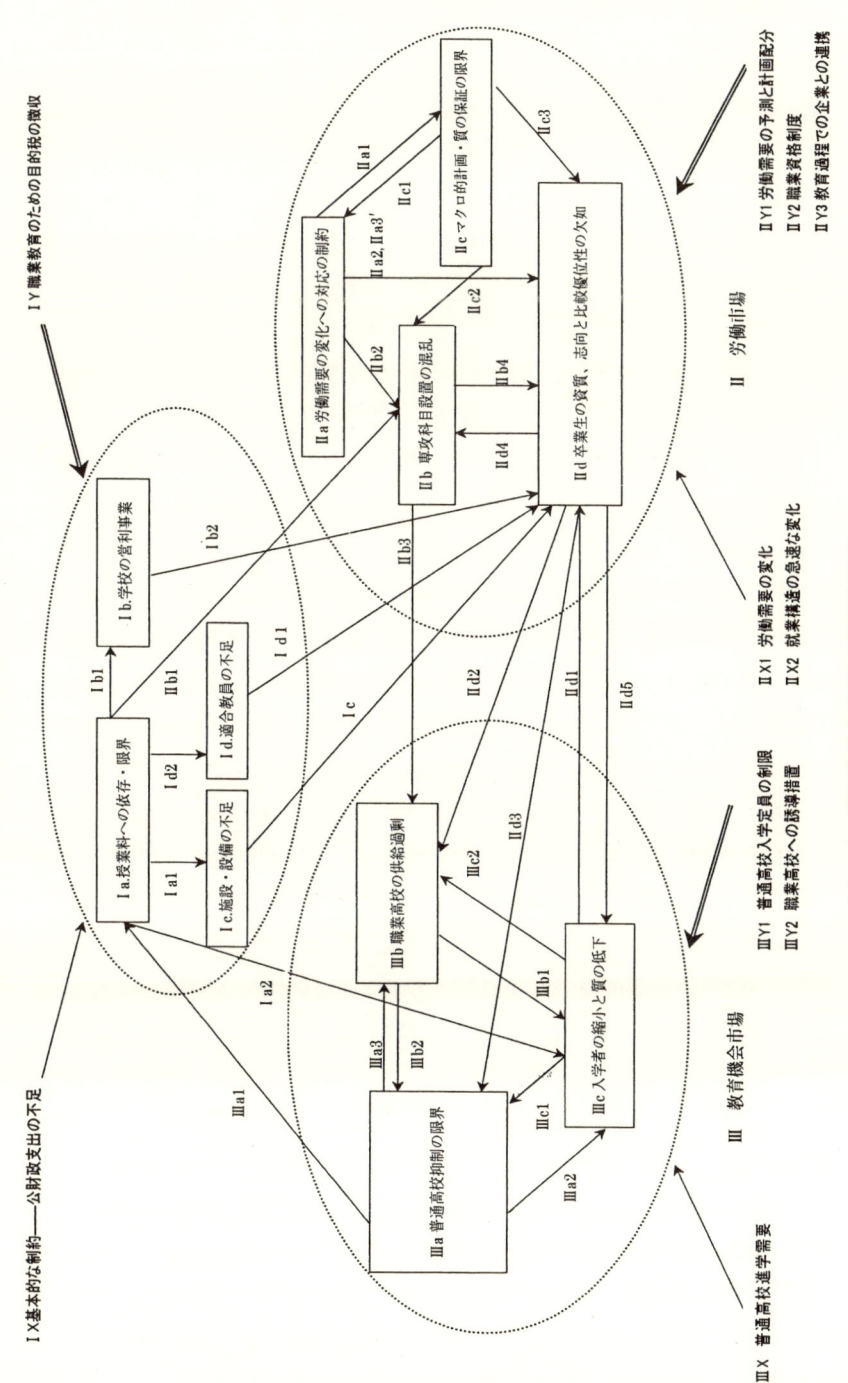

IIIY1 普通高校入学定員の制限
IIIY2 職業高校への誘導措置

IIIX 普通高校進学需要

- IIIa 普通高校抑制の限界
- IIIb 職業高校の供給過剰
- IIIc 入学者の縮小と質の低下

図5-4 職業教育の問題の構造的要因

公的な財政支出の不足である。職業教育の拡大に伴って、必要とされる資金は膨大である。しかし、職業教育拡大初期に一時的に上級政府の補助金しか得られなかった。市政府は職業教育に必要とされる財政的な需要を満たす財政力を持たない。これに対応するために、市政府は職業教育のための目的税の徴収措置を採ったが、これは市政府の政策実行力、税金の徴収対象となる企業の経営状況に影響され、果たした機能が限られている。

このような状況の中で、職業学校の経営は授業料に大きく依存せざるを得ない。学校の財政困窮は職業教育の施設・設備の不足をもたらすだけではなく、授業料を増やすために、低い学力の学生、あるいは無試験の学生を入学させ、入学者の質の低下を招く。入学者数を縮小し、授業料に依存するには限界がある状況の中で、学校の財政難を緩和するために学校の営利事業を起こすことが一つの方策とされた。

従来学校内企業は学生の実習場所とされるポジティブな側面があったが、学校の財政の収入源を増やすために、学生を学校内企業などへ労働に参加させ、必要な学習時間を保証できなくなり、職業高校卒業生の資質を低下させるというネガティブな側面も持ち合わせている。また、財政的な不足による施設・設備、及び教員の不足は職業高校卒業生の資質に大きな影響を与え、卒業生の労働市場での受容に問題をもたらす。

第二には、労働市場の要因である。職業教育を取り巻く外的な要因、すなわち産業構造、企業所有制の激しい変化のコンテクストの中で、市政府、学校側の労働市場の需要に対する予測の有効性が減少しつつある。

職業教育と労働市場をリンクさせる措置として、市政府は主に労働需要の予測と計画配分、職業資格制度、企業との連携などの措置を採った。しかし、期待した効果は得られなかった。まず、外的な要因による労働需要の変化への対応の制約は、マクロ的な計画・資質の保証が機能しえなくなり、当然ながら卒業生の就職の比較的な優位性に影響を与える。また、職業高校の経営の問題、労働需要の変化への対応の制約による専攻科目設置の混乱は、職業教育の供給過剰と卒業生の就職問題を引き起こす。

さらに、マクロ的計画・質の保証の限界は、労働需要の変化への対応に制約を加え、専攻科目設置の混乱を招き、結果的に職業高校の卒業生の就職問題をもたらす。職業高校卒業生の資質、職業志向と就職の問題は、一方では入学者の縮小と質の低下によるものである。

他方では卒業生の資質、志向と就職の問題は、職業高校の供給の過剰、普通高校との競争力を失うことによる普通高校に対する抑制の限界、専攻設置の混乱、入学者の減少と質の低下の原因ともなる。

第三には、教育機会市場をめぐる構造的な要因がある。経済発展に伴う家計の大幅な増加、一人っ子の普遍化は普通高校への進学需要を高めた。特に1990年代末から、高等教育の大幅な拡大は普通高校への需要に一層拍車をかけた。上級政府の職業教育発展の目標を達成し、高校段階に占める職業教育の割合を確保するために、市政府は一方では普通高校の入学定員の制限、他方では中学生に対する職業高校への進学を誘導する措置を採ってきた。しかし、新たなコンテクストの中で、高まる普通高校への進学需要は大きな政治的な圧力を形成し、高校段階の教育の普及も急務となり、市政府は普通高校の抑制を緩和せざるを得なくなった。このような状況の中で、まず普通高校抑制の難航は職業高校の経営難、入学者の縮小と質の低下、職業高校の供給過剰をもたらす。また職業高校の供給過剰は入学者の縮小と質の低下を招き、結局、普通高校への進学を抑制しがたくなる。さらに、入学者の縮小と質の低下は普通高校の抑制の限界、職業高校の供給過剰の問題を激化する。

このような職業教育の構造的な要因はお互いに関連し、一つのサイクルとなっている。このような構造は、青島市・済南市にほぼ共通するものであったが、両者の間には大きな相違点もあった。

既に述べたように、済南・青島の両市は1995年に、2000年までに高校段階に占める職業学校の在学者の比率を65％とする目標を設定していた（第1節参照）。しかし、2000年に両市は何れもこの目標を達成できなかった。2000年代に入って両者は従来の政策を修正しながら、異なる方向に変化しつつある。

2. 市政府の対応

　以上のような状況の中で、職業教育拡大政策に対して、修正を加える方向での社会的圧力が高まっている。これは必ずしも職業高校の削減を求めるものではなく、普通高校への進学機会を求める声として現れる。それに対して市政府も対応せざるを得ない。
　済南市教育局は「より多くの子供によりよい教育を受けさせる」という新たな教育理念を提出し、『2002年済南市中小学校学生募集工作の意見』(2002.4.15)の中で、次のように述べた。

> 　各レベルの教育行政部門と高校段階の学校は構造を調整し、潜在力を引き出す。学校運営体制の改革、民弁学校(私立学校)の発展を激励させる等の措置を通じて、学生により多くの進学機会と優れた教育を提供し、最大限に民衆の教育に対する需要を満たす。

　青島市教育局の『2002年高校段階学生募集情勢と学生定員計画』の中でも、次のように述べられている。

> 　普通教育と職業教育の調和的な発展は国家が定めた非義務教育段階発展の方向であり、地域の経済と社会の発展の需要でもある。全市の普通教育と職業教育を適当な比率を保つという前提の下で、多くの親が子供に普通高校教育を受けさせよう、という社会的需要を適度に満たすために、2002年、我が市の重点普通高校、省・市模範普通高校の定員を適度に拡大する……」

　済南市の「最大限」に対して、青島市は一定の条件をつけているが、いずれも高まる社会の教育需要に対して目を向けなければならなかった。
　しかし、2002年9月、中央政府によって職業教育を強化することが示された。第2章で述べたように、1990年代末に、中央政府の職業教育拡大政策にも微妙な変化が見られた。すなわち、職業高校と普通高校の在

学者数を5：5へと変更し、1990年代初めに示した6：4の政策目標から一歩後退したのである。しかし、第3章で述べたように、各地では職業学校の学生募集が困難に陥り、2000年に全国の高校段階に占める職業学校の在学者数の割合は46.9％に落ち、1995年より約10％激減した。このような状況に対して、2002年9月に「全国職業教育工作会議」が開かれ、国務院は『職業教育の改革と発展の大いなる推進に関する決定』(2002年9月24日)を公表した。『決定』の中で、職業教育発展の重点は中等職業教育であり、中等職業教育と普通高校教育の比率5：5を維持することを強調した。同日教育部は『「国務院の職業教育の改革と発展の大いなる推進に関する決定」の学習、実行に関する通達』を伝達した。これは各地で職業高校の在学者が減少しつつある状況に歯止めをかけるための措置と見られる。

これに対応して、各省はこの会議の主旨を実行させる会議を開き、政策文書を作成した。山東省人民政府は全国会議の二日後に、『職業教育の改革と発展の大いなる推進に関する決定』を制定し、中等職業教育については「中等職業教育と普通高校教育の比率を大体同等にすることを保持させる」方針を示した。その後「全省職業教育工作会議」を開いた。山東省教育庁は後に会議を開き、今後調節とコントロールを通じて、高校段階に占める中等職業教育と普通教育の比率を5：5にすることを保証することを示した。これと同時に「山東省はかつてこの比率が4：6になったこと、及び一部の地域ではこの比率より以上に調和が失われたこと」を指摘した[17]。すなわち、山東省も原則として5：5の目標を受け入れたということである。

これに対する対応は済南と青島の両市で異なっている。

青島市は『「国務院の職業教育改革と発展の決定」の実行に関する実施意見』を制定した。さらに全国、全省の職業教育工作会議の主旨を実行するために、「青島市職業教育工作会議」が10月17日に開かれた。会議では、今後大いに職業教育を発展させ、中学後の分流を重点とし、「十五」期(2001〜2005年)までに、高校段階での普通教育と職業教育の比率を5：5に保持することを堅持する方針が示された[18]。すなわち、中央と省の

政策に従う姿勢を示した。

済南市はどうだったか。既に、2001年の段階で済南市では普通高校の拡大措置を部分的にとっていた。『済南市国民経済と社会発展第十次五カ年計画要綱』(2001年2月27日)では、2005年までに、済南市政府は、全市の高校段階の教育を基本的に普及させ、市区では普通高校教育を普及させ、80％の中卒を普通高校に進学させようと努め、より多くの中学校卒業生が高等教育を受けられるための条件をつくる、という目標を示した。これは中央政府の、職業高校と普通高校との在学者比率が大体同等とする方針、及び省政府の「国家が規定した比率より低くならない」という政策目標からの乖離を意味する。

ただし、この政策転換には必ずしも市政府の中で完全なコンセンサスがあった訳ではない。

> 市人民代表大会で、普通高校と職業学校の比率を8：2とする提案を提出したのは、市(経済)計画委員会であった。市長もこの意見に賛成した。市教育委員会(局)は三回反対意見を提出したが、受け入れられなかった(済南市教育局職業教育責任者)。

このような相違は次の原因によるものと考えられる。経済発展の中で、技能労働力への需要が増した。と同時に経済全体においては、インフラストラクチャーの整備、企業への新規投資などが必要とされている。経済計画委員会は市の物的、人的資本の配置等マクロ的な政策を策定する機関であり、職業高校の効率性が悪ければ、コストがかかる職業高校への投資に消極的になってしまう。他方、教育局は、市の教育政策を定める機関であり、一方では、上級の政府の職業教育政策を実行する責任を直接負い、他方では、新規高卒の大学進学・就職、及び高校教育の教員配置、学生入学定員などに責任を負う。そのため教育内部の大きな構造的な変化による教員・資金調達・学生入学定員の計画などの問題にも配慮しなければならない。このような理由で市経済計画委員会は市教育局より政策の転換により積極的であったと考えられる。

このような政策の転換はすでに具体的な措置に現れている。2001年の普通高校への志願状況とその後市政府の対応に関して、中国教育部の第一機関紙『中国教育報』に次のような記事が掲載された。

　　去年、済南市の普通高校学生入学定員計画は2万人余りだったが、実際には応募数は5万人だった。その内三箇所の省重点高校の学生入学定員は2,000人だったが、実際の志願者数は5,000人に達した。去年、済南市政府は1億元を投資し、普通高校の「銘柄校」校の学生入学定員を2,000人余り増加させた。（張顕坤「済南"銘柄学校を拡大、優れた高校教育資源を広く開拓」『中国教育報』2002年2月3日）

前述のように2002年9月に開かれた「全国職業教育工作会議」、国務院の『大いなる職業教育の改革と発展の推進に関する決定』の公表に対して、同月に山東省、青島市政府は普通高校と職業高校の比率を5：5を保つ方針を示したが、これに対して、済南市は一カ月後に『済南市職業教育工作連合会議制度の制定に関する伺い』（済南市教育局、10月29日）を出した。この文書の中で、「全国及び省の職業教育工作会議の主旨を真剣に実施するために」、済南市教育局・計画発展委員会・経済委員会・労働と社会保障局・人事局・財政局・工商局・国税局・地税局・農業局・成人教育局の11の政府部門が各自の責を分担し、協力して職業教育の発展を指導する方針を示した。ここでは職業教育発展の目標値を示していない。さらに、2003年初めに、済南市教育局2003工作会議で制定した『済南市教育局2003年工作要点』では、普通高校と職業学校の学生募集定員比は58：42にするとされており、同会議での教育局長の講演で、2004年済南市は、「高校学生募集定員を7.1万人に、そのうち普通高校を4.2万人にする」こと、すなわち、普通高校の学生募集の定員は59％とする目標を示した。

　このように両市の職業教育政策には相異がみられる。済南と青島の両市には従来の職業高校を重視する政策に重要な転機が生じたと言えよう。

注

1) 済南市統計局、2002年2月『2001年済南市国民経済と社会発展統計の公告』、青島市統計局、2002年2月『2001年青島市国民経済と社会発展統計の公告』。
2) 同上。
3) 済南市教育委員会『1999年職業学校学生募集手引き』。
4) 王金生「持続的な発展を堅持し、改革の道を歩み――青島市職業教育の改革と発展」、『中国職業技術教育』2000年12期、p.15。
5) 下線は筆者が付け加えたものである。
6) 楊紹偉「企業は中等職業卒の人材を期待している」『中国教育報』2002年3月11日、第3版。
7) 山東省教育庁資料による。
8) 同上。
9) (株)総研編、中国国家統計局監修 1999『中国富力』かんき出版、p.108。
10)「現在、済南市45万技術労働者の中で、初級工は60％、中級工は36％、高級工は4％を占め、技師・高級技師はわずか1％を占めている。山東省職業紹介センターの分析報告によると、技術労働者の需要は大きい。済南市労働市場第2四半期の統計によると、高級工の需要は約1,000人に対して、求職者の中で高級技能職業資格をもつ者はわずか260人である。高級技能工が欠乏しているために、求人側の多くは高い賃金で高級技工を雇う」(「済南市では174の職種の賃金の指導価格が公表され高級技工の『価値』が暴騰」『中国青年報』2002年8月8日)
11)「中国教育年鑑」編輯部編、1999『中国教育年鑑 1998』人民教育出版社。
12) 日本の「学習指導要領」に当たるものである。
13) 済南市統計局、1998-2001年各年度の『済南市国民経済と社会発展統計の公報』、青島市統計局、1998-2001年各年度の『青島市国民経済と社会発展統計の公報』による算出。
14)「広州市の四割中等職業高校生大学試験に合格」新華網2001-07-14 (http://www.edu.cn)。
15) 国家教育委員会は『「青島市1996年職業教育学生募集状況の総括」の発送に関する通達』(教職司【1997】10号、1997)。
16) 中国教育年鑑編輯部『中国教育年鑑』人民教育出版社、1998、1999、2000、2001年版。
17) 鄭燕峰「山東：中等職業学校は普通高校と同等にするように」『中国教育報』2002年10月18日。
18)「青島市：職業教育を重視することは経済を重視することである」『中国教育報』、2002年10月18日。「全市職業教育工作会議召開」、2002年10月28日、青島市教育信息網。

結 論

　この章では、以上各章の分析の結果を踏まえて、職業教育に期待された役割とその実際に果たした機能とのズレ(第1節)、及びこれをもたらした原因を論じる(第2節)。最後に中国の後期中等教育発展のパースペクティブと今後の課題について述べる(第3節)。

第1節　職業教育への期待とその結果

1. 職業教育への期待

　1970年代末に中国では職業教育拡大の幕が開かれた。そのコンテクストとなったのは、30年にわたって実施された中央集権的な計画経済から市場経済への歴史的な転換のダイナミックスであった。

　文化大革命終結直後、中国では政治的な混乱、経済的な停滞、教育の荒廃の局面から経済発展を目指して、経済体制・教育体制を含めあらゆる側面からの改革がスタートした。経済発展のために大量の人材、特に中級レベルの人材の養成は急務であることが強く認識された。各「経済・社会発展五カ年計画」に教育発展計画は書き込まれ、中共中央の『教育体制改革に関する決定』(1985年5月)は『経済体制改革に関する決定』(1984年10月)に続いて公表され、教育は経済発展の重要な一環と位置づけられた。経済改革に適応するため行なわれた一連の教育体制改革の中で、中等職業教育の拡大と中等教育の構造の転換は一つの焦点となった。計画経済時代に、旧ソ連をモデルにして作られた中等専門学校と技工学校は、経済発展のプランによって、計画的に中級技術者・管理者を養成し、限られた教育資源を集中的に経済回復、発展に必要な人材の養成にむけた。このような背景・経験から、経済発展を達成するために中等レベ

の職業教育を拡大させる政策的志向が強く示された。

　上述の経済的な背景の他に、もう一つ重要な社会的な要因があった。1977年に十年間停止された大学試験制度が復活し、これが直ちに激しい受験競争を引き起こした。受験競争は高校、中学校の教育に影響を及ぼした。しかし、大学の収容力が限られ、大学という狭い門を通られる者はごく少数であった。大学進学ができず、就職もできない新規高卒は膨大な「待業青年」群となった。他方では、都市部過剰労働力を農村へ移行させ、農村部の開発を図る政策が終結し、1960、1970年代に農村に労働参加させられた1,700万「知識青年」[1]は1980年代の初めに一挙に都市部に帰還した。都市部の就職に大きなプレッシャーがかかり、失業率、特に若者の失業率が高まった。これがそれまでの「全民就職」の社会主義の理念に反して、社会・政治の潜在的な「不安定要素」となった。中等教育段階で職業教育を拡大し、学生の進路を「三級分流」し、大学受験競争を緩和させ、雇用を促進することが重要な政策課題とされた。

　このような背景から経済発展に必要な大量なマンパワーを速やかに養成し、大学受験競争を緩和することが、職業教育に期待されたのである。

2. 職業教育拡大の現実

　職業教育に強い期待をかけて、1970年代末から一連の推進政策が策定された。後期中等教育に占める職業学校在学者の割合の目標は4割から5割、更に6、7割と引き上げられた。こうした目標に沿って普通高校からの改組、職業高校の新設によって、職業教育は大きく拡大した。後期中等教育に占める職業学校の在学者の割合は、1980年の18.9％から1993年に5割を越え、後期中等教育における普通教育と職業教育の構成を逆転させた。職業教育の構成比は1990年代の半ばに、56.8％に達した。しかし、1990年代後半から、職業教育の量的な拡大は鈍化し、減少に転じ、2000年には46.9％に落ち込んだ[2]。6、7割という目標は実現されなかったのである。

　職業教育拡大政策の量的な目標が実現されなかった、と同時に職業教

育が果たした機能と期待された役割との間のズレも浮かび上がってきた。経費、専門科教員、施設・設備の不足は職業教育拡大の初期からの問題であったが、職業教育の急速な拡大に伴ってさらに厳しくなっており、専攻・カリキュラムの設置の不合理等の問題も見られた。また、職業学校の教育の質及び卒業生に対する評価が急速に低落したことが、職業学校の「入学者募集難」、「卒業生就職難」をもたらした。職業教育が農村部と西部の経済発展により大きく寄与することが、職業教育拡大政策に大きく期待された役割であった。しかし、これらの地域においては職業教育の条件が貧弱で、職業教育の質が保証できない上に、卒業生の就職ポストが限られている。職業教育の発展は遅れており、人口一万に占める職業学校の在学者数は、東部では105人に対して、西部は72人である[3]。他方、都市部では職業教育は大きく拡大された。しかし、財政上の制限でコストの安いサービス業に関係する専攻が多く設置され、実際に必要とされる職種の技能労働者を養成することができなかった。その結果、一方で技能労働者が欠乏し、他方では、職業学校の卒業生の就職先が見つからない、という矛盾が全国で多くの地域でみられた。また職業学校の卒業生の就職という「出口」の問題は、入学者定員割れという「入り口」の危機をもたらし、職業学校の入学者・在学者数の削減の原因となった。

　他方では、職業教育拡大政策の実施によって、職業高校を拡大させることに対して、普通高校の規模を削減、抑制し、入学者を絞り込み、選抜性を上げる戦略をとった。こうして、従来の後期中等教育の単一的な構造を転換し、学生の進路を「分流」させ、大学受験への参加者の予備軍となる普通高校への進学者数を大幅に縮小した。しかし、職業高校に改組された普通高校の多くは底辺校であり、職業高校に「分流」された学生の多数は大学受験に競争力を持たない者である。普通高校、特に重点普通高校への進学が抑制される状況の中では進学競争はさらに昂進せざるを得なかったのである。こうした状況は、高校さらに中学校・小学校教育にも影響を与えた。このように高卒時点での競争は、高校・義務教育段階へ蔓延した。表面的に新規高卒の大学受験の合格率は上がった。し

表6-1 職業教育拡大政策に設定された目標と結果

目的(目標)	実際	ズレの原因・問題
①量的な拡大 2000年までに、高校段階の在学者に占める割合を6、7割に	・2000年までに5割に達せず、その後さらに減少	・職業高校卒業生の就職問題 ・大学進学の需要が高い
②マンパワーの育成 経済発展に必要とされる中等レベルの技能労働者・管理者を養成	・サービス業などに向く低い技能を持つ労働者が多い ・実際に必要とされる職種の労働者を養成することができない	・計画経済時代に有効性を持っていたマンパワー需要の予測は極めて難しい ・職業教育を実施する現場では、財政的な制約、技能労働者を養成するための施設・設備の不足、合格教員の不足によって、役にたつような職業教育を実施しにくい ・学校が実施する職業教育の内容は技術変化に遅れやすい
③分流 大学受験競争の緩和	・進学意欲を冷却させることができず、職業高校卒業生の進学意欲は高い ・競争が低学年化	・職業高校卒は普通高校卒より就職の優位性がない ・高卒と大卒の就職チャンスと賃金・待遇に格差

かし、実際に受験競争は緩和されたとは言いがたい。

このような職業教育拡大への政策的意図、期待と、その現実的な成果、そして両者のズレを整理すれば**表6-1**のようになろう。

第2節　職業教育拡大政策の制約

上述のような職業教育の問題は中国特有の問題ではなく、他の発展途上国にもよく見られたものである。しかし、これらの問題を計画経済から市場経済への移行期に置かれた中国においてはより顕著である。

1. 制度・行政的側面

分析の結果から、職業教育の実際と期待された役割との間のズレが生じた重要な原因は、中央政府と地方政府そして個々の学校は、それぞれ自らの制約によって、政策の実施過程に一貫性が失われた点にあったと言える。

結論 249

表6-2 各レベル政府の職業教育政策の目的・措置・制約

	中央政府	省政府	市政府
背景	・経済発展を目指して、大量の中級レベルの技術者が必要 ・大学試験制度が再開し、受験競争が激しい。若者の就職事情が厳しい	・経済発展のスピードが速く、労働者の質の低さが発展のボトルネック ・受験競争が激しい ・「人口大省」として、雇用が厳しい	・経済発展のために、技術を持つ労働者の需要 ・受験競争が激しい。大学への進学需要が高い
目的	・中級レベルのマンパワーの養成 ・雇用の促進 ・大学受験競争の緩和	・省の経済発展を図る ・受験競争を緩和 ・国の目標を達成	・市の経済発展を図る ・高卒の進路を分化し、受験競争を緩和 ・省の目標を達成
制約	・投資分野が多く、経済体制の改革によって、財政的な権力が弱体化、職業教育に対する直接な投資ができない ・計画経済の時代のように、労働力の需要を予測することができない	・多様な類型の企業が存在し、各市、県の労働需要の事情を確実に把握できない ・高校レベルの教育に対する財政的な支出は市、県レベルによるものである。省政府は職業教育に一時的な補助金しか支出できない	・労働市場の変化の予測が難しい。しかも学校の経営の実情によって、予測した通りに実行できない ・職業教育拡大に必要な資金は、企業などに対する集金にたよる部分が大きい。これが確保できない
具体施策	・拡大の具体的目標の確定 ・財政問題の解決 ・教員養成 ・優遇措置、資格制度	・財政問題の解決 ・教員養成 ・職業高校卒業者の就職 ・普通高校の拡大の制限	・職業教育費の徴収 ・職業高校卒業者就職優遇措置 ・職業高校学生定員の確保
特徴と問題点	・職業教育拡大政策を実現する財政的な補助がなく、主に行政的な権威によって実行 ・職業教育拡大の目標の恣意性、画一性。職業教育の実情に対して、監督がなく、正確に把握できない	・国の目標を達成するために、地域の実際の需要との乖離 ・市・県の職業教育の財政支出に責任あるいは権力がない ・市・県の職業教育に対する質的な側面の監督が弱い	・省政府の目標の達成と市の経済発展の需要、大学進学の社会需要の間に、難しい政策選択 ・財政的な基盤の欠如 ・施設・設備と教員の不備 ・職業教育の質を保障できず、マクロ・コントロールの弱体化

　職業教育拡大政策の実施過程においては、中央・省・市レベルの政策の背景・目的・措置、及びそれぞれの制約を**表6-2**にまとめた。各レベルの政府が職業教育を拡大させるためにはそれぞれの制約と問題点は次のようになる。

(1)中央レベル
　上述のように中央政府は経済発展のマクロ的な効率性の視点と政治的

な判断から、職業教育拡大政策をとった、しかし、中央レベルの政策には二つの大きな制約があることを指摘せざるを得ない。まず、職業教育が必要とする投資に対する財政的な基盤の不備である。すなわち、国家が投資しなければならない他の分野が多く、経済体制の改革によって、中央政府の財政的な権力が弱体化され、職業教育に対する直接の投資ができず、職業教育を拡大させるために財政的な補助が国から保障されないことである。もう一つの大きな制約は社会・経済的なコンテクストの変化による労働需要予測の有効性の欠如である。計画経済時代においては、中央政府が国民経済の将来について、総合的な計画をもち、それが必要とする技能労働力を過不足なく供給するための総合的な計画を作成し、それにしたがって職業教育をおこなった。このような人材養成の発想はまだ根強く残っており、これが職業教育拡大政策の土台となっている。

　しかし、計画経済から市場経済への移行によって、経済成長について整合的な計画自体が困難となり、労働力需要の予測の有効性は大きく減じている。しかも、職業学校は各レベルの政府の様々な部門に所轄されているために、全体が計画で調整されるとは限らない。

　これらの制約によって、中央レベルの職業教育拡大政策には次のような特徴と問題点が見られる。すなわち、中央政府は職業教育拡大政策を打ち出したが、それを実現する財政的なサポートが足りず、主に行政的な権威によって、推進させた。1980年代から1990年代にかけて職業教育拡大に、より高い目標を掲げたが、これについて十分な根拠を示さず、政策の恣意性が見られる。職業教育拡大に関しては、農村と都市部、さらに、経済発展地域と低発展地域という地域別に異なる目標を示した。しかし、膨大な人口と様々な労働・経済事情、社会的需要を持つ各地域に対して、このような区分は画一的であると言わざるを得ない。しかも、職業教育の拡大を各地域の教育発展を評価する基準としたことによって、各地方政府は自らの経済発展と社会需要及び財政的能力を考慮に入れず、職業教育の量的な拡大を自己目的化して追求する傾向が生じた。このような傾向は省レベルの政策的な措置の分析からのみ見られるだけではなく、各省の職業教育の就学率についての数量的な分析からも明ら

かになった。

　さらに、財政的な制約によって、中央レベルから職業教育の実際に対する実効性のあるコントロールができず、職業教育の量的な拡大を求める一方で、職業教育の質に関しては、中央レベルの監督は弱体にならざるを得なかった。

　結果的に、職業教育は大きく拡大された。しかし、社会需要と労働市場での需要との間に重大な齟齬が生じた。

(2)省レベル

　省レベルにおいては、職業教育拡大の背景に関しては、中央政府の職業教育拡大の背景と合致する側面があった。すなわち、まず経済発展を達成するために、技術労働者を養成することが急務となっていた。特に経済体制の改革、地方分権に伴って、技術労働者の確保は各省の重要な政策的な課題となっている。また、高等教育の発展はまだエリート段階にあり、大学受験競争の激しさには差があるものの、各省に普遍的に存在している問題であった。これらの問題を解決することが、各省にとって職業教育拡大政策の目的となっていった。さらに、中央の職業教育拡大政策の強力な推進に伴って、示された目標がますます高くなっていく状況の中で、多くの省では中央の目標を達成することが自明の目的となった。

　しかし、教育の管理運営、及び財政支出の権限は次第に中央から省、地(市)、県(区)へ移譲されたといっても、職業教育における中央と地方との関係には依然として、計画時代の「中央集権制」が根強く残っている。一方では、中央政府は教育に関する責任を下位政府に移譲したが、実際の政策決定権はまだ完全に手放していない。しかも財政的なサポートも弱体化した。他方では、省レベルの政府は自らの政策決定能力が十分にあるとも言えない。このような中央と地方の関係の下で、省レベルでの職業教育の拡大に次のような制約があったと言える。

　まず、財政的な問題である。1985年から本格的に始まった教育体制改革によって、高校レベルの教育に対する財政的な支出は市、県政府によって負担するものとなり、省政府は職業教育に関する財政力を持たなく

なった。職業教育拡大の初期において一時的に補助金を支出したが、職業教育の拡大に伴って、それも持続的に負担し得なくなった。職業教育を推進させるためには、省レベルの政府は主に行政的な威信によって、下位の市(地区)の高校段階教育に占める職業学校の入学定員数の割合を定め、普通高校の拡大を制限するなどの方策をとらざるを得なかった。

もう一つ大きな制約は、職業教育を拡大させる根拠となる省の労働市場の需要に対してマクロ的な把握、予測ができないことである。経済体制の改革によって、経済発展計画の策定、実行権は市、県に移譲しつつあるために、省レベルの政府は各市、県の労働需要の情況を確実に把握できなくなった。すなわち、労働需要計画およびこれに基づいて人材養成計画をつくることができなくなっているのである。

これらの制約があるゆえに、中央政府の目標に従って職業教育の量的な拡大を実現することにはある程度成功したが、職業教育と地域の経済発展と社会的需要との乖離が生じざるをえなかった。省政府は一方では市、県の職業教育の拡大を求め、他方では職業教育を一定の質を守るというジレンマを抱えているために職業学校に対する監督機能も空洞化せざるを得なかったのである。

(3) 市レベル

済南市・青島市の社会経済発展計画の中での職業教育の位置づけの分析から分かるように、市レベルでも経済発展のための職業教育の機能が大きく期待された。済南市と青島市は何れも大学受験競争が激しい地域であり、職業教育拡大の背景には大学受験競争を緩和させるという要因もあった。

教育体制の改革に伴って、職業学校の設置・認可、管理・運営、財政負担が市、区(県)政府に移譲され、市政府はマクロ的な政策形成の主体であると同時に、職業教育について自ら重要なプロバイダとなっている。市政府は一方では、地域経済の発展に一定の視野をもち、実際の労働需要をも身近に、かつ具体的に把握し、市民からの中等教育機会への需要に接する立場にある。他方では、中央政府と省政府の政策に従う立場に

ある。上述の職業教育の拡大の背景の下で、市政府は地域の経済発展をはかり、大学受験競争を緩和させることを職業教育拡大の目的にした。同時に中央、省政府が設定した職業教育の拡大目標を達成することが自己目的的に設定される傾向も見られた。

しかし、市政府の職業教育の拡大には大きな制約があった。まず、財政的な基盤の欠如である。職業教育の拡大に伴って、必要とされる資金は膨大であった。にもかかわらず、職業教育拡大初期に一時的に上級政府の補助金を得たに過ぎなかった。市政府自身は職業教育が必要とされる財政的な需要を満たす財政力を持たない。もう一つの大きな制約は職業教育を取り巻くコンテクストによるものである。すなわち、産業構造・企業所有制の激しい変化の中で、労働市場の需要に対する予測の有効性の欠如である。

職業教育の拡大の各段階で市政府が設定した職業教育発展の目標とそのための措置には変化が見られた。職業教育が大きく拡大した時期には、職業教育の拡大の規模は中央、省政府の設定した目標を達成することが目的化され、むしろそれより自らの目標を高く設定する傾向さえあった。しかし1990年代末に、済南市は普通高校の拡大に重心を移し、青島市の目標にも変化が見られた。これは上級政府の政策に職業教育の拡大を「緩和」する兆しが見られたという背景があると同時に、職業教育における市場の力が機能した結果とも言えるだろう。

職業教育拡大の過程において、職業学校を取り巻く社会的・経済的な環境が大きく変化しつつあり、教育内部の改革も激しい。このような状況の中で、職業教育の拡大における政府と市場が果たした、また果たしえる機能も大きく転換してきた。

第一に、市政府自身の財政的な制限であり、これが市政府の行動力の束縛となり得る。第二に、産業構造の変化、企業所有制の多様化などによる労働市場の需要に対する予測の有効性の欠如であり、これが職業教育の拡大と経済成長の間に齟齬を与える。

このように、職業教育発展の目標の変化、及び主な政策的措置を整理した結果、市の職業教育発展の目標は常に中央と省の目標と一致するわ

けではないことが明らかとなった。市政府・各学校は、職業教育の拡大を実現するために、自ら資金の調達・学生の募集などの具体策をつくらなければならない。経済体制・教育体制改革のコンテクストの中で、一方では労働市場の変化が激しく、労働需要の予測が難しい。また、経済発展に伴って、社会の職業教育への需要も大きく変化している。さらに、市政府が果たすべき機能、あるいは果たし得る機能は大きく変化してきた。しかもこれは自らの財政的な能力に大きく制約されている。そのために公立学校でありながら、運営に必要な経費のかなりの部分は自ら調達しなければならない状況が生じている。政府の指令に従うより市場の変化によって行動しなければならない状況になっている。このように計画経済から市場経済への移行と共に、経済・社会がダイナミックに変化する中で、職業教育拡大政策の具体化過程において、多くの問題が生じていることは明らかである。

2. 職業教育の問題構造

　職業教育を拡大させるために、各レベルの政府はそれぞれの具体的な政策措置をとった。特に市政府はより多くの具体的な措置を策定した。しかし、それらの措置には限界が見られた。

　職業教育の拡大が直面している多方面にわたる問題を主に三つの構造的要因にまとめることができる。まず、第一は職業教育「内部」の問題群である。これの根源となったのは職業教育資金の欠如である。これが職業教育に必要とされる施設・設備、専門科目の教員の不備、学生の過度の長時間の生産労働への参加などの問題をひき起こし、職業教育の質の低下をもたらす大きな原因となった。

　職業教育の低い質、そして施設・設備と合格教員の不備による先端科目の設置の不足は、卒業生の労働市場での受け入れという第二の問題群を引き起こした。すなわち、労働市場での低い評価を招き、企業は一般的な基礎的資質、あるいは職業上の知識・技能のいずれにおいても、職業高校卒業生を採用することに魅力を感じなくなった。

　職業高校卒業生の労働市場での低い評価によって、企業側は一般的な

基礎的資質に優れた普通高校卒業生の採用を好むことになってしまう。職業準備トラックの教育は雇用に直結しないといった現象は、また、中卒進学者の学校選択志向に影響を与え、いわゆる職業高校の「出口」の問題は「入り口」の問題をひき起こし、結果的に第三の問題群を誘発した。すなわち、入学者の獲得にめぐって普通高校と競合し、優秀な者は普通高校を志向するようになった。職業高校への入学者の多数の成績が低いことが、さらに職業高校の質を低下させる効果をもたらした。労働市場での低い評価及び職業高校の職業問題は、また職業高校間の学生の獲得をめぐる激しい競争をひき起こした。

このような職業教育の構造的な要因はお互い関連し、一つのサイクルとなっている。

これらの問題への対策として、済南市と青島市政府は一連の措置をとった。職業教育の資金の不足に対して、両市の何れも職業教育経費の徴収などの措置をとった。しかし、済南市ではこれは完全に実施されることはなく、青島市は実施したが、問題の解決に至るまでにはならなかった。また第二の問題群に対して、職業高校卒業生の就職優遇政策、職業資格制度などの措置をとった。しかし、市場経済へ移行しつつある状況の中で、多様な所有制企業が存在し、経済効果を追求する企業は、より優秀な者を採用するために、職業高校卒業生の就職優遇政策は十分に機能し得なくなった。第三の問題群の対策としての普通高校の抑制政策、職業高校への進学の奨励策、及び中卒への宣伝などの職業高校入学者の確保措置は一定の機能を果たした。しかし、職業高校が内包した問題の顕在化の他に、高等教育の拡大によって、普通高校への進学需要が一層高まったことも、職業教育に対して負の要因となった。高まる普通高校への進学需要は大きな政治的な圧力を形成し、高校段階の教育の普及も急務となり、普通高校の抑制を緩和せざるを得なくなったのである。

第3節　将来への展望と課題

1970年代末から教育体制及び教育を取り巻く経済・社会的な変化の中

で、中国の初等・中等・高等の全ての教育段階において、予想もつかなかった変革が行われた。20年余りの間に教育は大きな発展を遂げた一方で、先進国では何十年もかけて形成された現象、及び解決しなければならない課題が、一挙に現れた。

改革開放政策が実施された20年余りの間に、経済成長のベースと産業構造の変化が前例のない高度成長のエポックを形成した。1989年から2001年の12年間、人口は1.49億人増え、11.27億人から12.76億人に達した。一人当たりGNPは、1,512元から、7,543元となり、物価要素を除いて、実際には1.6倍増加した。年毎の増加率は平均8.2％である[4]。

経済成長の成果たる所得水準の上昇が、上級学校の進学に要する直接、間接の費用を負担する能力を家計に与え、まだ経済成長の実績が将来の成長への期待を形成し、教育機会への需要は着実に上昇した。

社会の教育需要の拡大に応じて、政府は教育への投資を増加し、教育供給を拡大させた。改革開放以来、各段階の教育は拡大してきたが、そのうち初等、高等教育の拡大は著しい。

1986年『義務教育法』が公表され、特に1990年代に「両基」(基本的に九年義務教育を普及させ、基本的に成人の文盲を一掃させること)の実現は教育事業の「重点中の重点」とされ、義務教育段階の教育は大きく拡大してきた。1985年から2000年までに、全国小学校入学率は96％から99.1％に、中学校入学率は36.8％から88.6％となった。

高等教育の入学定員は1970年代末から三回の大幅な拡大を経た。特に1999年から2001年の第三次拡大は、高等教育の入学定員数を大きく拡大させ、高等教育機関の入学者数と在学者数は倍増した。2002年に高校から大学への進学率は1998年の36％から58％に高まり、高等教育の粗入学率は14％に達した。2005年には、15％を超えると計画されている[5]。

後期中等教育段階での職業教育は大きな拡大を経て、1990年代半ばから停滞、削減の道に辿り始めた。これは職業教育が内包した矛盾が顕在化された結果であり、職業教育を取り巻くコンテクストの変化によるものでもある。後期中等教育での職業教育の拡大は行き詰まり、新たな方向を見つけなければならない。と同時に、義務教育の実施と高等教育の

マス化への接近という二つのベクトルの中で、義務教育と高等教育を連接する後期中等教育は、変化しなければならない。このような二重の課題を後期中等教育政策は背負っているのである。この意味で後期中等教育は今クリティカルな転換点に立っている。

ここでは後期中等教育を展望し、今後の研究課題を述べて、結びの代わりとしたい。

1. 後期中等教育のパースペクティブ

後期中等教育の将来を展望する際に、次のいくつかの問題を議論すべきであると思う。まず、後期中等教育の発展の方向を決定する根源的問題となる、その位置づけの問題である。

(1) 後期中等教育の位置づけ

「開発途上国では、初等教育には強い政治的圧力がかけられ、大学は国家的威信と偉大さの象徴であるために、初等教育や高等教育の真の成功がかかっているはずの中等教育は、重点順位が最も低いとみなされ、人的資源開発の見地から、中等教育は経済社会発展の隘路になりがちである」とハービソンとマイヤーズ(Harbison and Myers, 1964)は指摘している[6]。同じく、清水義弘は経済発展の段階に対するマンパワーの養成のタイプを「発展途上型」、「過渡的なタイプ」、「先進国型」と三つにまとめ、「先進国型」以外の二つのタイプではいずれも「中等教育は手薄である」と特徴づけた(1978)[7]。

中国では、大学受験競争を緩和するために、1980年代中等教育段階特に後期中等教育段階の普通高校の発展を抑制する政策をとった。しかし、1990年代半ばから高校教育は大きな拡大をし始めた。1995年と比べると、2001年に高校の学生入学者数と在学者数は倍増し、558万人と1,405万人に達し、年増加率は12％であった。特に、1998年に公表された『21世紀に向けての教育振興行動計画』(教育部)の中では、「2010年に、高等教育の入学率を15％に近づける」という目標を示し、高校段階教育の拡大、普及をうたったことによって、普通高校の規模の拡大をもたらした。普

通高校の入学者数は1998年の356万人から2001年の558万人に、56.7％増加した。しかし、義務教育段階に属する中学校の拡大幅がより大きかったために、中学校卒業生の高校への進学率は1997年に51.5％に達したが、1998年、1999年に、それぞれ50.7％、49.5％に下がり、2000年に51.2％となっている[8]。

　義務教育・高等教育は大きく拡大したのに対し、中等教育特に後期中等教育の発展は遅れている。2001年に小学校・中学校・高校の上級学校への進学率は90％、53％、58％となっている[9]。2002年10月12日天津で開かれた「全国高校発展と建設工作交流会」で、国家教育部部長陳至立は、高校の発展は各レベルの教育の調整的な発展のボトルネックとなっていることを指摘した。また、後期中等教育の発展が立ち遅れているために、近年、毎年約800万の中学校卒業生が進学できない。それに加えて、国民経済と社会発展の第十次五カ年計画期の2000年から2005年の間に、高校教育への入学適齢者はピークに達し、現在の高校の収容能力は一層厳しくなると予測されている。

　このような状況に対して、後期中等教育の発展を加速させる政策が示された。上述の会議では、次のように具体的な発展目標を設定した。全国人口の35％を占めている大中都市と経済発展地域では、「十五」期において高校段階の教育を基本的に普及させる。全国人口の約50％に占める「両基」を実現した農村地域では、「十五」期末に高校段階教育への入学率を60％に達せしめる。全国人口の15％を占める「両基」をまた実現していない貧困地域では、努力して高校段階の入学率を高める。

　後期中等教育は1980年代初期の抑制、1980年代後半から1990年代前半の緩やかな発展を経て、1990年代半ばから拡大し始めた。しかし、後期中等教育の発展を振り返って見ると、これは義務教育と、とりわけ高等教育の発展によって大きく影響されていることが分かる。後期中等教育の中級レベルのマンパワーを養成するための役割を強調しながらも、この発展についての長期的なビジョンや、一貫した政策が不在だったと言わざるを得ない。教育政策の中での後期中等教育の位置づけを改めて明確にすべきであろう。

(2) 後期中等教育の構造

後期中等教育の発展、その位置づけを考える際に避けられないことはその内部構造の問題である。これは職業教育発展の未来とも関わっている。

職業教育拡大政策は後期中等教育に占める職業学校の在学者数を4割から5割、更に6、7割を占めるという目標を掲げた。しかし、このような目標の設定は必ずしも厳密な論証によるものではなかった。中国職業教育学会の孟広平副会長は職業教育の規模の設定について、次のように述べた。「『千軍万馬が丸木橋を渡る』状況を改めるために、私達は『三級分流』の方針を実行した。計画は大体次のように策定された。大学学生入学定員の2～3倍の基準で、普通高校の学生定員数を決め、残った高校段階への進学者をできるだけ各種の職業学校へ分流させた」[10]。この話によれば、中等職業教育規模の決定に関しては、中級レベルのマンパワー需要予測より大学の定員計画によるものが大きかったということになる。このことは本書でも十分に示されたといえよう。

1990年代半ば、後期中等教育は大きく拡大し、普通高校への厳しい抑制政策から転換のシグナルがみられ、近未来の後期中等教育段階に占める職業教育と普通教育の在学者の比率は1：1と政策目標にも変化が示された。

中国の後期中等教育の構造については国際援助機関も注目している。1999年、世銀によって書かれた『21世紀における中国の教育の戦略目標』では、後期中等教育に占める職業学校の割合を60％にする政策を転換させ、今後の20年に中国の中等教育に占める職業学校の割合は、地方の状況に従い大幅に削減すべきである、との政策的な勧告を示した（World Bank, 1999）[11]。しかし、先進国においても、後期中等教育に職業教育が一定の割合を占めており、発展途上国としての中国では職業教育が全く不必要とはいえないという反論も見られた。

後期中等教育の構造をいかに合理的に構築するかは重要な政策的課題である。しかし、普通課程教育と職業課程教育の割合をいかなる基準で決めるか、あるいは国レベルで決める必要があるのかは、後期中等教育・職業教育の発展を考える上で重要な問題であろう。

(3) 職業教育と高等教育との接続

　1970年代末から1990年代半ばまでに、過熱的な大学受験競争を緩和するために後期中等教育段階の普通高校の発展を抑制し、職業教育を拡大させる政策がとられた。『21世紀に向けての教育振興行動計画』(教育部、1998)では、2010年に中国の高等教育はマス化に達するとされたが、2001年公表した『教育事業発展第十次五カ年計画』は、この目標実現の年を5年繰り上げ、2005年に実現するとされた。

　高等教育の拡大は後期中等教育の普通高校の大幅な拡大をもたらした一方で、職業学校の定員確保を一層厳しくさせた。このような状況の中で、新規職業学校の卒業生に高等教育への進学の機会を閉ざした厳しい規制を緩和せざるを得なくなった。『21世紀に向けての教育振興行動計画』では、3％の職業学校の新規卒業生が高等職業教育機関へ進学できるとされた。さらに、教育部の『2000年普通高等教育機関学生の募集工作規定』(2000)では、従来の中等専門学校・技工学校・職業高校の「三校生」の学生は卒業後直ちに大学受験できないという規制を廃止し、高等職業教育機関への受験を可能にさせた。職業学校の新規卒業生の大学への進学の道を開くのは、高等職業教育を拡大させるため、と同時に、職業学校への進学にインセンティブを与えることをも期待されたと考えられる。

　しかし、職業学校の新規卒業生の大学進学を許可することは、職業学校の学生の大学への進学意欲を高め、職業学校は学生の進学希望を実現させるために、受験科目となる普通科目に偏した教育課程を組む。このことは、職業教育の普通化・形骸化を招き、職業科設置の本来の目的から大きく逸脱する、という矛盾を孕んでいる。他方では、普通高校卒業生との学力の差異による、職業学校からの大学入学者の適応問題、さらに職業学校生に普通教育よりコストの高い職業教育を受けた後に、普通高校卒と同じく高等教育を受けることによる効率性の問題も生じる。

2. 職業教育における地方政府の役割

　中国の経済発展と共に教育の発展状況は東部と西部、都市部と農村部

という二元二重構造となっており、省・市・県の間にも大きな格差が存在する。中央政府は教育発展の目標に関しては、東部・中部・西部、あるいは都市部・農村部に大別したが、しかし政策の画一性を避けることはできなかった。職業教育大拡大期には上位政府が定めた目標を達成するために、より高い目標値を追求することになり、職業教育の結果と従来の目的との乖離をもたらした。最近、後期中等教育における職業高校と普通高校の入学者の割合を1:1の割合を保つと修正されたが、その後省レベルでこの修正に追従する政策的動きが見られた。現在中国の教育政策の決定における中央と地方との関係は、地方の権力が大きく拡大したものの、計画時代の中央集権の色彩はまだ残されている。中央政府は地方の教育政策に強い影響力を与えている。一方、地方政府がその地域の特質に応じて、自ら政策形成をする能力はまだ不十分だと言わざるを得ない。

　職業学校の学生定員に関しては、教育部が、2002年から各省・自治区・直轄市の教育部門と計画部門は学生募集をする前に職業学校学生定員計画を策定せずに、該当地域の実際の状況に従って学生募集の意見を示し、学校が社会の需要と学校の教育条件及び入学候補者の状況によって中等職業学校学生入学定員を自主的に確定する、と示した。高等教育の設置・管理権は省レベルに移譲され、義務教育の責任は市・県が担うようになっている状況の中で、省、市、県の各レベルの地方政府は当該地域の経済発展の需要、住民の教育の需要によって、整合的な教育発展・職業教育発展のプランを持ち、必要とされる役割を果たすべきことが重要な政策的な課題である。

3. 職業教育の社会的効率性

　一定の段階の教育が社会的に有効な投資となっているか、さらに拡大されるべきか否かを判断するためには、社会的収益率(コストに一人当たりの教育経費、利益に生産性差を表すものとして税引き前の所得差をとる)という概念が用いられる。中国では、経済発展へのキーとして、職業教育拡大が政策的に重視された。しかし、そこで無視されがちなのは、職業教育の社会的効率性の問題である。中国では賃金に関して公表された統計

資料がないために収益率の計算はできない。しかしコストと利益と比較すれば、職業教育には一定の施設設備が必要であるために、普通高校よりコストが高く、有効な教育をしようとするならば、必要な施設設備、各科目の教科書の編集、職業教育の効果の監視・評価等を含め、その実質的な費用は高額に達する。しかしながら利益という点からみれば、職業高校卒は普通高卒より必ずしも給料が高く就職の状況がよいわけではない。このように収益率のフレームワークによって推測すると、職業学校は必ずしもみかけのように有効な投資とは言えないだろう。

以上では職業学校の問題点を分析してきたが、しかしそうした問題点があることは職業教育が不必要であることを意味するものではない。効率的な視点と社会的な状況によって、職業教育のプロバイダと場(ロケーション)の問題を考えてみたい。

計画経済時代において、中国では職業教育の供給の主体は主に政府であった。知識・技能の形成の上で、教育システムの中での職業学校は政府が直接教育を供給する一つの「場」であった。国営大手企業の中での企業内職業学校も、「国営」の文字通り、国によって運営されており、政府は間接的なプロバイダと見なされる。すなわち、従来の中国の職業教育を実施する主体は、政府が供給し、教育システムに組み入れられる職業学校と、国営企業が設置する職業教育訓練施設というパターンであった。1980年代から職業訓練センターが設置されたが、これらの設置者の多数も各レベルの政府である。

政府により運営される職業学校(特に中等専門学校と技工学校)と国営企業内教育訓練というパターンは、経済基礎が脆弱であり、工業化の離陸を始めた時期に、限られた資源を集中して計画的に技術人材を養成するためには効率的に機能したとはいえ、改革・開放政策実施によって、この矛盾と非効率が露になった。

一方では、経済体制改革によって、1978年から2001年の間に都市部の就業者に占める公有制の国有と集体部門セクターの割合は、99.8％から37.3％に大幅に減少した。これに対して私営企業・個人企業と外資企業の就業者は、著しく増加した[12]。従来職業学校教育の運営を支えた国有

工業の生産が国民経済全体に占める割合は、非国有企業の割合が大幅に増えたのに対して、大きく減少した。郵便・電力・公安・金融等の業界は職業学校の運営を停止し、あるいは大幅に職業学校の定員を削減した。企業により運営された職業学校は1996年の2,783校から2000年の1,594校に減り、企業により運営された職業学校の教育経費は1997年の32億元から2000年の0.83億元に落ちた[13]。国営企業の経営不振に加えて、養成した技能労働者は従来のように必ずしも自らの企業に就職するわけではないために、職業教育を実施するインセンティブが弱くなったのが大きな原因と考えられる。

　また、政府の教育に対する投資は経済発展と伴に大幅に増えた。しかし、国家財政教育経費の支出が国民経済に占める割合は国際的に比べるとまだ低い水準におかれている。『中国教育改革と発展要綱』(1993)は、これを4％にする目標を提出したが、実際には、1994年から1999年までにこの割合は2.68％、2.46％、2.44％、2.49％、2.55％、2.79％で[14]低迷し、3％にさえ及ばなかった。政府の財政能力が限定されるだけではなく、多くの非公有制経営形態の企業が存在する状況の中で、どのような職業的知識・技能が職場で要求されているのかを正確に把握することはほぼ不可能であると言えよう。このため政府が直接に教育機会を供給する場合、高いコストで養成した職業高校卒業生が就職に直面する問題が生じたのである。

　このような現状の中で、新たな職業教育、技能形成のパターンの確立が迫られている。中国の現実に適合する効率的な知識・技能形成のメカニズムへの模索、その形成に政府が果たすべき役割などについての政策的研究課題が残されている。

　紙幅の制限で、本書では、学位論文で論じた職業高校生に対するアンケート調査結果による、職業教育を通じた学生の意識変化、卒業生の労働市場での受容状況の分析、及び中国と日本の高度経済成長期の職業教育との比較を割愛した。それ以外にもこれから、さらなる研究すべき課題がいくつかある。

　本書の地方レベルの分析の対象となったのは、中国で比較的に経済発

展地域である山東省・済南市・青島市である、この地域は職業教育の内包する問題の構造の複雑さを明らかにするために適当であるが、経済発展が遅れ、職業教育の問題がより深刻である内陸部、農村部の職業教育を実証的に分析することも必要である。また、就職経歴のある卒業生に対する追跡調査、企業側に対する職業教育訓練、知識・技能の形成などについての調査も検討すべきであろう。

さらに、以上で述べたコンテクストの変化に伴って、職業教育には新たな政策課題と研究課題も続々と生じてきている。これらについての理論的、実証的な研究も不可避である。こうした問題を解明し、政策の形成の基礎とするためには、国際比較の視点を入れた、より広汎かつ堅実な研究が必要であると痛感させられる。

注

1) 中国労働・社会保障部、2001年『就職と訓練』、中国労働・社会保障出版社。
2) 「2000年全国職業教育基本情況」中国教育と科研計算機網(http://www.edu.cn)。
3) 教育部「わが国の職業教育改革と発展の状況」(http://www.edu.cn)。
4) 中国人民共和国国家統計局、2000年3月31日「一人当たり国内総生産」。
5) 陳至立(国家教育部部長)、2002年10月17日「十三回四中全会以来わが国の教育改革と発展の歴史的成就」『中国教育報』。
6) Harbison, Frederick, and Charles A.Myers, 1964, *Education, Manpower and Economic Growth:Strategies of Human Resource Development*, New York,McGraw-Hill Book Co. (F.ハービソン、C.A.マイヤーズ著、川田寿/桑田宗彦訳、1964年『経済成長と人間能力の開発』ダイヤモンド社、p.112)。
7) 清水義弘、1978年『教育計画——経済発展と教育政策』」第一法規。
8) 中華人民共和国教育部発展企画司、2002年『中国教育事業統計年鑑 2001年』人民教育出版社。
9) 同、注8。
10) 孟広平、1998年「面向21世紀改変"双軌制"教育体制」中国人民大学書報資料センター『職業技術教育』第2期、p.6。
11) World Bank,1999, *Strategic Goals for Chinese Education in the 21st Century*, p.2, pp.37〜40, p.42。
12) 同注1。
13) 同注3。
14) 教育部、関連各年「全国教育事業発展公報」。

中央政府レベルの主な職業教育政策文書のリスト

※（　）内は筆者による日本語の翻訳である。

年	発布機関・政策名
1979	教育部《中等専業学校学生学籍管理的暫行規定》的通知(教育部「『中等専門学校学生の学籍管理の暫行規定』に関する通知」)
1980	国務院批転教育部、国家労働総局《関於中等教育構造改革的報告》(国務院の教育部・労働総局の「中等教育構造の改革に関する報告」を発送)
	国務院《批転教育部全国中等専業教育工作会議紀要》(国務院「教育部の全国中等専門教育事業会議の紀要についての指示・転送」)
	教育部《関於確定和弁好全国重点中等専業学校的意見》(教育部「全国重点中等専門学校の確定と運営についての意見」)
	教育部《関於修訂中等専業学校専業目録的通知》(教育部「中等専門学校の専攻目録(リスト)修訂に関する通知」)
	教育部印発《関於中等専業学校確定与提昇教師職務名称的暫行規定》的通知(教育部「中等専門学校教員の職位名称の確定と昇格に関する暫定規定」)
1981	教育部《関於中等専業学校評定教師職称工作的通知》(教育部「中等専門学校の職位名称を評定する業務に関する通知」)
1983	中共中央、国務院《関於加強和改革農村学校教育若干問題的通知》(中国共産党中央委員会・国務院「農村の学校教育の強化と改革についての若干の問題に関する通知」)
	教育部、労働人事部、財政部、国家計委《関於改革城市中等教育結構、発展職業技術教育的意見》(教育部・労働人事部・財政部・国家計画委員会「都市の中等教育構造改革、職業技術教育の発展に関する意見」)
1984	教育部、国家計委《関於重申中等専業学校改弁大専院校審批准権限的通知》(教育部・国家計画委員会「中等専門学校から高等専門学校(学院)への昇格審査・批准の権限に関する通知」)
1985	中共中央「関於教育体制改革的決定」(中国共産党中央委員会「教育体制の改革に関する決定」)
1986	国家教育委員会《関於建立職業技術教育委員会的通知》(国家教育委員会「職業技術教育委員会の設立に関する通知」)
	国家教育委員会、国家計画委員、国家経済委員会《関於経済部門和教育部門加

　　　　強合作、促進就業前職業技術教育発展的意見》(国家教育委員会・国家計画委員・国家経済委員会「経済部門と教育部門の協力を強化し、就職前職業技術教育の発展の促進に関する意見」)
　　　　国家教育委員会《関於頒発〈普通中等専業学校設置暫行方法〉的通知》(国家教育委員会「『普通中等専門学校の設置の暫定方法』発布に関する通知」)
　　　　中央職称改革工作領導小組《関於転発国家教育委員会〈中等専業学校教師職務試行条例〉及〈実施意見〉的通知》(中国共産党中央委員会職名改革事業指導組「国家教育委員会『中等専門学校教員職務の試行条例』及び『実施意見』を発送する通知」)
1987　国務院弁公庁転発国家教育委員会等部門《関於全国職業技術教育工作会議情況報告的通知》(国務院官房「国家教育委員会などの部門の『全国職業技術教育事業会議の状況報告』を発送する通知」)
　　　　国家教育委員会《関於職業中学専業課教師職務聘任工作的補充意見》(国家教育委員会「中等職業学校専門科目教員の職務任命活動に関する補充的意見」)
1988　国家教育委員会《関於印発有関"燎原計画"両個文件的通知》(国家教育委員会「『燎原計画』に関する二つの文書の発送に関する通知」)
1989　労働部、人事部《関於培養生産実習指導教師的実施弁法》(労働部・人事部「生産実習の指導教員の養成に関する実施方法」)
　　　　国家教育委員会《在全国建立"百県農村教育総合改革実験区"的通知》(国家教育委員会「全国で『百県の農村教育総合改革の実験区』設立に関する通知」)
1990　国家教育委員会《関於中等専業学校(含中師)領導体制問題的通知》(国家教育委員会「中等専門学校(中等師範学校を含む)指導体制の問題に関する通知」)
　　　　労働部《関於生産実習指導教師評聘技師問題的補充意見》(労働部「生産実習指導教員に技師を招聘する問題に関する補充意見」)
　　　　労働部《関於頒発〈技工学校学生学籍管理規定〉的通知》(労働部「『技工学校学生の学籍管理規定』発布に関する通知」)
　　　　国家教育委員会《関於頒発〈省級重点職業高級中学的標準〉的通知》(国家教育委員会「『省レベルの重点職業高校の基準』発布に関する通知」)
　　　　国家教育委員会《関於印発〈農村教育総合改革実験区工作指導綱要(試行)的通知》(国家教育委員会「『全国農村教育総合改革実験区の活動の指導要綱(試行)』の発送に関する通知」)
1991　国家教育委員会《関於推薦応届職業高中畢業生参加高考有関問題的通知》(国家教育委員会「職業高校新規卒業者を推薦し、大学試験に受験参加させる問題に関する通知」)
　　　　国務院《関於大力発展職業技術教育的決定》(国務院「職業技術教育の大いなる発展に関する決定」)
　　　　国家教育委員会弁公庁《関於学習貫徹国務院的〈大力発展職業技術教育的決定〉

的通知》(国家教育委員会事務局「国務院の『大いに職業技術教育を発展させる決定』を学習し、貫くことに関する通知」)

国家教育委員会《関於開展普通中等専業学校教育評価工作的通知》(国家教育委員会「普通中等専門学校教育を評価する活動の展開に関する通知」)

国家教育委員会弁公庁《印発〈普通中等専業学校弁学水平評估指標体系〉(試行)的通知》(国家教育委員会事務局「『普通中等専門学校の学校運営水準の評価指標、システム』(試行)を発布する通知」)

国家教育委員会弁公庁《関於印発〈全国中専改革招生分配制度為科教興服務座談会紀要〉的通知》(国家教育委員会事務局「『全国中等専門学校の学生募集と配分制度を改革し、科学・教育による農業振興に奉仕する座談会紀要』を発布する通知」)

国家教育委員会《関於認定首批"省級重点職業高級中学"的通知》(国家教育委員会「第一回目『省レベルの重点職業高校』の認定に関する通知」)

国家教育委員会弁公庁《関於継続開展評估、認定"省級重点職業高級中学"的通知》(国家教育委員会事務局「引き続き『省レベルの重点職業高校』の評価・認定の展開に関する通知」)

国家教育委員会、国家物価局、財政部、労働部《関於頒発〈中等職業技術学校収取学費的暫行規定規定〉的通知》(国家教育委員会・国家物価局・財政部・労働部「『中等職業技術学校の学費徴収に関する暫定規定』を発布する通知」)

1992 国家教育委員会弁公庁《関於航海類普通中等専業学校招生工作有関事宜的通知》(国家教育委員会事務局「航海類普通中等専門学校学生の募集業務に関する仕事の通知」)

国家教育委員会《関於制訂〈中等専業教育自学考試課程自学考試大綱的意見〉的通知》(国家教育委員会「『中等専門教育独学試験課程の独学試験要綱』の制定に関する通知」)

国務院《関於積極実行農科教結合推動農村経済発展的通知》(国務院「積極的に農業・科学・教育の結合を実行し、農村経済を発展推進させることに関する通知」)

労働部《関於印発〈技工学校校長任職要求(試行)〉的通知》(労働部「『技工学校校長の勤務要求(試行)』の発布に関する通知」)

1993 《中華人民共和国教師法》(「中華人民共和国教師法」)

中共中央、国務院《中国教育改革和発展綱要》(中国共産党中央委員会・国務院「中国教育改革と発展要綱」)

国家教育委員会弁公庁《関於転発全国政協教育文化委員会〈関於北京市、遼寧省、四川省職業技術教育的調査報告〉的通知》(国家教育委員会事務局「全国政治協議会教育文化委員会の『北京市・遼寧省・四川省職業技術教育に関する調査報告』の発布通知」)

労働部《関於頒発〈職業技能鑑定規定〉的通知》(労働部「『職業技能鑑定の規定』の発布に関する通知」)

　　国家教育委員会《関於印発〈普通中等専業学校専業設置管理的原則意見〉的通知》(国家教育委員会事務局「『普通中等専門学校専攻設置管理に関する原則的意見』を発布する通知」)

　　国家教育委員会《関於頒発〈普通中等専業学校専業目録〉的通知》(国家教育委員会「『普通中等専門学校専攻目録(リスト)』の発布に関する通知」)

　　国家教育委員会《関於評選"国家級、省級重点普通中等専業学校"的通知》(国家教育委員会「『国家レベル・省レベル重点中等専門学校』を評議して選ぶことに関する通知」)

　　国家教育委員会職業技術教育司《関於対職業高中学生参加職業資格証書考核情況進行調研的通知》(国家教育委員会職業技術教育局「職業高校生職業資格証書審査状況に対する調査・研究に関する通知」)

　　国家教育委員会《関於発布〈全国職業中学校長主要職責及崗位要求(試行)〉的通知》(国家教育委員会「『全国職業中等学校校長の主な職責及び職務要求(試行)』の発布に関する通知」)

1994　国務院《関於〈中国教育改革和発展綱要〉的実施意見》(国務院「『中国教育改革と発展要綱』の実施に関する意見」)

　　《中華人民共和国労働法》(「中華人民共和国労働法」)

　　国家教育委員会弁公庁《関於印発〈全国骨干職業技術学校(中心)建設工作研討会紀要〉的通知》(国家教育委員会事務局「『全国中核職業技術学校(センター)の建設活動の研究会紀要』を発布する通知」)

　　国家教育委員会《関於成都航空工業学校等10所中等専業学校試弁五年制高職班的通知》(国家教育委員会「成都航空工業学校など10校の中等専門学校で五年制高等職業班の試行に関する通知」)

　　国家教育委員会《関於公布〈国家級重点普通中等専業学校名単的通知》(国家教育委員会「国家レベル普通中等専門学校リストの公布に関する通知」)

　　国家教育委員会《関於印発〈普通中等専業学校招生与就業制度改革的意見〉的通知》(国家教育委員会「『普通中等専門学校学生募集と就職制度の改革に関する意見』の発布に関する通知」)

　　農業部、国家教育委員会《関於〈普通中等農業学校在郷鎮農業推広機構中招収有実践経験人員入学的通知》(農業部・国家教育委員会「普通中等農業学校において郷鎮の農業普及機構に属する実践経験を有する人員募集に関する通知」)

　　公安部教育局、国家教育委員職業教育司《関於人民警察学校招収自費生有関問題的通知》(公安部教育局・国家教育委員職業教育局「人民警察学校の自費生募集問題に関する通知」)

国家教育委員会《関於頒発〈国家級重点職業高級中学標準〉的通知》(国家教育委員会「『国家レベル重点職業高校基準』発布に関する通知」)

1995 《中華人民共和国教育法》(「中華人民共和国教育法」)

国家教育委員会《関於実施〈中華人民共和国教育法〉若干問題的意見》(国家教育委員会「『中華人民共和国教育法』の実施に関する若干の問題の意見」)

《教師資格条例》(「教員資格条例」)

労働部《関於技工学校、職業(技術)学校和就職訓練中心畢(結)業生実行職業技能鑑定的通知》(労働部「技工学校・職業(技術)学校と就職訓練センターの卒業者・修了者に対して、職業技能鑑定の実行に関する通知」)

国家教育委員会《関於印発〈関於推動職業大学改革於建設的幾点意見〉的通知》(国家教育委員会「『職業大学の改革と建設推進に関するいくつかの意見』を発布する通知」)

国家教育委員会《関於開展建設師範性職業大学工作的通知》(国家教育委員会「模範的職業大学の建設活動の展開に関する通知」)

国家教育委員会職業教育司《関於印発〈高等職業技術学校試点工作総結交流会議紀要〉的通知》(国家教育委員会職業教育局「『高等職業技術学校の試験活動の総括交流会議紀要』発布に関する通知」)

国家教育委員会《関於印発〈関於普通中等専業教育(不含中師)改革於発展的意見〉的通知》(国家教育委員会「『普通中等専門教育(中等師範学校を含めない)の改革と発展に関する意見』を発布する通知」)

国家教育委員会弁公庁《関於開展国家級重点職業高級中学評估認定工作的通知》(国家教育委員会事務局「国家レベル重点職業高校の評価・認定活動の展開に関する通知」)

国家教育委員会弁公庁《関於制定并落実職業教育師質培養計画的通知》(国家教育委員会事務局「職業教育教員養成計画の策定・実施に関する通知」)

労働部「関於建立国家職業技能鑑定試題庫的通知」(労働部「国家職業技能鑑定試験問題バンクの建設に関する通知」)

1996 《中華人民共和国職業教育法》(「中華人民共和国職業教育法」)

全国人大教科文衛委員会、国家教委、国家経済貿易委、労働部、農業部、司法部、全国総工会《関於学習宣伝和貫徹実施〈中華人民共和国職業教育法〉的通知》(全国人民代表大会教育・科学・文化・衛生委員会、国家教育委員会、国家経済貿易委員会、労働部、農業部、司法部、全国総工会「『中華人民共和国職業教育法』」を学習し、宣伝し、貫徹し、実施することに関する通知」)

国家教育委員会《関於印発〈全国教育事業"九五"計画和2010年発展企画〉的通知》(国家教育委員会「『全国教育事業"九五"計画と2010年発展企画』の発送に関する通知」)

国家教委、国家経貿委、労働部《関於印発李鵬総理和李嵐清副総理在全国職業

　　　　　教育工作会議上講話的通知》(国家教育委員会・国家経済貿易委員会・労働部「李鵬総理と李嵐清副総理の全国職業教育事業会議での講演の発布に関する通知」)

　　　　農業部、国家教委《関於印発"高等農業院校対口招収農業職業高校、農業中等専門学校、農業広播学校応届優秀畢業生暫行弁法"的通知》(農業部・国家教育委員会「『高等農業学校(学院)が専門技術と一致する農業職業高校・農業中学校・農業放送学校の優秀な新規卒業者を募集する暫定方法』の発布に関する通知」)

　　　　国家教委、農業部《関於印発〈関於進一歩弁好農村中等職業学校農業類専業的意見〉的通知》(国家教育委員会・農業部「『さらに農村の中等職業学校農業類専攻の改善に関する意見』を発布する通知」)

　　　　国家教委、国家計委、財政部《関於頒発"義務教育等四個教育収費管理暫行方法"的通知》(国家教育委員会・国家計画委員会・財政部「『義務教育などの四つの教育費徴収の管理方法』を発布する通知」)

　　　　国家教育委員会《関於在大連海運学校等八所中等専業学校挙弁五年制高職班的通知》(国家教育委員会「『大連海運学校など八箇所の中等専門学校の五年制高等職業班の実行に関する通知』」)

　　　　水利部、国家教委《水利普通中等専業学校招収実践経験人員的暫定方法》(水利部・国家教育委員会「水利普通中等専門学校において実践経験を有する人員募集の暫定方法」)

　　　　国家教委《関於審批認定国家級重点職業高級中学的通知》(国家教育委員会「国家レベルの重点職業高校の審査・認定に関する通知」)

　　　　国家教育委員会弁公庁《関於進一歩做好全国職業中学校長崗位培訓工作的通知》(国家教育委員会事務局「さらに全国職業中等学校校長の職場訓練活動の改善に関する通知」)

1997　《社会力量弁学条例》(「社会力量による学校運営の条例」)

1998　労働和社会保障部弁公庁《関於加強職業培訓教材建設工作的通知》(労働・社会保障部事務局「職業訓練教材の建設事業の強化に関する通知」)

　　　　労働和社会保障部《関於対引進国外職業資格証書加強管理的通知》(労働・社会保障部「海外から職業資格証書の導入に対する管理強化に関する通知」)

　　　　労働和社会保障部弁公庁《関於做好原機械工業部等九部門所属技工学校管理体制調整工作的通知》(労働・社会保障部事務局「元機械工業部など九部門に所属する技工学校の管理体制の調整業務に関する通知」)

　　　　労働和社会保障部弁公庁《関於進一歩做好労働予備制度試点工作的通知》(労働・社会保障部事務局「労働予備制度の試行活動のさらなる実行に関する通知」)

　　　　労働和社会保障部事務局弁公庁《提高認識、抓好職業訓練教材建設工作》(労働・社会保障部事務局「認識を高め、職業訓練教材の建設の業務を遂行させる」)

労働和社会保障部《統一思想、明確目標、做好再就業培訓和労働予備制度実施工作》(労働・社会保障部「認識を一致し、目標を明確にして、再就職訓練と労働予備制度を実施する事業を行う」)

労働和社会保障部《適応需要、提高質量、規範発展、将職業培訓教材建設工作提高到一個新水準》(労働・社会保障部「需要に適応し、質を高め、規範的に発展して、職業訓練教材の建設事業を新たな水準に高める」)

労働和社会保障部《加大再就業培訓和労働予備制度試点工作力度把再就業工程推上一個新台階》(労働・社会保障部「再就職訓練と労働予備制度試行の活動を強化し、再就職プロジェクトを新たな段階に推進する」)

労働和社会保障部《開展積極主動的就職服務、全面推動再就職工程》(労働・社会保障部「積極的、能動的な就職サービスを展開し、再就職プロジェクトを全面的に推進する」)

労働和社会保障部《統籌規画、注重質量、促進職業培訓教材建設工作長足発展》(労働・社会保障部「統括的に企画し、質を重要視し、職業訓練教材の建設事業の大きな発展を促進する」)

労働和社会保障部《突出重点、狠抓落実、開創職業培訓工作新局面》(労働・社会保障部「重点を強調し、真剣に実行し、職業訓練事業の新たな局面を創始する」)

労働和社会保障部《関於進一歩加強就職服務大力促進下崗職工再就職的通知》(労働・社会保障部「さらに就職サービスを強化し、一時休職された職工の再就職を強力に促進することに関する通知」)

労働和社会保障部《労働力市場信息網建設実施綱要》的通知(労働・社会保障部「『労働市場情報網の建設実施要綱』発布に関する通知」)

労働和社会保障部《関於印発〈三年三千万〉再就業培訓計画》的通知(労働・社会保障部「『"三年に三千万"再就職訓練計画』発布に関する通知」)

1999 労働和社会保障部《大力加強職業培訓総合基地和集団建設為促進就業和再就業服務》(労働と社会保障部「職業訓練総合基地の強化と集団建設が就職と再就職に奉仕する」)

労働和社会保障部《労働力市場"三化"建設試点工作的通知》(労働・社会保障部「労働市場の『三化』建設の試行活動展開に関する通知」)

労働和社会保障部《関於印発〈実行就業準入的職業目録〉及有関問題的通知》(労働・社会保障部「『就職許可を実行する職業の目録(リスト)』及び関連問題に関する通知」)

労働和社会保障部《関於印発〈労働力市場職業分類与代碼(LB501-1999)〉的通知》(労働・社会保障部「『労働市場の職業分類とコード(LB501-1999)』発布に関する通知」)

労働和社会保障部《労働力市場管理和服務工作主要業務流程規範(試行)》的通

知》)(労働・社会保障部「『労働市場の管理とサービスの業務と主なプロセスの規範(試行)』発布に関する通知」)

労働和社会保障部培訓就業司《対下崗職工開展職業指導服務的工作要点》(労働・社会保障部就職訓練局「リストラされた職工に対する職業指導サービスを展開する業務の要点」)

労働和社会保障部《関於公布国家重点技工学校名単的通知》(労働・社会保障部「国家レベルの重点職工学校のリスト公表に関する通知」)

労働和社会保障部《関於開展技師考評社会化管理試点工作的通知》(労働・社会保障部「技師の考査と評価の社会化管理の試行活動の展開に関する通知」)

国務院弁公庁《関於積極推進労働予備制度加快提高労働者素質的意見》(国務院弁公庁「積極的に労働予備制度を推進し、労働者の資質を高めることに関する意見」)

労働和社会保障部培訓就業司《関於印発創業培訓試点指導意見的通知》(労働・社会保障部就職訓練局「創業訓練の試行の指導意見の発送に関する通知」)

教育部職業教育与成人教育司《関於調整国家級重点中等職業学校的通知》(教育部職業教育・成人教育局「国家レベル重点職業中等学校調整に関する通知」)

2000　労働和社会保障部弁公庁《関於貫徹実施招用技術工種従業人員規定的通知》(労働・社会保障部事務局「技術的職種従業員募集規定の実施に関する通知」)

労働和社会保障部《関於加快技工学校改革工作的通知》(労働・社会保障部「技工学校の改革の活動の加速に関する通知」)

労働和社会保障部弁公庁《関於印発労働予備制培訓実施弁法的通知》(労働・社会保障部事務局「労働予備制訓練の実施方法発布に関する通知」)

労働和社会保障部《招用技術工種従業人員規定》(労働・社会保障部「技術的職種従業員を募集する規定」)

2001　教育部職業教育与成人教育司《関於印発〈中等職業教育国家規劃教材申報、立項及管理意見〉発布に関する通知》(教育部職業教育・成人教育局「『中等職業教育の国家企画教材の申告、設立及び管理意見』発布に関する通知」)

国務院《関於基礎教育改革与発展的決定》(国務院「基礎教育改革と発展に関する決定」)

教育部《中等職業学校設置標準》(教育部「中等職業学校の設置基準」)

教育部弁公庁《〈現代遠程中等職業教育与成人教育資源建設工程〉首批開発項目》(教育部事務局「『現代遠距離中等職業教育と成人教育資源建設プロジェクト』の第1回目の開発項目」)

教育部弁公庁《関於部分有条件的中等職業学校做好総合課程教育試験工作的意見》(教育部事務局「一部条件を備えている中等職業学校の中で総合課程教育の試験活動に関する意見」)

教育部《中等職業学校重点建設専業教学指導方案》(教育部「中等職業学校の重点

的に建設する専攻の授業指導方案」)

教育部弁公庁《在職業学校進行学分制試点工作的意見》(教育部事務局「職業学校の中で単位制の試行意見」)

2002　教育部職業教育与成人教育司《関於公布全国中等職業教育首批示範専業(点)和加強示範専業建設的通知》(教育部職業教育・成人教育局「全国中等職業教育模範専攻(点)の公布と模範専攻建設の強化に関する通知」)

教育部、国家経済貿易委員会、労働和社会保障《関於進一歩発揮行業、企業在職業教育培訓中作用的意見》(教育部・国家経済貿易委員会、労働・社会保障部「さらなる職業教育訓練における業界・企業の役割の発揮に関する意見」)

教育部《関於進一歩弁好五年制高等職業技術教育的幾点意見》(教育部「さらに五年制高等職業技術教育を行うことに関する幾つかの意見」)

教育部《関於学習貫徹〈国務院関於大力推進職業教育改革与発展的決定〉》(教育部「『国務院の大いなる職業教育の改革と発展の推進に関する決定』の学習・実行についての通知」)

主要参考文献

■英語

Balogh, Thomas, 1962, "The Problem of Education in Africa," *The Centennial Review of Arts and Science*, Vol. 6, No. 4.

―――, 1962, "Catastrophe in Africa," *Times Education Supplement*, Jan 5.

―――, 1962, "What School for Africa?" *New Statesman and Nation*, March 23.

Bellew, Rosemary, and Peter Moock, 1990, "Vocational and Technical Education in Peru," *Economics of Education Review*, Vol. 9, No. 4.

Bishop, John, 1989, "Occupational Training in High School: When Does It Pay Off?" *Economics of Education Review*, Vol. 8, No. 1, pp. 1-15.

Blaug, M., 1974, "Educational Policy and Economics of Education: Some Practical Lessons for Educational Planners in Developing Countries," In Ward F. Champion (ed.), *Education and Development Reconsidered*, New York, Praeger Publishers.

―――, 1979, "The Economics of Education in Developing Countries:Current Trend and New Priorities," in *The Economics of Education and the Education of an Economist*. England, Edward Elgar Publishing Limited.

Bowman, M. J. 1966, "The Human Investment Revolution in Economic Thought," *Sociology of Education*, Vol. 39.

Dore, R. P., 1976, *The Diploma Disease*, Barkeley, University of California Press.（松居弘道訳、1978年『学歴社会 新しい文明病』岩波書店）

Dougherty, C. R. S., 1989, *The Cost-Effectiveness of National Training Systems in Developing Countries*, The World Bank.

Dougherty, C. R. S., 1990, "Unit Costs and Economies of Scale in Vocational and Technical Education:Evidence from the People's Republic of China," *Economics of Education Review*, Vol. 9, No. 4.

Foster, Philip J., 1965, "The Vocational School Fallacy in Development Planning," In C. Arnold Anderson and Mary Jean Bowman, (eds.), *Education and Economic Development*, Chicago, Aldine Publishing Company.

Harbison, Frederick, and Charles A. Myers, 1964, *Education, Manpower and Economic Growth: Strategies of Human Resource Development*, New York, McGraw-Hill Book Co.（川田寿・桑田宗彦訳、1964年『経済成長と人間能力の開発』ダイヤモンド社）

Huq, M. S., 1965, *Education and Development Strategy in South and Southeast Asia*, Honolulu, East-West Center Press.

Middleton, John, 1988, "Changing Patterns in World Bank Investments in Vocational Education and Training: Implications for Secondary Vocational Schools,"*Educational Dvelopment*, Vol. 8, No. 3.

Min, Wei-Fang, and Mun Chiu Tsang, 1990, "Vocational Education and Productivity: A Case Study of the Beijing General Auto Industry Company,"*Economics of Education Review*, Vol. 9, No. 4.

OECD 1970, *Occupational and Educational Structure of the Labor Force and Levels of Economic Development*, Paris, OECD.

Paul, Jean-Jacques, 1990, "Technical Secondary Education in Togo and Cameroon: Research Note,"*Economics of Education Review*, Vol. 9, No. 4.

Psacharopoulos, George, 1981, "The World Bank in the World of Education: Some Policy Changes and Some Remnants,"*Comparative Education Review*, Vol. 7, No. 2.

—————and Antonio Zabala, 1984, "The Destination and Early Career Performance of Secondary School Graduates in Columbia: Finding from the 1978 Cohort,"Washington, D. C., *World Bank Staff Working Paper 653*.

—————,"To Vocationalize or Not to Vocationalize? : That Is the Curriculum Question,"*International Review of Education*, Vol. 33.

—————, 1986, "The Planning of Education,"*Comparative Education Review*, Vol. 30, No. 4.

————— and William A. Loxley, 1986, *Diversified Secondary Education and Development: Evidence from Columbia and Tanzania*, Baltimore, Johns Hopkins University Press.

Trow, M., 1974, "Problems in the Transition from Elite to Mass Higher Education,"In OECD (ed.), *Policy for Higher Education*, Paris, OECD. (天野郁夫・喜多村和之訳、1976年『高学歴社会の大学』東京大学出版会)

UNESCO, 1961, "Outline of a Plan for African Educational Development,"*Conference of African States on the Development of Education in Africa*, Addis Ababa.

—————, 1984, *Policy, Planning and Management in Technical and Vocational Education: A Comparative Study*, France, Imprimerie de la Manutention.

World Bank, 1974, *Education Sector Working Paper*, Washington DC, World Bank.

—————, 1980, *Education Sector Policy Paper*, Washington DC, World Bank.

—————, 1991, "The Vocational and Technical Education and Training,"*World Bank Review*.

—————, 1995, "Priorities and Strategies for Education,"*World Bank Review*.

Ziderman, Adrian, 1989, "Training Alternatives for Youth: Results from Longitudinal Data,"*Comparative Education Review*, Vol. 33, No. 2.

■日本語

一見真理子、1993年「中国における後期中等教育構造改革の動向と展望――『国務院職業技術教育の発展に関する決定』を中心に」平成2、3、4年度科学費研究成果報告書『後期中等教育の史的展開と政策課題に関する総合的比較研究』

大塚豊、1988年「中国の職業教育改革に関する研究――初級中級技術人材養成におけ

る分業構造」国立教育研究所内中等教育制度研究会『中等教育の制度再編の動向』
金子元久編著、1983年『アジアのマンパワーと経済成長』アジア経済出版会。
―――、1997年「教育の政治経済学」天野郁夫編『教育への問い』東京大学出版会。
―――、2001年「発展と職業教育―問題点の整理―」米村明夫編『開発と教育』日本貿易振興会 アジア経済研究所。
―――・小林雅之、1996年『教育・経済・社会』放送大学教育振興会。
清水義弘、1978年『教育計画――経済発展と教育政策』第一法規。
小池和男、1981年『日本の熟練』有斐閣。
小林雅之、1998年「イギリスの職業教育・資格制度改革」職業教育・進路指導研究会編『職業教育及び進路指導に関する基礎的研究(最終報告)』職業教育・進路指導研究会。
―――、1998年「先進国における職業教育」宮澤康人・小林雅之編『世界の教育』放送大学教育振興会。
工藤秀幸他、1981年『戦後企業内教育変遷史』人間開発センター。
小島麗逸・鄭新培 編著、2001年『中国教育の発展と矛盾』御茶の水書房。
G. S. ベッカー(佐野陽子訳)、1976年『人的資本論――教育を中心とした理論的・経済的分析』東洋経済新報社。
T. W. シュルツ(清水義弘・金子元久訳)、1981年『教育の経済価値』日本経済新聞社出版局。
佐々木享編、1996年『日本の教育課題8　普通教育と職業教育』東京法令出版社。
矢野眞和、1992年「教育計画」日本教育社会学会編『教育社会学研究』第50集、東洋館出版社。
―――、1996年『高等教育の経済分析と政策』玉川大学出版部。
豊田俊雄、1995年『開発と社会――教育を中心として』アジア経済研究所。
吉田昇他編、1986年『中等教育原理』有斐閣。
劉文君、1998年「中国における職業教育の効果に関する実証的研究」『東京大学大学院教育学研究科紀要』第38巻。
―――、2001年「中国における中等職業教育拡大の規定要因―クロスセクション・データによる分析―」『東京大学大学院教育学研究科紀要』第41巻。
―――、2002年「中国における職業資格制度の整備と実施上の課題」『日本産業教育学会誌』第33巻第1号。
―――、2003年「中国の職業教育(1)高校段階の職業教育の現状と課題」産業教育研究連盟『技術教室』第51巻第7号。
―――、2003年「中国の職業教育(2)短期高等教育段階の職業教育の発展と特質」産業教育研究連盟『技術教室』第51巻第8号。

■中国語

安徽省中華職業教育社調査組、2001年「安徽省農村職業教育調査報告」、中国教育和科研計算機網(http://www. edu. cn)。

国家教育委員会教育体制専題調研組、1994年「社会主義経済市場与教育体制改革」『教育研究』第1期。
国家教育委員会職業技術教育司組織編写、1990年『職業技術教育政策法規1989〜1992』北京師範大学出版社。
―――、1994年『中国職業技術教育簡史』北京師範大学出版社。
国家教育委員会職業技術教育司、1996年『第三次全国職業教育工作会議文件滙編』高等教育出版社。
国家教育委員会政策法規司編、1992年『十一届三中全会以来重要教育文献 選編』教育科学出版社。
国家教育発展中心、2000年『中国教育緑皮書』教育科学出版社。
教育部職業教育与成人教育司、中国職業技術教育学会編、1999年『崛起的年代丰碩的成果―中国職業教育改革与発展的20年』高等教育出版社。
済南市教育局、『2000年済南市職業学校学生招生綱要』。
―――、『2001年済南市職業学校学生招生綱要』。
―――、『済南市教育統計(2000年)』。
済南市市長「政府工作報告」1993〜2000年各年度。
済南市統計局「国民経済和社会発展的統計公告」1995〜2001年各年度。
李玉鴻、1985年「在中等教育結構改革的道路上前進」済南市教育局史志弁公室編、『済南市教育史志資料 1985, 1』。
―――、1985年「済南市区職業教育発展状況」、済南市教育局史志弁公室編、『済南市教育史志資料 1985, 2』。
呂可英・尹鈞栄、1997年『山東教育四十年』山東教育出版社。
馬蘭瑞等著、1991年『論中国労働市場』中国都市出版社。
馬酥・郭思民編、1997年『邁向21世紀的山東教育』山東教育出版社。
山東省革命委員会教育局、1979年「関於中等教育結構改革的初歩意見」。
山東省計委・省文委・省教育庁・省労働局・省財政庁、1981年「関於進一歩開展中等教育結構改革的請示報告」。
山東省計委・省労働局・省教育庁、1982年「関於今後在招工中応尽先従専業対口或専業相近的職業(技術)学校畢業生中招収的通知」。
山東省委・省政府、1984年「関於加速発展農村中等技術教育的決定」。
山東省教育庁、1985年「関於厳格控制普通高中盲目発展的通知」。
山東省人民政府、1987年「山東省職業技術教育条例」。
山東省教育庁・省計画委員会・省経済委員会・省財政庁・労働局・省人事局、1987年「関於進一歩発展職業技術教育的意見」。
山東省教育委員会・計画委員会・科学技術委員会・財政庁・労働局・農業局・多種経営郷鎮企業局、1989年「関於進一歩発展職業技術教育的意見」。
山東省教育委員会・計画委員会・労働局・人事局・財政庁、1991年「山東省職業技術教育事業十年規画和"八五"計画」。

山東省教育委員会、1992年「関於加快発展我省職業技術教育的意見」。
――――、1993年「関於改革和発展我省高中教育的意見」。
山東省委・山東省人民政府、1994年「山東省実施"中国教育改革和発展綱要"的意見」。
山東省人民政府、1996年「大力発展職業教育 加快"科教興魯"歩伐」『中国職業教育』第8期。
山東省委・人民政府、1997年「関於大力発展職業教育的決定」。
石偉平著、2000年『比較職業技術教育』華東師範大学出版社。
青島市教育委員会、1997年『青島市職業学校招生指南』。
――――、1995年「青島市職業教育四統籌工程実施方案」。
青島市教育委員会・人事局・労働局・計画委員会、1997年「関於挙弁1997年青島市職業学校畢業生就業恰談会的通知」。
青島市市長『政府工作報告』1998〜2002年各年度。
青島市人民代表大会常委会、1996年「関於公布"青島市職業学校管理条例"的通知」。
青島市人民政府、1997年「関於貫徹実施職業教育法、加快発展職業教育的決定」。
深圳市教育科学研究所課題組、1996年「経済特区職業教育研究報告」『教育研究』第10期。
孫琳、1997年「"八五"職教発展回顧」『中国職業技術教育』第6期。
――――、1997年「我国職業教育的成就、問題及発展趨勢」『教育研究』第7期。
孫震瀚主編、1997年『21世紀中国職業技術教育前瞻――城市職業教育予測規劃和城市就業問題研究』高等教育出版社。
談松華、1996年「中国現代教育体系中的職業教育――兼述現代職業教育制度」『教育研究』11期。
湯育好、1996年「"八五"期間我国教育投入状況」、『教育学』1997年第3期。
王金生、2000年「堅持可持続発展、走改革創新之路―青島市職業教育的改革与発展」、『中国職業技術教育』第12期。
王曉輝、1995年「対我国職業教育発展的若干思考」『教育研究』第6期。
翁傑明・張西明編、1996年『1996〜1997年中国発展状況与趨勢』中国社会出版社。
楊宜勇、1997年『失業衝撃波――中国就業発展報告』今日中国出版社。
曾天山、1998年「"択校"問題的背景分析」国家教育発展中心編『発展中心研究動態』第7期。
趙維東・張思凱 編、1995年『1840〜1994 山東職業教育大事記』中国商業出版社。
中国教育年鑑編輯部、1984年『中国教育年鑑 1949〜1981』、中国大百科全書出版社。
中国教育部、『中国教育年鑑』関連年、人民教育出版社。
――――、『中国教育統計年鑑』関連年、人民教育出版社。
『中国教育事典』編集委員会、1994年『中国教育事典 上編 中華人民共和国中等教育』河北教育出版社。
中国労働・社会保障部、2001年『就業与培訓』中国労働・社会保障出版社。
周貝隆、1994年「我国職業教育方針芻議」、『教育参考』第4/5期、第24〜25頁。
趙維東、1996年「架起富民興魯的橋梁―記山東省職業技術教育的改革与発展」『人民教育』第5期。
周蕖・司蔭貞編、1995年『中外職業技術教育比較』人民教育出版社。

あとがき

　本書は、東京大学大学院教育学研究科博士学位論文(『中国における職業教育拡大政策の実施過程に関する実証的研究』、2003年7月、博士学位取得)の一部をまとめたものである。東京大学学術研究成果刊行助成制度の補助を受けて、刊行することが可能になった。まだ研究歴の浅い私にこのような出版のチャンスを与えてくださったことに、心より感謝の意を表したい。

　この本は、私にとって初めて出版される単著であり、東京大学大学院生としての研究結果の一つのまとめである。この本が世に出るには、多くの方々の力添えに負っている。この本の刊行にあたって、感謝の意を伝えたい方々は多い。この場を借りて謝辞を述べさせていただきたい。

　はじめに、東京大学に研究生として入学してから、長い間指導してくださった恩師の金子元久先生に甚深の感謝を申し上げたい。先生は、私に研究・学問の手ほどきをしてくださり、地道な実証研究の大切さを教えてくださった。先生のご指導を通じて研究への誠実さ、実直さというものを教えていただいた。先生が教えてくださったのは知識だけではなく、研究に取り込む姿勢でもある。これは私が研究の面白さと奥深さを知るきっかけ、また様々な困難を乗り越えてきた力ともなった。本書のもとになった学位論文の執筆にあたり、論文のプロットから完成までの間に先生から数え切れない程多くのご指導をいただいた。心より感謝申し上げたい。

　また、この場を借りて、学位論文に有益なご助言と熱心な指導をくださった矢野眞和先生、米村明夫先生、小川正人先生、鈴木真理先生、小林雅之先生に深くお礼を申し上げたい。そして、長い間にお世話になった東京大学比較教育社会研究室の先生方、激励を下さった研究室の先輩、後輩達に感謝したい。学位論文の執筆のための調査を行った際に、既に

職場を離れて久しい私を温かく見守り、協力して下さった山東省教育庁の私の元上司、同僚達、そして調査に親切に応じて下さった済南市教育局、青島市教育局及び両市における調査対象の職業高校の皆様に、お礼を申し上げたい。

　この本の出版にあたり、渡部洋先生、金子元久先生、矢野眞和先生、小林雅之先生はご多忙の中に、有益なご助言と丁寧な修正をくださった。重ねて深く感謝を申し上げたい。

　また、東信堂の下田勝司社長、向井智央氏にお世話になり、お礼を申し上げたい。

　以上の多くの方々の暖かい助けがなければ、この本は存在しなかったといってよい。

　学位論文の一部はこのようにはやく出版されることは、私にとって望外の幸いである。残された課題はたくさんあるが、読者の忌憚のないご批判を願う。また本書では、紙幅の制限で割愛した学位論文の「職業高校生に対するアンケート調査結果による、職業教育を通じた学生の意識変化と卒業生の労働市場での受容状況の分析」、及び「中国と日本の高度経済成長期の職業教育の比較」の部分については別に発表することとしたい。

　この本が出版されることによって、「達成感」を感じるよりは、自分の研究の未熟さを痛感し、新たな出発点に立っていることを再認識する契機となった。最後に、屈原の言葉を引用して、自分の人生・研究の座右の銘を示させていただき、結びとしたい。

　　　　「路漫漫其修遠兮、吾将上下而求索」（屈原）
　　　　（人生・学問の道は遠い、私はたゆまず模索していく）

2004年3月

　　　　　　　　　　　　　　　　　　　東京にて　劉　文君

索　引

コミュニティ・カレッジ　　　　　7, 52

【ア行】

アカデミック・ドリフト　　　　　52
IUT（Instituts Universitaires de
　Technologie：大学付置技術訓練部）　7
エリート段階　　　　4, 52, 179, 251

【カ行】

開校費　　　　　　　　　　　　164
外資系企業　　　　30, 216, 218, 219
科教興魯　　　　　　　　　142, 153
学生募集難　　　　　　　　　　132
学校中心の職業教育　　　　　　　8
過渡的なタイプ　　　　　　　　257
金子元久　　　　　　　　　　18, 19
簡政放権　　　　　　　　　　　35
企業内訓練を中心とする職業教育　8
技術労働者学校（技工学校）　44, 46, 47,
　　57, 61, 65, 70, 85, 129, 131-133, 136,
　　138, 142, 146, 148, 164, 165, 187, 245,
　　　　　　　　　　　　　　260, 262
技能形成のパターン　　　　　　　8
技能の浪費　　　　　　　　　　13
『教育体制改革に関する決定』　34, 53, 55,
　　67, 74, 78, 82, 85, 87, 89, 98, 149, 155,
　　　　　　　　　　　　　　　　245
教育の「自己増殖」　　　　　　117
計画経済　　29-32, 47, 131, 136, 137, 179,
　　　　　　　245, 248, 250, 254, 262
『経済体制改革に関する決定』　30, 33, 245
『県毎に一校の普通高校の農業技術
　中学校へ改組に関する報告』　　161
郷鎮企業　　　　30, 48, 50, 140, 162, 180
後発効果　　　　　　　　　　　　4
高級職業学校　　　　　　　　40, 43
『高等教育機関卒業生の職場配置制度
　改革に関する報告』　　　　　　31
高等専門学校（Fachhochschulen）　　7
国有企業　30, 31, 54, 186, 207, 217, 218, 224

【サ行】

サカロポラス（George Psacharopoulos）　14
三改一補　　　　　　　　　　　50
三級管理　　　　　　　　　　　96
三級分流　　65, 79, 80, 82, 137, 196, 246, 259
三結合　　　　　　　　　　　45, 46
『山東省職業教育工作条列』　　　148
『山東省中等職業技術教育条例』　161, 162
資格制度　　　　89-91, 155, 199, 217, 224
市場経済　29-31, 35, 39, 131, 137, 179, 218,
　　　　　　245, 248, 250, 254, 255
「四統籌」プロジェクト　198-200, 216, 217
社会主義市場経済　　　　29, 30, 67, 91
社会的収益率　　　　　　　　17, 261
就職訓練センター（就業訓練中心）　54
職業学校に対する財政的投資　　　121
職業学校の粗就学率　　　　　　120
『職業技術教育の大いなる発展に
　関する決定』　55, 58, 74, 78, 80, 85, 87,
　　　　　　　　　　89, 101, 155, 159
職業教育に対する「懐疑論」　　　12
『職業教育法』　56, 64, 65, 74, 84, 86, 90,
　　　　　　　　　　　　　　96, 101
職業訓練センターを中心とする
　職業教育　　　　　　　　　　　8
職業高校（職業高級中学）　45-47, 61, 62,
　　65, 70, 71, 77, 80, 81, 86, 94, 99, 102,
　　109, 111, 119-122, 126, 128, 130, 135-
　　138, 142, 146, 147, 149, 151, 154, 156,
　　158, 161, 163, 165-168, 174, 175, 178-
　　181, 184, 188, 194, 195, 197-210, 213-
　　233, 235, 236, 238-243, 246, 247, 254,
　　　　　　　　　　　　255, 260-263
職業大学　　　　　　　　　47-52, 181
職工大学　　　　　　　　　　　53
新規高卒者の大学志願率　　　　120
壬子癸学制　　　　　　　　　　　6
人的資本論　　　　　　　　　10, 11

スミス・ヒューズ法	6	デュアルシステム	9
世界銀行(世銀)	15-17, 20, 75, 155, 162, 259	登録入学	231
		都市部の家計負担能力	115, 116
成人高等教育	53, 204	ドロップアウト	130, 236
成人大学	47		
専科	47, 48	**【ナ行】**	
専科大学(高等専科学校)	47-52, 98, 169, 228	二重証書	90
		二種類の教育制度	41
専攻目録(リスト)	65	農村の家計負担能力	116
全国職業技術教育工作会議	62, 63		
全国統一入試	78	**【ハ行】**	
先進国型	257	発展途上型	257
双向選択	45	バトラー法	6
双証書	224	ハービソン (F. Harbison,)	10, 257
走読	49	フォスター (Philip J, Foster)	12-14
		不包分配	45, 49
【タ行】		普通高校と職業高校の在学者比率	128
大学合格率	120, 176, 177	普通高校に対する財政的投資	121
大学志願率	119, 120	普通高校の就学率	120
大学入学合格ライン	143, 144	『普通高校の盲目的な発展の厳格な	
大学入学試験制度	78	管理に関する通達』	148
大学入学率	120	普通高等学校	48, 49, 51
択優録用	45	複線型	6, 7
短縮型	51	複読	145
地方教育附加費	99, 100	分流	78-82, 124, 125, 194, 241, 247, 259
『中国教育改革と発展要綱』	35, 48, 53, 64, 67, 74, 79, 84, 86, 88, 90, 101, 209	放権譲利	32
		ポリテクニク (Polytechnics)	7
『「中国教育改革と発展要綱」の実施に 関する意見』	58, 64, 80	本科	47, 53, 133
		本科大学	49, 169
『中等教育構造の改革に関する報告』	58, 73, 77, 93, 159	**【マ行】**	
中等学校教育の職業化・多様化	15	マイヤーズ (C. A. Myers)	10, 257
中等教育構造の改革	59-61, 87, 94, 95, 146, 147	「まず訓練、後に就職」	73, 89, 226
		マンパワー	10, 11, 12, 13, 14, 16, 71, 72, 73, 75, 76, 215, 257, 258, 259
『中等職業学校の配置・構造の調整に 関する意見』	58, 66	──・アプローチ	10
中等専門学校(中等専業学校)	43, 44, 46, 47, 50, 51, 53, 55, 57, 61, 65, 70, 71, 85, 125, 126, 129-132, 136, 138, 142, 146, 147, 152, 157, 161, 164-166, 187, 205, 208, 231, 232, 245, 260, 262	──・需要論	10
		【ラ行】	
		両基	258
		連携弁学	199, 200, 217, 219
超齢生	145	労働予備制度	66, 91

著者紹介

劉　文君（Liu Wenjun）

中国山東省済南市に生まれ、曲阜師範大学中国言語文学系卒業（文学学士）後、山東省教育庁教育研究室研究員として勤務。
1998年3月東京大学大学院教育学研究科修士課程修了（教育学修士）。2003年7月東京大学大学院教育学研究科博士課程修了（教育学博士）。
現在、東京大学大学院教育学研究科研究員、華東師範大学職業教育研究所客員研究員。

主要論文

「中国における職業教育の効果に関する実証的研究」『東京大学大学院教育学研究科紀要』1998年、第38巻。
「中国における中等職業教育拡大の規定要因―クロスセクション・データによる分析―」『東京大学大学院教育学研究科紀要』2001年、第41巻。
「中国における職業資格制度の整備と実施上の課題」『日本産業教育学会誌』2002年、第33巻　第1号。

Expansion of Vocational Education in China
Backgrounds, Policies and Consequences

中国の職業教育拡大政策――背景・実現過程・帰結――
2004年3月30日　初　版第1刷発行　　　　　〔検印省略〕
＊定価はカバーに表示してあります

著者 ⓒ劉文君／発行者 下田勝司

印刷・製本 中央精版印刷

東京都文京区向丘1-20-6　郵便振替00110-6-37828
〒113-0023　TEL (03) 3818-5521㈹　FAX (03) 3818-5514

発行所 株式会社 東信堂

Published by TOSHINDO PUBLISHING CO., LTD.
1-20-6, Mukougaoka, Bunkyo-ku, Tokyo, 113-0023, Japan

ISBN4-88713-552-1 C3037　ⓒW. LIU
E-mail:tk203444@fsinet.or.jp

― 東信堂 ―

書名	著者	価格
比較・国際教育学〔補正版〕	石附 実編	三五〇〇円
比較教育学の理論と方法	J・シュリーバー編著 馬越徹・今井重孝監訳	二八〇〇円
教育改革への提言集1・2	日本教育制度学会編	各二八〇〇円
世界の公教育と宗教	江原武一編著	五四二九円
アメリカの才能教育――多様な学習ニーズに応える特別支援	松村暢隆	二五〇〇円
アメリカの女性大学・危機の構造	坂本辰朗	二八〇〇円
アメリカ大学史とジェンダー	坂本辰朗	五四〇〇円
アメリカ教育史の中の女性たち〔現代アメリカ高等教育、フェミニズム〕	坂本辰朗	三八〇〇円
教育は「国家」を救えるか〔現代アメリカ教育2巻〕	今村令子	三五〇〇円
永遠の「双子の目標」――質・均等・選択の自由	今村令子	二八〇〇円
新版・変革期のアメリカ教育〔大学編〕――多文化共生の社会と教育	金子忠史	四四六〇円
アメリカのバイリンガル教育――新しい社会の構築をめざして	末藤美津子	三三〇〇円
ボストン公共放送局と市民教育――マサチューセッツ州産業エリートと大学の連携	赤堀正宜	四七〇〇円
21世紀にはばたくカナダの教育〔カナダの教育2〕	小林・関口・浪田他編著	二八〇〇円
現代英国の宗教教育と人格教育(PSE)	柴沼晶子・新井浅浩編著	五二〇〇円
ドイツの教育	天野正治・結城忠・別府昭郎編著	四六〇〇円
21世紀を展望するフランス教育改革――一九八九年教育基本法の論理と展開	小林順子編	八六四〇円
フランス保育制度史研究――初等教育としての保育の論理構造	藤井穂高	七六〇〇円
フィリピンの公教育と宗教――成立と展開過程	市川誠	五六〇〇円
社会主義中国における少数民族教育――「民族平等」理念の展開	小川佳万	四六〇〇円
東南アジア諸国の国民統合と教育――多民族社会における葛藤	村田翼夫編著	四四〇〇円
オーストラリア・ニュージーランドの教育	石附・笹森健編	二八〇〇円

〒113-0023　東京都文京区向丘1-20-6
☎03(3818)5521　FAX 03(3818)5514　振替 00110-6-37828
E-mail:tk203444@fsinet.or.jp

※税別価格で表示してあります。